4つのパターンから学ぶ

ワンランク上の バッグ教室

STUDIO TAC CREATIVE

きちんとした造りのバッグが作ってみたい。

普段使っている既製品のバッグの細部をよく見てみましょう。
どんな造りになっていますか?

この本では、バッグの造りを大きく4つのパターンに分けて、
それぞれの作り方を掲載しています。
パターンによって、マチの付き方が変わり、
おのずと使い方やデザインが変わることが分かるはずです。

今までバッグを手作りしてなんだかイメージと違うな…と思ったことのある方は、
ぜひこの本で再チャレンジしてください。
既製品のような、しっかりとしたバッグのヒミツを解説しています。
この本を通して、きっとあなたのバッグ制作のスキルが上がることを実感できるでしょう。

contents

Classroom learning
講座編

Practice
実践編

Practice 1-1

マチなしの
ファスナー バッグ

2枚の胴を合わせた、マチのない革バッグです。
開口部はファスナーで閉じられていて、写真のように口を折ったり、
伸ばしたりして使用することができます。

制作は
P68～

Practice 1-2

ダーツ付きのトートバッグ

ダーツの付いた2枚合わせのバッグです。
内袋はミシンで、表袋の見えている部分は手縫いで仕立てています。

制作は
P74〜

制作は
P88～

Practice 2-1

T字マチの
くり手バッグ

2枚の素材の下角をL字に裁断してつまむことでマチを作っているタイプ。
それぞれのつなぎ目に当てた革帯がポイントです。

Practice 2-2

つまみマチの美錠バッグ

一枚の胴をつまむことで、マチを作ります。
開口部のヘリ巻きと、太い持ち手に付いた大きな美錠が印象的。

制作は
P96〜

Practice 3-2

小判底のマルシェバッグ

底から開口部に向かってラッパ状に広がったマルシェ型のバッグは、
底びょうが付いたタイプ。持ち手カバーは手縫いです。

制作は
P120～

制作は
P110〜

Practice 3-1

バケツ底の トートバッグ

帆布と革を使った大きなバッグです。
シンプルな形なので、収納力バツグン。
本書のアイテムの中でも一番厚い素材を使用。

Practice 4-1

通しマチの
ギャザーバッグ

横から底をぐるっと取り囲むように縫う、通しマチのバッグです。
中央に向かってよせるギャザーや、持ち手の手縫いなどポイント満載です。

制作は
P134〜

Practice 4-2

横マチの カブセ付きバッグ

両脇に2枚のマチが付く、カブセ付きのバッグです。
たくさんの金具やベルトなど、こちらもポイントが多いアイテムです。

制作は
P148～

この本の使い方

本書は「講座編」と「実践編」の2部で構成されています。

まずは、バッグについていろいろ知りたい！　という方はP28～の講座編を読んでからバッグ作りをスタートしてください。もちろん、すぐに作りたいという方はP66～の実践編からでもOK。

また、実践編は4つのパターンを軸にした、それぞれ2つのアイテムを掲載しています。パターンの違いによってマチの付き方が変わるため、収納品が入る容量や仕様が異なります。何を入れるか、どんなシチュエーションで使うかなどを考えて、作るアイテムを決めると良いでしょう。

実践編について

実践編の始めのページには、サイズ情報、素材の重なりの最大枚数、掲載アイテムで使用した素材や金具、パーツの布目線方向やワークフローを掲載しています。

②用意する素材と金具

使用した素材とそのパーツ名、金具を掲載。写真は全てのパーツを掲載していない場合もあるので、文中のパーツ名と枚数を確認すること

④ワークフロー

バッグ制作のワークフローを掲載。まずはここで全体の流れを確認しよう。先に確認することで、全体像が掴みやすくなるのでおすすめ

①サイズと最大重ね合わせ枚数

完成時のバッグのサイズと、最大の重ね合わせ枚数を掲載。最大の重ね合わせ枚数とは、バッグの制作中、一番素材が重なって厚くなる部分を表している（ポケット部分を除く）。制作前にこの部分を確認して、用意した（用意するつもりの）素材を重ねて、手持ちのミシンで縫えるか確認すること。縫えない場合は、素材の厚みを変えたり、縫い合わせの仕様を変えなくてはならない。必ず確認と試し縫いする

③布目線方向

布地には伸びる方向と伸びにくい方向がある。バッグの開口部やポケットの口部分は伸びない方向に取る必要がある。この方向を「布目線」と呼び、裁断するときは、布地の余りを最小限に押さえて上手に切り出すことと同時に、この布目線方向を考えて配置する。ここでは、気を付けるべきパーツの布目線方向を、図で示しているので参考にしよう

ワンランク上のバッグを作るための

ポイントと基本

本格バッグ作りの4つのポイント

本格的なバッグはそうでないバッグと比べて何が違うのでしょうか。
ここでは主になる4つのポイントを説明します。

1 point

厚みをクリアすること

バッグ作りで一番に直面する問題が、「厚み」です。一般的なバッグの構造で例えれば、表袋と内袋を作って、上部をヘリ返し、それぞれ最後に口でまとめて縫い合わせます。この場合、少なく見積もっても4枚、縫い代部分では8枚もの素材を一度に縫い合わせることになります。

頑丈なバッグを作ろうと思えば、帆布や革などの厚く丈夫な生地を使いたいところですが、使うミシンの性能によっては縫えない場合もあります。厚すぎて上手く縫えない場合は、素材を変えたり、厚みを変えたりする必要もあるので、持っているミシンがどのくらいの厚さを縫うことができるのか、判断してから制作しましょう。制作するアイテムによっては家庭用ミシンの他に、厚手でも縫える職業用ミシンを手に入れることも視野に入れて、検討することをおすすめします。

ミシンについて ▶ P18〜掲載

2 point

張りのある素材を使うこと

自立させたり、金具を付けるためには、ベースになる素材がある程度の厚みと張りを持っていなくてはなりません。気に入った生地が張りのある素材であれば問題ありませんが、薄い生地を選んだ場合でも芯を貼ることによって、丈夫で張りのある生地を作り出すことが可能です。

また、言うまでもなく、高級感のある生地を使うことによって、バッグの完成度も格段に上がります。その他にも、革を使うことも高級感を出し、耐久性や頑丈さを高めるためには効果的です。革は扱い慣れていないと、手を出しにくいと思ってしまうかもしれませんが、ミシンで縫う場合は厚い生地を扱うことと変わらないと考えて良いでしょう。

素材について ▶ P50〜掲載

point 3

金具を使うこと

本書では、素材を頑丈に固定するカシメやハトメ、開閉する部分に付けるホックやファスナー、長さ調節が可能な美錠など様々な金具が登場します。これらの金具を使うことによって、バッグのデザインのバリエーションは飛躍的に増えます。また、厚くミシンで縫いづらい箇所に使用することによって、比較的簡単に留めることが可能です。金具を付けることによって、本格的に見えるというメリットもあります。

金具を使用する場合、それを留めるための専用の打ち具や穴空けの道具が必要になります。金具取り付け事典や、アイテム制作のはじめのページにある「使用する金具」のリストを参考にして、手持ちの金具や打ち具で制作できるか確認してください。

金具取り付けについて ▶ P54〜 掲載

point 4

芯材を使いこなすこと

先述したように、形のしっかりとしたバッグにするためには、素材に厚みと張りを持たせることが肝心です。ですから、芯材は本格的なバッグを作るためには欠かせない素材です。

本書では、ベースになる生地に接着芯を貼ったり、必要な箇所には伸び止めテープや芯材を付けています。芯材はたくさんの種類が販売されていて、大きく、布地の裏に貼るタイプと、底や胴に挟んで使用するタイプに分けることができ、厚み、素材まで様々です。どの芯材が適しているのかは、使用する生地の風合いや厚みなどによって変わるので一概には言えません。どんな表情の生地にしたいのかを売り場の人に相談したり、色々な芯材を使って試してみましょう。本書で使用した芯材についてはP36で詳しく紹介しているので、参考にしてください。

芯材について ▶ P36〜 掲載

ミシンを知る

本格的なバッグを作るためには、どんなミシンが適しているのでしょうか。
ここでは、ミシンの種類と選ぶ基準、様々な押さえを紹介しています。

▶ミシンの種類

ミシンの種類は大きく3つに分けられます。まずは、様々な機能を搭載した、比較的コンパクトで軽量な「家庭用ミシン」があります。価格帯も数万円で買えるものから、10万円以上する高級機まで様々です。刺繍やかがり縫い、ボタンホールまで自動で縫える機種もあります。

2つ目は、家庭用ミシンよりも上位のミシンと言える、直線縫い専用の「職業用ミシン」です。職業用という名の通り、趣味よりも仕事として使用する事を前提として作られているので、家庭用ミシンよりもパワーがあり、縫うスピードも早く、初めは戸惑うかもしれません。価格は家庭用ミシンの高級機と同じ程度ですので、本格的にバッグ作りを始めたいという人は職業用ミシンを検討してもいいでしょう。直線縫いに特化しているので、裁ち目かがりをしたい場合は「ロックミシン」という裁ち目かがり専用のミシンが必要になります。

3つ目に、職業用ミシンよりも上位にあたるのが「工業用ミシン」です。縫製工場などで長時間大量に縫うためのもので、職業用とは比較にならない丈夫さ、パワーがあります。工業用ミシンは、縫う対象に合わせて様々な種類があり、価格も数十万円以上。専用の台が必要なこともあり大きく重く、またパワーがある分振動も多いので、一般家庭でこれを使うことは難しいと言えます。

家庭用ミシン

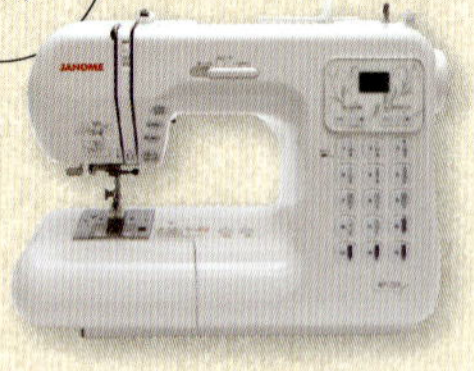

ジャノメ
コンピュータミシン
KP-225

職業用ミシン

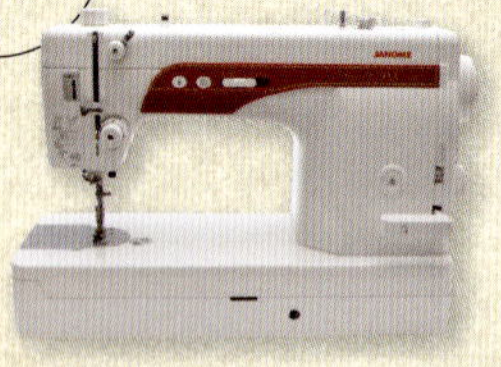

ジャノメ
高速直線ミシン
783DX

付属の押さえやオプションパーツもチェック

素材によって押さえを変えることも、ミシンできれいな縫い目を出すポイントです。
付属している押さえや、オプションパーツも確認しましょう。

家庭用ミシンの押さえ（※ジャノメKP-225）

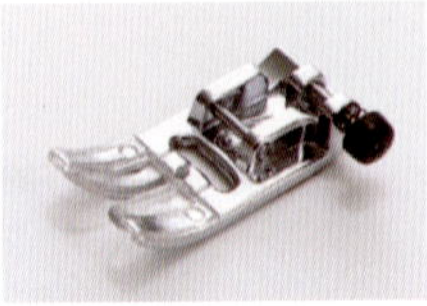

基本押さえ

たち目かがり押さえ

ファスナー押さえ

サテン押さえ

くけぬい（まつりぬい）押さえ

家庭用ミシンのオプションパーツ（※ジャノメ）

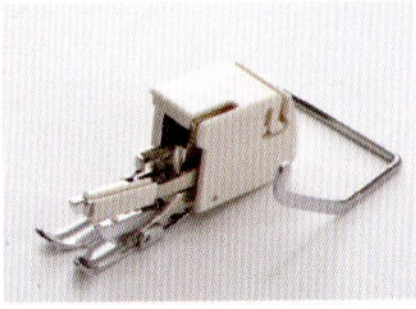

送りジョーズ

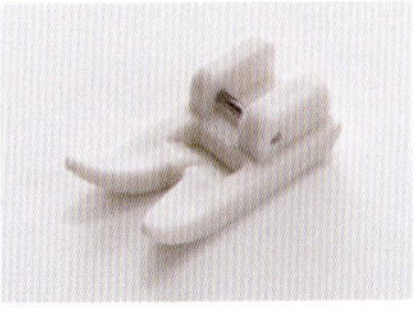

レザー押さえ

フットコントローラー

職業用ミシンの押さえ（※ジャノメ783DX）

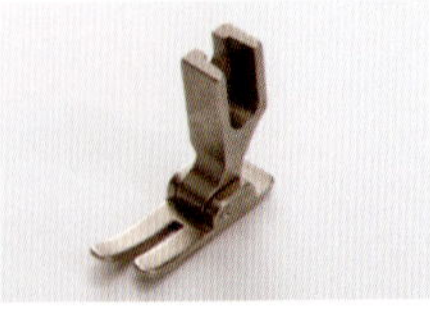

基本押さえ

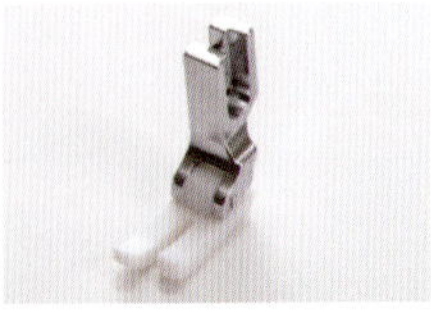

レザー押さえ

ミシンの選び方

数あるミシンの中から、どんなミシンを選べばいいのか迷ってしまうこともあるかもしれません。価格も通販などで手に入るような数万円台のものから、数十万円するような高価なものまで様々です。一般的に大きくて重いものの方がパワーのあるミシンだと言われていて、価格も重さに比例していることが多いようです。

まずは、どんなものを作りたいのか書き出してみましょう。幼稚園の通学バッグのような簡単な作りのものであれば、安価なミシンでも事足りるかもしれません。反対に、本書のように分厚い生地を縫うためにはパワー重視のミシンのほうが良いでしょう。また、どんな機能を重視するかも考えてみましょう。直線縫いだけできればいいのか、刺繍やジグザグ縫いもしたいのかなど、こちらも作りたいものに合わせて考える必要があります。まずは店頭で実際に試し縫いして、取り扱いが簡単にできるか、厚い生地や薄い生地をきちんと縫えるか、送りはスムーズかなどを確認してから購入を検討することをおすすめします。

長く使っていくためには、アフターサービスのあるお店で購入することも大切です。壊れてしまったり、調子が悪くなってしまったときのことも考えて、近くてすぐに相談できる販売店で購入するようにしましょう。

ミシン選びのチェックシート

ミシン選びに迷ったら、このチェックシートで自分にあったミシンは何か探してみましょう。チェックしていけば、あなたに合ったミシンの種類が見えてくるかも...

□ ワンランク上のバッグをたくさん作りたい!	もちろん!	ふつう	いいえ
□ どんなものが作れるミシンが欲しい?	本格的なもの	服やリメイク	簡単な小物
□ どれくらいの頻度で使いたい?	毎 日	ひと月に数回	必要なときだけ
□ すでにミシンを持っている	は い	はい	いいえ
□ ミシンを使った物作りが大好き	大好き	好 き	ふつう
□ ジグザグ縫いや刺繍もしたい	特に必要ない	あったらいい	欲しい
□ 最近ミシンを買い替えようかな...と考えている	は い	今のでOK	初購入
□ 薄い素材から厚い素材まで使いたい	は い	分からない	いいえ
	A TYPE	B TYPE	C TYPE

「A」が多い方は... もう性能の良い家庭用ミシンを持っているのでは? 次の一台には職業用ミシンがおすすめ!
「B」が多い方は... 家庭用コンピュータミシン&次の一台には家庭用ミシンの高級機or職業用ミシンがおすすめ!
「C」が多い方は... 家庭用ミシンがおすすめ! 縫える厚みは吟味しよう。

ミシンの各部名称

ここでは蛇の目ミシン工業株式会社の家庭用コンピュータミシン「KP-225」と、職業用ミシン「783DX」を基に、各部の名称と働きを紹介します。家庭用ミシンと職業用ミシンの各部を見ながら、スタートやストップ、糸掛けの位置など違いを理解しましょう。

近年作られたミシンであれば、他社製であっても部分の名称が異なる程度で、担う働きや位置はほとんど同じはずです。どこにどんな機能があるのかを確認しておくことで、操作に対する迷いの原因を減らすことができるでしょう。

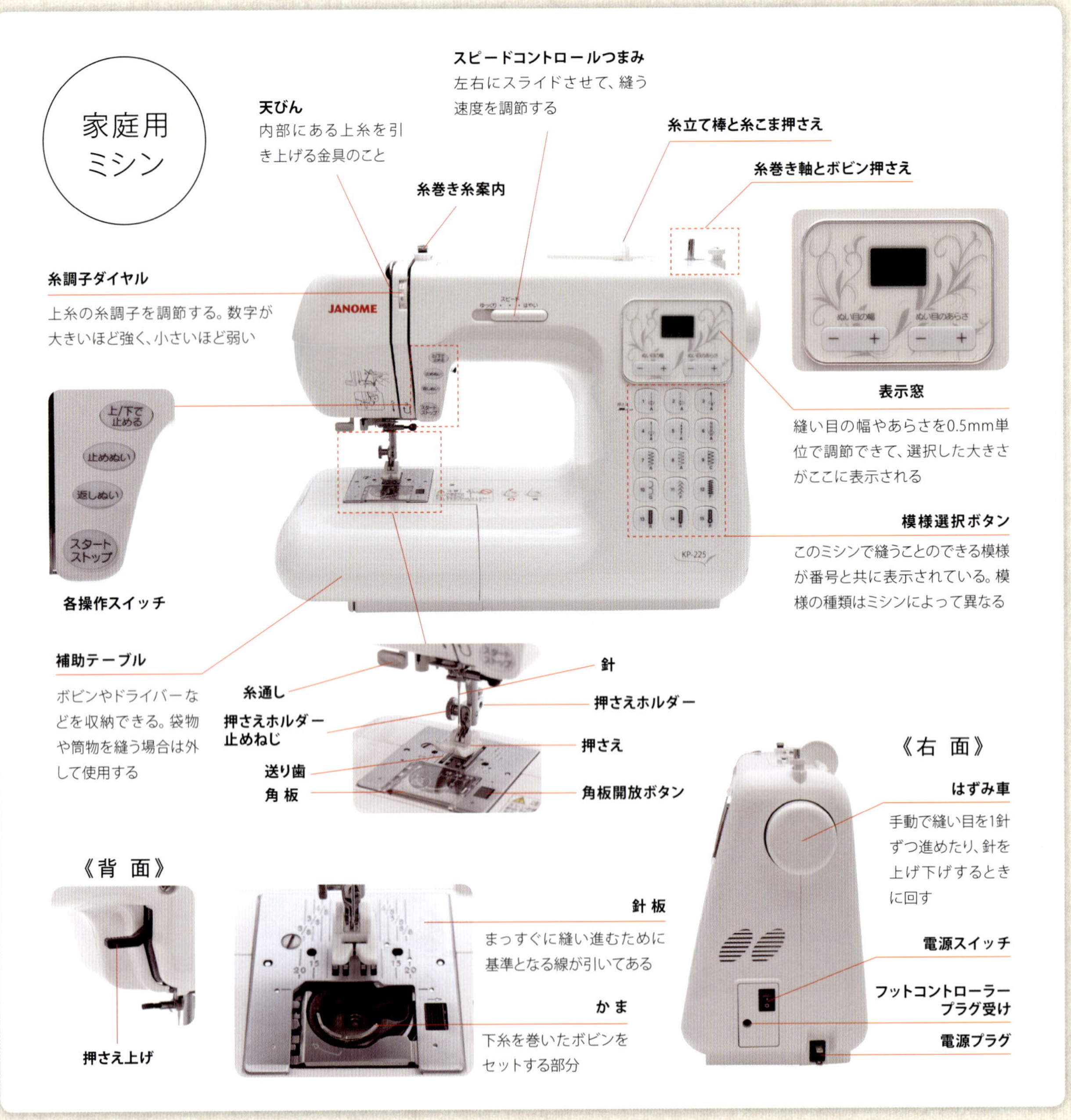

職業用ミシン

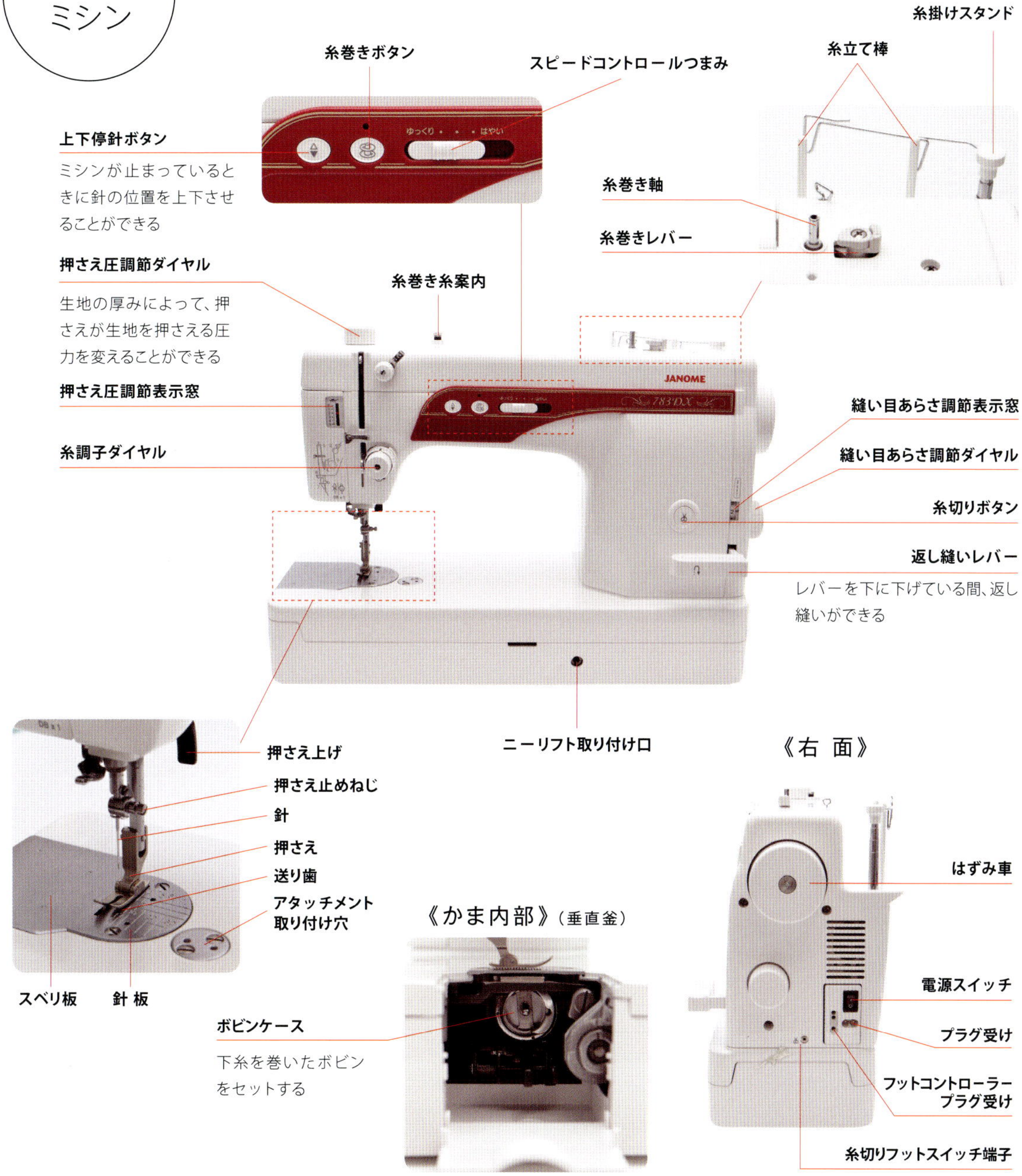
糸巻きボタン
スピードコントロールつまみ
糸立て棒
糸掛けスタンド
上下停針ボタン
ミシンが止まっているときに針の位置を上下させることができる
ゆっくり
はやい
糸巻き軸
糸巻きレバー
押さえ圧調節ダイヤル
生地の厚みによって、押さえが生地を押さえる圧力を変えることができる
糸巻き糸案内
押さえ圧調節表示窓
JANOME
糸調子ダイヤル
縫い目あらさ調節表示窓
縫い目あらさ調節ダイヤル
糸切りボタン
返し縫いレバー
レバーを下に下げている間、返し縫いができる
ニーリフト取り付け口
押さえ上げ
押さえ止めねじ
針
押さえ
送り歯
アタッチメント取り付け穴
スベリ板
針 板
《右 面》
はずみ車
電源スイッチ
プラグ受け
フットコントローラープラグ受け
糸切りフットスイッチ端子
《かま内部》（垂直釜）
ボビンケース
下糸を巻いたボビンをセットする

試し縫いと糸調子

試し縫いで糸調子を確認しよう

ミシンの準備が整ったら、本番の生地を縫う前にまずは試し縫いして糸調子を確認しましょう。糸調子とは、上糸と下糸のバランスのことを言います。ミシンは、上糸と下糸が布の中で交差しながら縫うことになります。このため、どちらか一方のひっぱり具合が強すぎると、交差する部分が不適切な位置や状態になってしまいます。具体的には、糸調子が悪いとステッチが汚くなってしまったり、糸がほどけてしまう、縫い合わせた部分の強度が出ないなどの問題が起きてしまうのです。

糸調子はミシン、糸、布地の特性や厚さ、布地の重なり具合など、多くの要素に左右されてしまいます。縫う前に、本番で使うものと同じ、糸、布地、重ねる枚数を再現し、それらを使って試し縫いして調節することで、本番での失敗を減らすことができるでしょう。

本番と同じ条件で試し縫いする

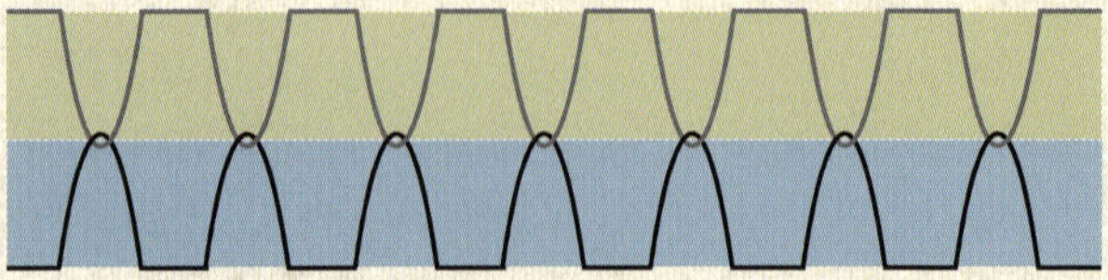

この図は布地中の上糸と下糸の適切な絡み具合を表している。大まかに言って、布地の針穴から反対の糸が見えなければ正しいと言える

正しい糸調子

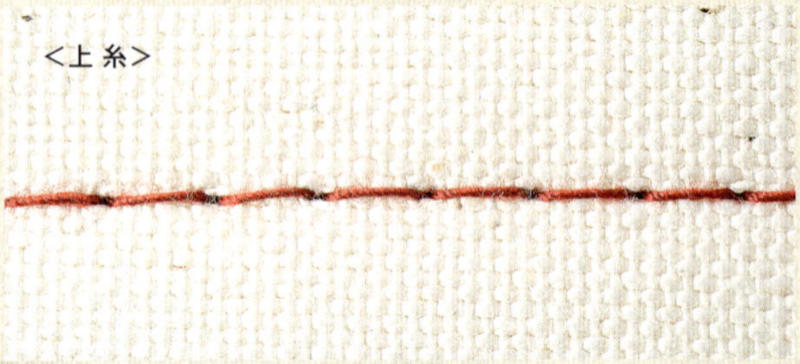

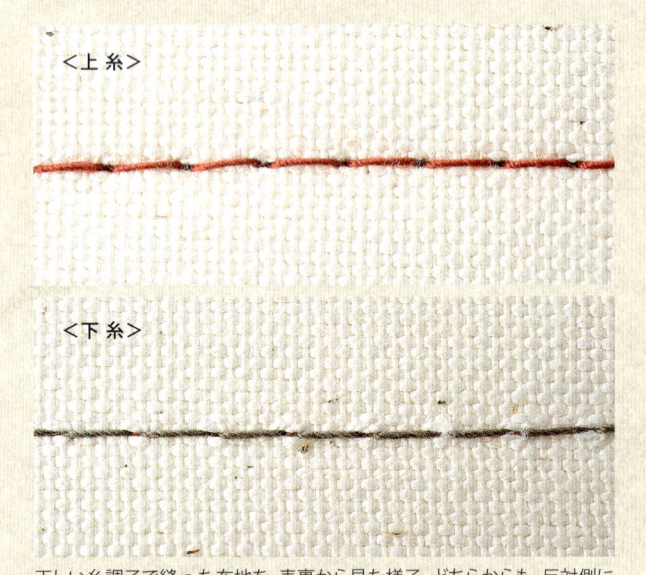

正しい糸調子で縫った布地を、表裏から見た様子。どちらからも、反対側にあたる糸が見えていないことが分かる

上糸の調子が強すぎる

赤の上糸の調子が強すぎた場合を表側から見た様子。下糸が持ち上げられ、上糸が直線的になっている

上糸の調子が弱すぎる

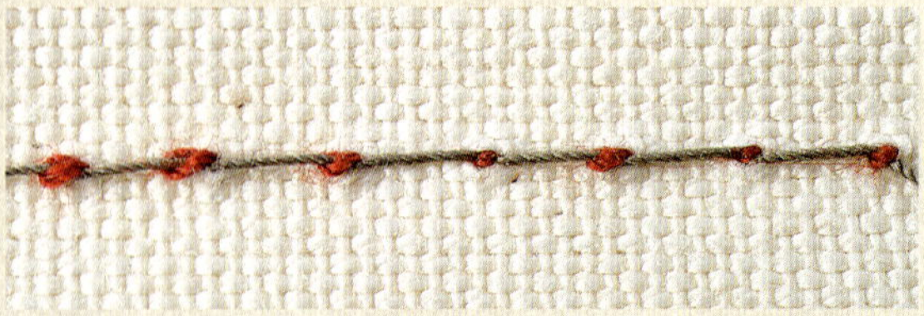

こちらは逆に、上糸が弱い場合を裏側から見た様子。強すぎる場合とは反対に、上糸が引き出されているのが分かる

糸調子の調節

糸調子ダイヤルを回すことによって、糸調子を調節することができます。一度縫って、上糸の調子が強ければ、ダイヤルの数字を小さいほうに回し、弱ければ大きい方に回します。何度か試し縫いしながら微調節することで、適切な糸調子を得られるはずです。

家庭用ミシン

職業用ミシン

memo

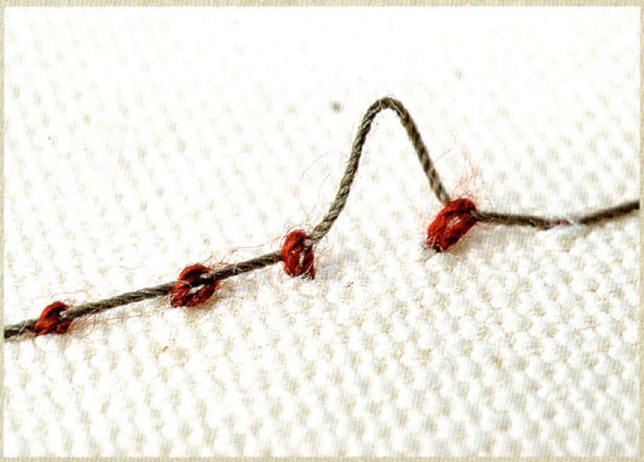

糸調子が悪いと、糸の締まりも悪くなってしまうため、このように簡単に糸がほどけてしまうこともある

縫い目の長さ調整

本番で縫う前に調整しておきたいことに、縫い目の長さがあります。これは針が上下する間隔（一目の長さ）を調整するもので、一部のミシンを除き、ダイヤル等で調整が可能です。

この長さは、生地の厚さによって適正が変わり、短すぎると生地が縮み、長すぎると伸びることがあります。一般的には、生地が薄いほど短めに、厚いほど長めにするのが良いと言われています。長さが長いほど曲線に対応することが難しくなるので、それらも考慮して調整するのが良いでしょう。また、バッグの縫製は洋裁よりも縫い目が比較的長いのも特徴です。あまりに短い幅で縫うと革などの素材の場合、破れてしまうこともあるので、気を付けましょう。本書では主に3.5mm幅で縫っています。

家庭用ミシン

職業用ミシン

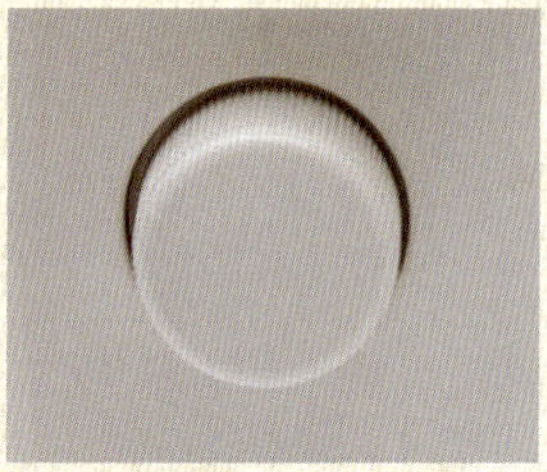

縫い目の長さによる違い

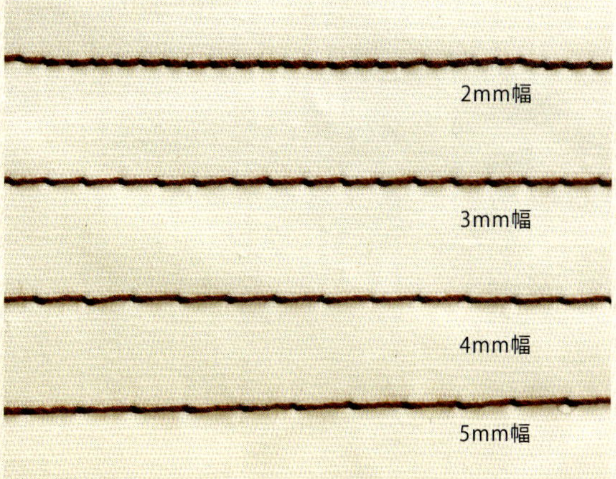

素材と糸針の準備

制作に取りかかる前に、必要な素材や道具、針や糸は何を用意すれば良いか確認してみましょう。
先に確認することで余分なものを買ったり、買い忘れたりすることを防げます。

▶どんな素材が必要?

まずは、作りたいバッグの始めのページを開いてみてください。使用する素材と金具の種類を記載しています。また、布目線方向も記載していますので、布目線に気を付けて必要な素材を切り出しましょう。型紙は本書の最後と別紙の折込に記載しています。

使用する素材が薄手の場合は、布地の裏に接着芯を貼ってから切り出します。切り出すときには、裁ちバサミを使用しても良いのですが、ビニール板を敷いてカッターで切ると、裁ち目も美しく、かつ早く切り出すことができます。

また、本書では金具を多く使用しています。金具を使用する場合には、金具に対応した打ち具などが必要になりますので、合わせて確認しましょう。

接着芯を貼る

接着芯とは、片面に接着剤が付いた芯地のことで、シールタイプやアイロンの熱で接着するタイプなどがあります。好みにもよりますが、ここでは比較的簡単なシールタイプの貼り方を紹介します。布地の裏に接着芯を空気が入らないように少しずつ端から貼っていきます。小さな範囲に貼るのであれば一人でも大丈夫ですが、大きな生地に貼る場合には、二人で貼った方が容易に貼ることができます。

金具と打ち具の準備

P17で前述した通り、金具を付けるには専用の打ち具や打ち台が必要になります。また、カシメやアイレットなどの金具は、取り付ける部分の厚みに制限があります。カシメを例に挙げると、カシメの足（長く飛び出した棒部分）を素材に空けた穴に通して、反対側に2mm程度飛び出すくらいが目安です。とはいえ、素材によっては押しつぶすと厚みが変わる場合もあるので、一概には言えません。本番に挑む前に、試し打ちするのがおすすめです。

糸と針を用意する

言うまでもなく、ミシンを使うときにミシン糸とミシン針は欠かせません。糸と針は縫う素材によって、適したものを選ぶ必要があります。これは手縫いの場合も同様です。

糸には「番手」という太さの基準があります。30番手、60番手、90番手のように表し、小さい方が太く、大きい数字の方が細い糸になります。また、針も同様に11番手、14番手のように番手で太さを表しますが、糸とは逆に数字が大きい方が太くなります。ミシン針は通常の丸い剣先の「丸針」や、革などを縫うための「菱針」があり、これらを使い分けることで、より縫いやすく針目もきれいにみせることができます。

本書では主にミシン糸が30番手、ミシン針は14番手や16番手の丸針や菱針を使用しています。制作工程の中では特記していませんので、実際に制作する素材に合う糸と針を選びましょう。

memo

糸の色の選び方

糸の色は縫い目が目立たないように、表材と同じ色味に揃える。糸は1本にすると、巻いてある状態よりも色が薄く見えるので、表材より少しだけ濃い色を選ぶと良い。また、ポイントとしてわざと違う色でステッチを掛ける場合もある

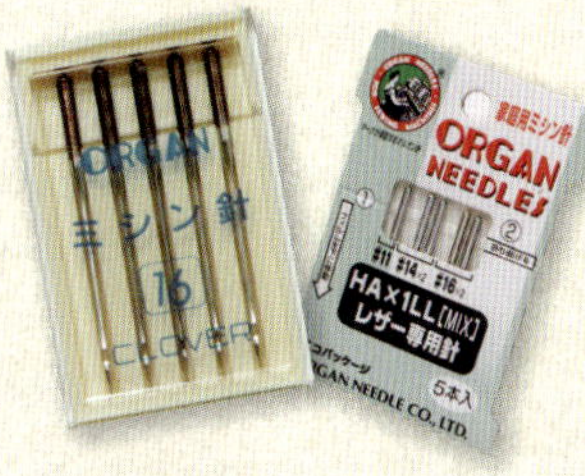

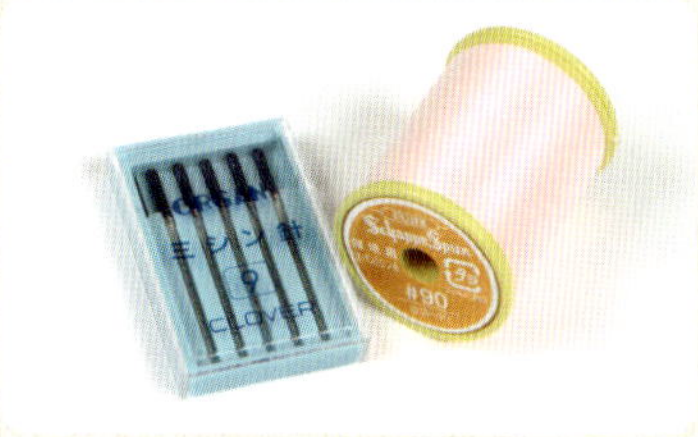

＜薄地用 針9番手、糸90番手＞

適した素材：サテン、オーガンジー、ガーゼ、デシン、ボイル、ローンなど

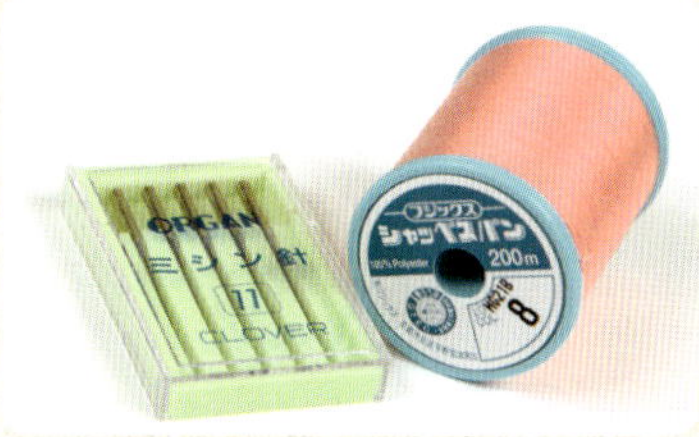

＜普通地用 針11番手、糸60番手＞

適した素材：ブロード、ギンガム、麻、シーチングなど

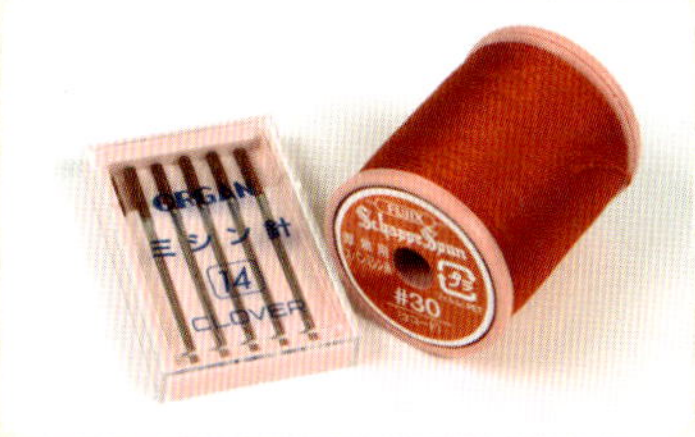

＜厚地用 針14～16番手、糸30番手＞

適した素材：厚手の木綿、厚手のウール、デニム、タオル地、キャンバスなど

手縫い糸と手縫い針

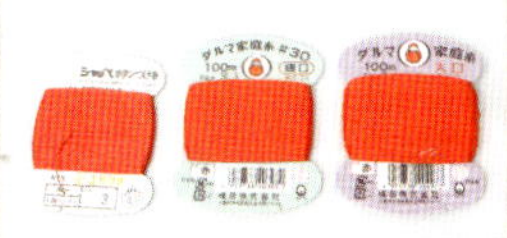

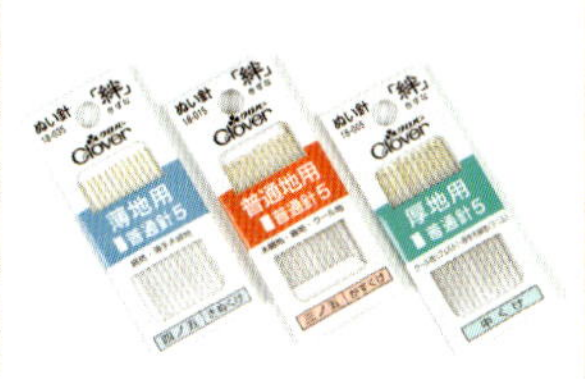

手縫いの糸と針も、縫う生地に合わせて糸と針の番手を選ぶ必要がある

ボビンについて

ボビンを入れるミシンのかまは、メーカーによって大きさや高さが違う。それぞれのミシンに対応したボビンを選ぶ

Classroom learning

講座編

Lesson 1
バッグを知る

Lesson1-① バッグの歴史と名称

バッグの歴史

古代より人は、持ち運ぶための「道具」として、時代に合わせ様々に形を変化させながら「バッグ」を利用してきました。人間がまだ原人と呼ばれる時代から、動物の皮や植物で作られた入れ物に入れて物（主に食料）を運んでいたと言われており、氷河から見つかったアイスマンのミイラは、樹皮で編んだポシェット、山羊皮のリュックサック、子牛皮の袋を持っていたことが分かっています。バッグの形態の変化は時代背景と密接に関わっていて、特に交通機関の発達や領地の拡大などが大きな転機となりました。例えば、古代ローマに水道橋が架かったことにより、馬車旅が始まりました。旅は当時、ごく一部の上流階級の人々が楽しむことのできる贅沢なものでした。そのため馬車に積み込む鞄には鍵が付けられ、美しい装飾が施されるようになりました。19世紀中頃に列車が登場すると、それまでの旅行鞄以外に社内手荷物用の鞄が新しく誕生しました。これは後のハンドバッグの先駆けであると言われています。

これ以外にも多くのバッグが誕生し変化を繰り返しながら、現在私たちが街で目にするバッグの形ができ上がり、バリエーションや色、素材に至るまでバラエティー豊かなものとなりました。バッグ自体に求める役割も「持ち運ぶためのもの」から、「ファッション」としての意味合いを強く持つようになってきています。

素材とサイズ

バッグに使用される素材は実に様々です。現在では、布やナイロン、革はもちろんのこと、ゴムやシリコン、廃材までもバッグの素材として使われています。もはや、縫えるものは全て素材として使えると言えるでしょう。

バッグのサイズは、「何を入れたいか」、「どんな場面で使うのか」をイメージして、バッグの胴部分の大きさやマチの厚みを決めます。また、胴や持ち手の長さは、持つ人の身長を考慮する必要があります。持ち手には美錠を付けることで長さ調節を可能にする場合もあります。

memo
トートバッグ（tote bag）は持ち手が二本ある手持ち鞄やハンドバッグの総称です。バッグの開口部が開いた台形の四角い形になっている場合が多く、サイズや素材、デザインは様々。「tote」は運ぶ、携帯するという意味で、もともとは大きな氷や水を運ぶために使われており、厚い生地で作られた頑丈なバッグでした。

バッグの各部名称

バッグは大きく、胴（前胴、背胴）、マチ、底、持ち手で構成されています。その他にも、物を出し入れする口（開口部）、口を留めるためのカブセやベロ、内部や外に付くポケットなどが挙げられます。また、ファスナーや美錠、ホックなどのパーツを使うことで、口の閉じ方や持ち手の付け方、内部構造などに多様性を持たせることができます。

ここでは、バッグの各部名称を見ていきましょう。本書内でも頻繁に使われる名称になるので、覚えておくと作業をスムーズに進めることができるでしょう。

Lesson1-② 構造とパターン

4つのパターン

バッグの構造は、マチや底の形状の違いで分類することができます。バッグのマチは大きく4つに分けられます。まずは、2枚の胴を縫い合わせた状態でマチを設けない「マチなし」、2つ目に胴の両側をつまむことでマチの役割を持たせる「T字マチ」、3つ目に胴とは別に底を取り付ける「バケツ底」、4つ目に胴の両側、あるいは横から底まで一体になった別体のマチを縫い付ける「別マチ」です。多少の形状の違いはあれど、どのバッグもほとんどこの4つに分けることができます。パターンの違いによって、それぞれどのようなマチの付き方をしているのかを覚えておくことで、バッグの構造を理解する手助けとなるでしょう。

マチなし

マチなしとは、2枚の胴をそのまま、もしくは内縫いで縫い合わせるパターンです。マチが無い分、大容量仕様や複雑なデザインには向きませんが、一番簡単な作り方と言えるでしょう。また、マチなしの胴を中表にした状態で組み合わせ、両端をつまんでダーツやタック、ギャザーを入れて膨らみを持たせる方法もあります。

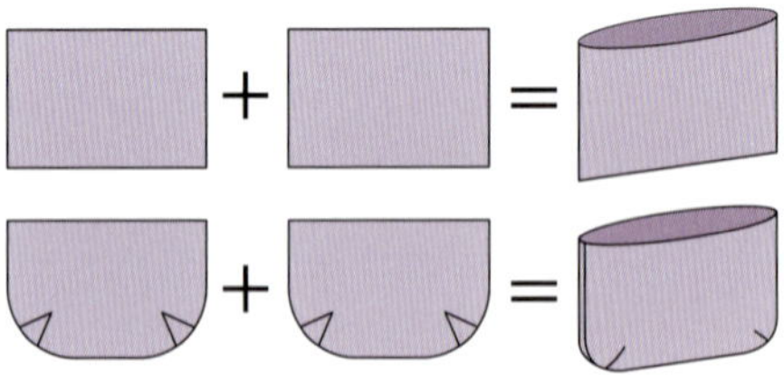

T字マチ

T字マチとは、胴2枚の両端をあらかじめL字型に裁断しておいたり、縫い合わせ方を変えることで、胴自体にマチの役割を持たせるよう縫い合わせるパターンです。底や横マチを別に縫い付ける代わりに、下端に工夫をして収納力を持たせた構造になっています。マチなどのパーツが必要がないことから、構造的には比較的簡単と言えるでしょう。

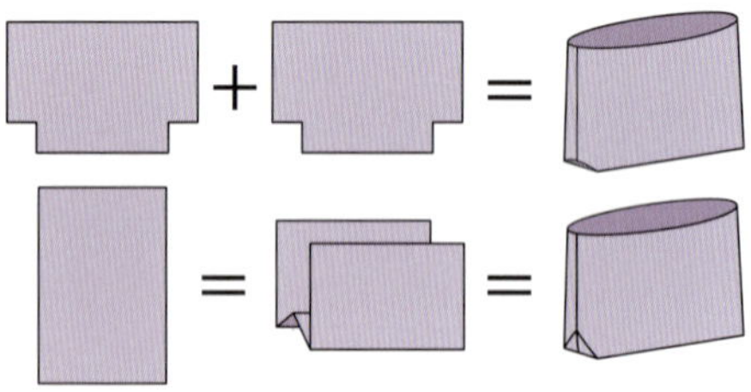

バケツ底

バケツ底は、家庭で使うバケツのように、胴部分が両脇でつながっていて、底だけ別で縫い合わせるパターンで、比較的形のしっかりとしたバッグに向いています。実践編のPractice3では、底に対して胴が垂直に立ち上がるタイプと、斜めに立ち上がるマルシェバッグタイプの2つの作品を紹介しています。縫い合わせが立体的になるので、前述の2つと比べるとむずかしい作業と言えるでしょう。

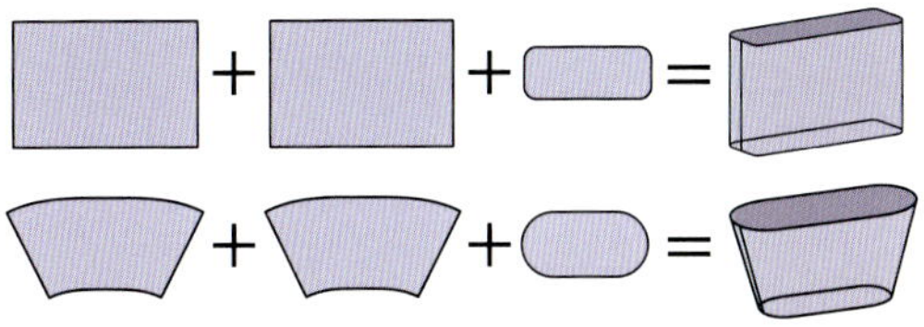

別マチ

別マチは、胴に別々のマチを取り付けるパターンです。実践編のPractice4では、2種類の別マチに挑戦してみましょう。ひとつは、両横マチと底が一体になった構造で、胴部分をマチで囲む形の「通しマチ」、もうひとつは、胴と底を一体にしてマチだけ別に縫い合わせる「横マチ」です。底と横マチを別にすることで、胴の形やマチ幅を自由に決めることができます。パーツが多くなるので、パターンの中では一番難易度が高いと言えます。

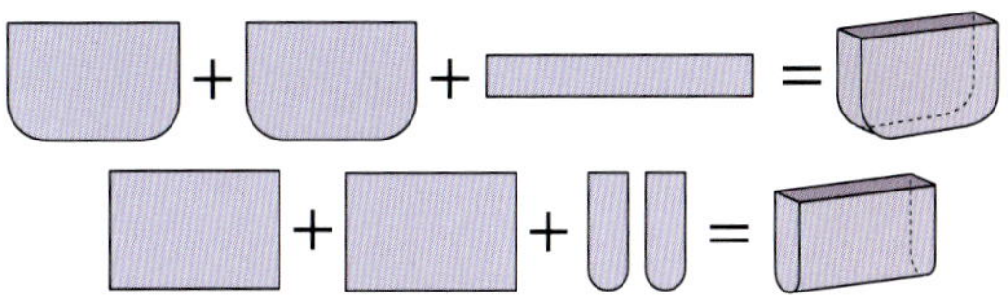

Lesson 1-③ 本体やポケットの仕様

口（開口部）のバリエーション

口（または開口部）とは、バッグの胴の上で物を出し入れする部分です。もちろん、大きく開く構造にすれば物を出し入れしやすくなり、あまり開かない作りにすれば大きい荷物は入りにくくなる一方、開くためのアクションが少ないので、使い勝手が良くなります。口には、ファスナーやカブセを付けた閉じられる構造と、開いたままの構造の2通りが挙げられます。当然、口を閉じられるバッグは、開いたままの状態より安全性が高くなります。何を入れるか、どんなシーンで使うかなどを含めて考えなくてはなりません。

<開　放>

開口部に留め具がないので、大きく口が開き出し入れしやすい作り

<マグネット>

簡単に開閉できるのが魅力。付け方も比較的簡単で、ほかの開口部の種類と合わせて使われることも多い

<ベロ付き>

背胴側から前胴側に向かって、留め具の付いたベロが付いているタイプ

<ファスナー>

曲げやすいという特徴を持つファスナーを使うことによって、多様なバッグデザインが可能になる

<カブセ付き>

口を覆うように背胴側にフタが付いているタイプ

様々なポケット

使いやすいバッグにするために、バッグ内部にはポケットを付けることが多くあります。また、内部だけでなく表にポケットを付ける場合もあります。ポケットの形状は様々なものがありますが、内部に付ける場合、「収納する」「取り出す」際のアクションが少ない方が、使い勝手が良くなるでしょう。表にポケットを付ける場合は、デザイン性はもちろん、防犯性も考慮する必要があります。ポケットの大きさや仕切り方など、バッグの用途によって使い分けましょう。

<ベタポケット>

内袋にそのまま縫い付けるもの。一番簡単なポケットの付け方

<仕切りポケット>

ベタポケットの途中に、ステッチを入れて仕切ったポケット

<タック付きポケット>

ポケットにタックを設け、立体構造にすることで、マチ機能を持たせたもの

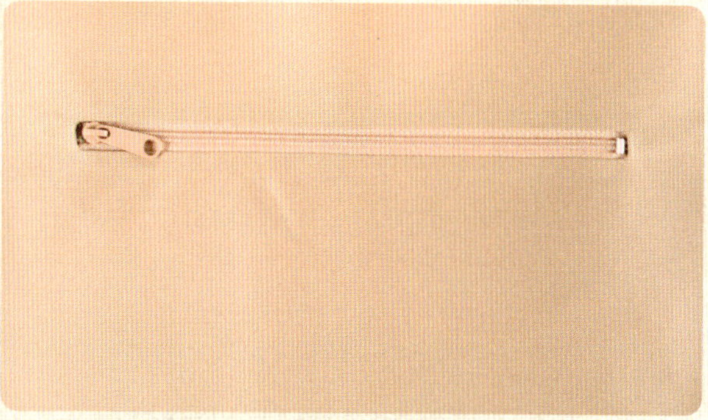

<ファスナーポケット>

内袋に切り込みを入れ、口にファスナー、裏側にポケットを縫い付けた構造。制作の難易度は高め

Lesson1-④ 様々な持ち手

持ち手の種類

バッグを持ち運びやすくするための持ち手の種類は、大きく「平手」と「丸手」の2つに分けられます。平手は呼び名の通り、素材を重ねて縫い合わせた、平らな状態のものです。一方、丸手は細長く切り出した1枚の素材を筒状に縫い合わせ、丸い芯を入れて作った、断面が丸い状態の持ち手です。その他にも、胴部分をくり抜いて穴を空けた部分を持ち手とする「くり手」や、金属や木材、樹脂を成形して作られたものもあります。持ちやすさやデザインはもちろん、バッグの大きさや入れる物の重さを考慮して、取り付けなければなりません。

平 手

切り目

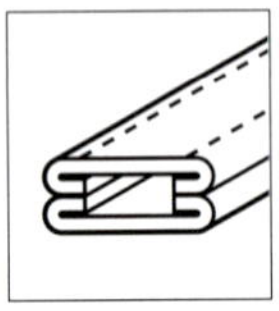
返し合わせ

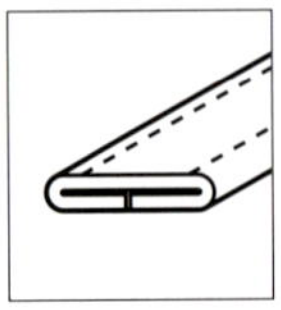
突き合わせ

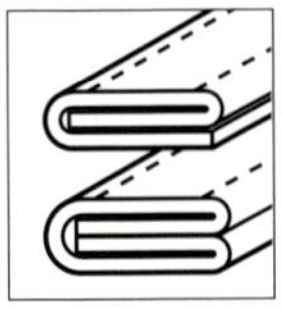
三つ･四つ折り

ヘリ返しと切り目

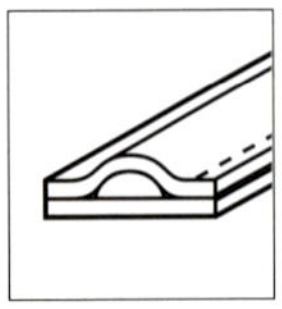
肉盛り

丸 手

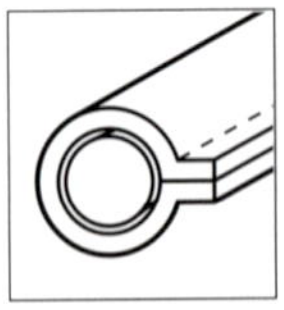
切り目

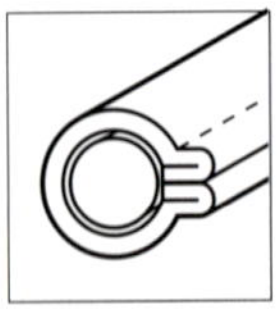
ヘリ返し

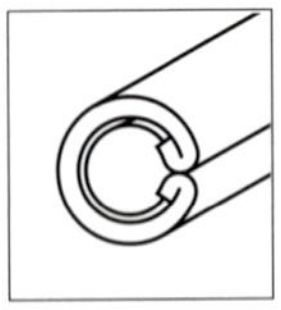
縫い返し

編み手

平編み

丸編み

チェーン

成形された持ち手

樹脂や金属、竹や木材で作られた持ち手が、成形された状態で販売されている

持ち手の付き方の違い

持ち手をバッグに取り付ける方法は様々です。胴にそのまま取り付ける直付けや、胴に持ち手を付けるためのカンを付けたパターン、胴の表袋、内袋の間に持ち手を挟み込むパターン、胴と一体になったくり手などが挙げられます。また、カシメやアイレットリングなどの金具を使って付ける場合もあります。持ち手の形状が一緒でも、取り付け方によって雰囲気が変わり、取り付ける位置や角度によっても持ちやすさが変わるので、全体のバランスを見ながら取り付け方法を選ぶといいでしょう。

<直付け>

<差し込み>

<くり手>

<アイレットリング>

<カシメ>

<カ ン>

Lesson 2
素材と道具を知る

Lesson2-① 素材の種類と名称

バッグに使われる素材

先述した通り、バッグには様々な素材が使われています。ここでは、バッグの素材として使われることの多い、代表的なものを紹介します。種類は大きく、綿、ウール、麻、帆布、ポリエステル、革などが挙げられます。同じ素材の中でも織り方や加工方法により、厚みや風合いに違いがあります。バッグを使用する季節やシーン、生地の厚みが適しているかなどを考慮して選びましょう。詳しくは、P50の素材事典を参照してください。

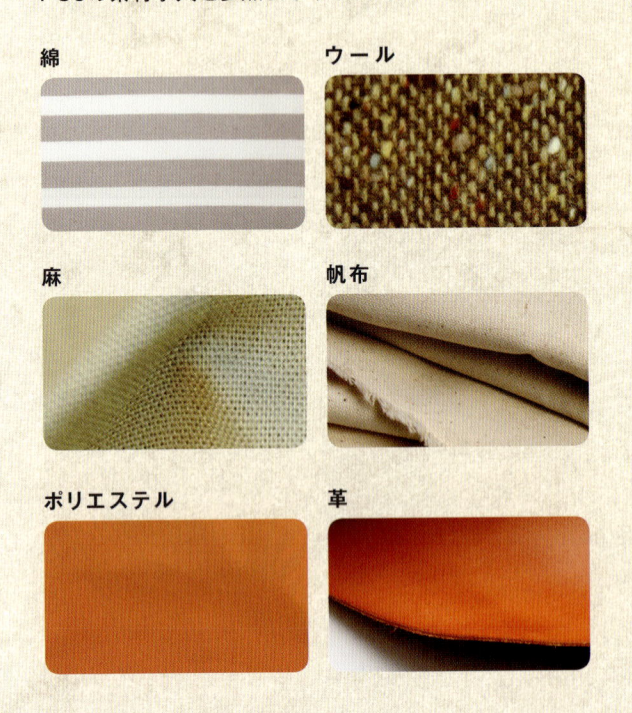

綿

ウール

麻

帆布

ポリエステル

革

裏布について

バッグの裏地に使う裏布は、薄すぎず、厚すぎない適度な厚みと張りを持ち、ほつれないものが適しています。また、縫い代や金具の裏を隠す役割もあるので、透けない素材であることも大切です。手持ちのバッグを触ってみて、使用する素材や厚みの参考にしましょう。迷った場合はインターネットで検索すれば専用の裏地を購入することもできます。

芯材について

芯材は、布の裏に貼る接着芯や、胴や底の生地の間に挟んで硬さを出すものなど様々です。ここでは、レプレの母体である「川崎屋」で手に入る、バッグに適した芯材を紹介します。

不織布（アイロン接着タイプ）

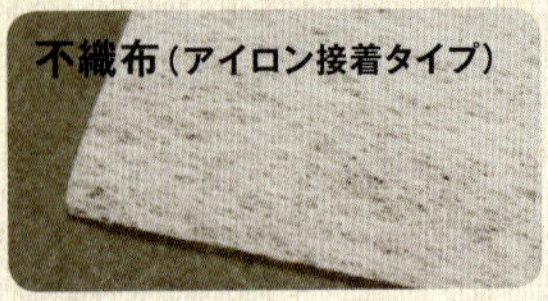

用途：生地貼り

スプリトップタック（シール）

用途：生地貼り

フラノタック（シール）

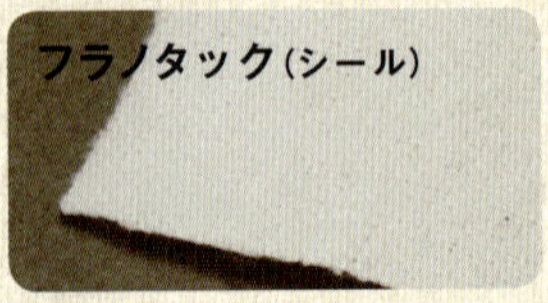

用途：生地貼り

バイリーン

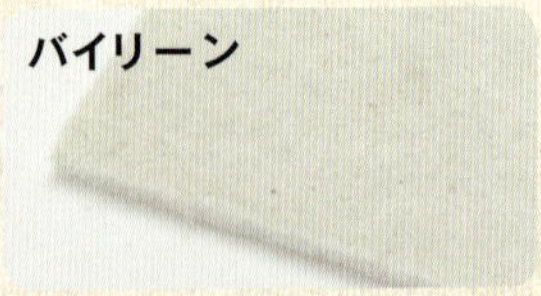

用途：胴体芯、口中芯、底芯など

TRX

用途：胴体芯、口中芯、底芯など

ベルボーレン

用途：底芯

布 幅

布幅（次ページ参照）は、布によって様々です。同じ型紙で切り出すにしても、布幅によっては必要な布の量（要尺）が変わってしまうので、購入するときに必ず確認しましょう。下の表は、布の種類に対しての布幅を示しています。

<布幅表>

布の種類	布幅	名称
綿プリント・リネンなど	72cm	シングル幅
綿プリント・ニット素材など	90cm	ヤール幅
ブロード、ギンガム、コーデュロイなど	90cm	ヤール幅
リネン、デニムなど	112、180cmなど	ー
浴衣地、和服用反物など	36cm	細 幅
ウール、混紡など	135cm	セミダブル幅
	145~155cm	ダブル幅

布地の各部名称

布地は数多くの繊維を織って作られています。布地を形成するたてとよこの糸の織り目を「布目」、また、その方向をそれぞれ「たて地」「よこ地」といいます。たて地は伸びにくい性質を持ち、よこ地はたて地よりも伸びやすい性質があります。よこ地の両端を「耳」、耳から耳までの幅を「布幅」と呼びます。

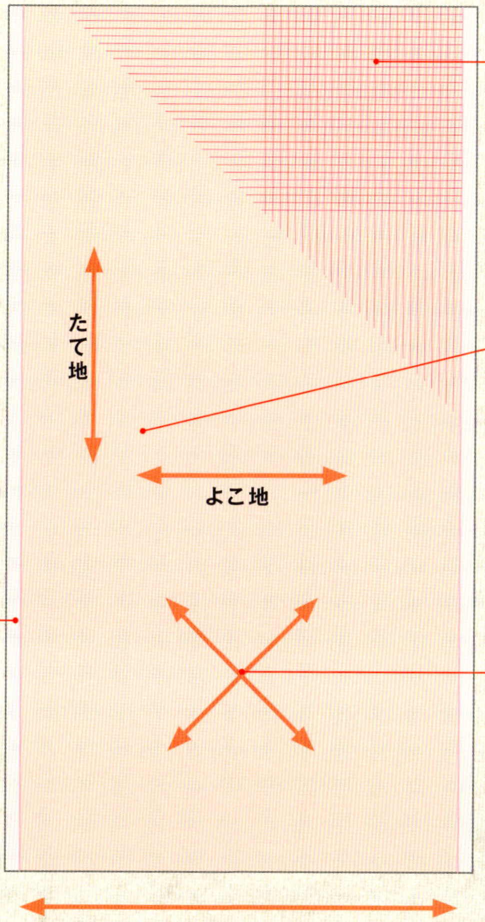

布目

たて糸とよこ糸の織り目のこと。バッグのパーツに対して布目が直角に揃っていると、型くずれを防ぐことができる。布目を揃えることを「布目を正す」と言う

たて地とよこ地

たて糸、よこ糸それぞれの方向のこと。たて地は伸びにくく、よこ地はたて地と比べて伸びやすい

耳

布の両端部分のこと。たて地と並行になっている。メーカー名が印字されていることもある。この場合メーカー名が読める方が表になるので、布の表裏を見分けるときの目印にもなる

バイアス方向

たて地、よこ地から見て斜めの方向のこと。たて地から45度の角度を「正バイアス」と呼び、布地はこの方向に一番伸びる

布幅

耳から耳までの部分のこと。
布幅は布によって様々

Lesson2-② 金具とファスナー

金具の種類

バッグを制作するためには、金具はとても重要です。金具を付けるための専用の道具は必要になりますが、金具を付けることによってバリエーションを豊富にしたり、高級感を出したり、使い勝手を良くしたりする効果があります。

＜カシメ＞

2つのパーツで表と裏側から挟み、ハンマーなどで打ち留めて、部品同士を固定する金具

＜アイレットリング ／ ハトメ＞

ひもや持ち手などを通す穴の周りを保護し、強度を持たせるための金属の輪。ハトメの大きなサイズのものがアイレットリング

＜ギボシ＞

取り付けの簡単な留め金具。留める側に穴を空けて、差し込んで留める

＜底びょう ／ フジタカ＞

バッグの底を汚れや擦れから保護するために、底板の足として付ける底びょう。カシメの代わりとして使うこともある

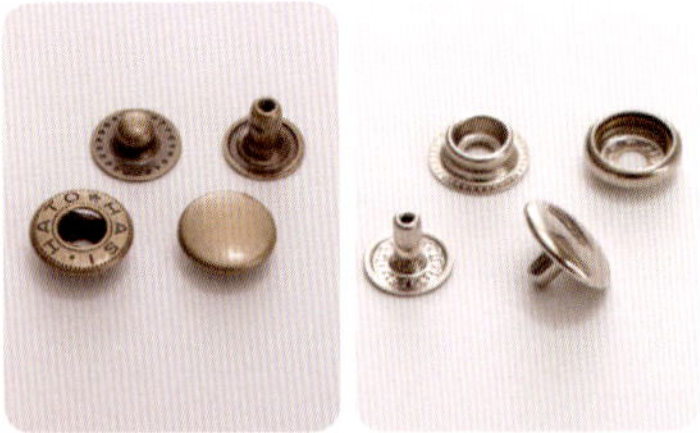

＜バネホック ／ ジャンパーホック＞

非常によく用いられる留め金具。リング式とバネ式がある

＜マグネットホック＞

バッグの開口部によく用いられる留め金具。マグネット式なので着脱が簡単

＜美 錠＞

バックルとも呼ばれ、持ち手や肩ひもなど、ベルト状のパーツをつなぐ金具

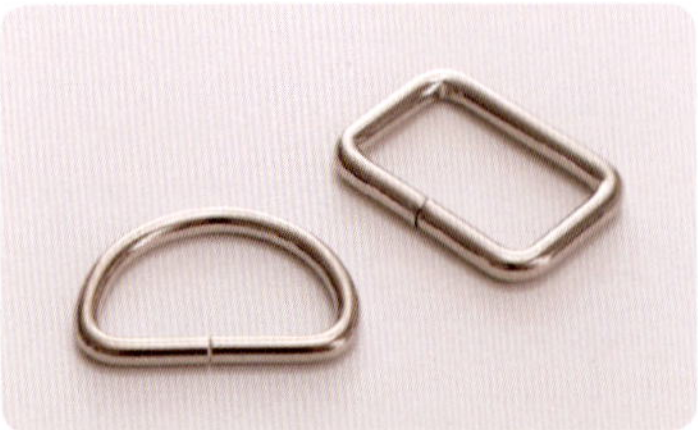

＜カ ン＞

持ち手などの根本に使われる金具。形状によって名前が変わる

＜ナスカン＞

持ち手などの根本に使われる。取り外しが可能で、ひものねじれなどに自在に対応できる

ファスナーの種類と各部名称

ファスナーは、バッグ制作において開口部やポケットに多様されます。種類やカラーも豊富なので、バッグに合ったものを選びましょう。ここではファスナーの基礎知識を紹介します。

＜金属ファスナー＞

＜樹脂ファスナー＞

＜ビスロン®ファスナー＞

ファスナーには大きく分けて次の3つの種類がある。左から、エレメントが金属でできている金属ファスナー。エレメントがコイル状の樹脂でできている樹脂ファスナー。樹脂製のエレメントがテープに射出成型されたビスロン®ファスナー。これらはそれぞれの特徴、用途に応じて使い分けられる

※ビスロン®はYKK株式会社の登録商標です

エレメントのかみ合う仕組み

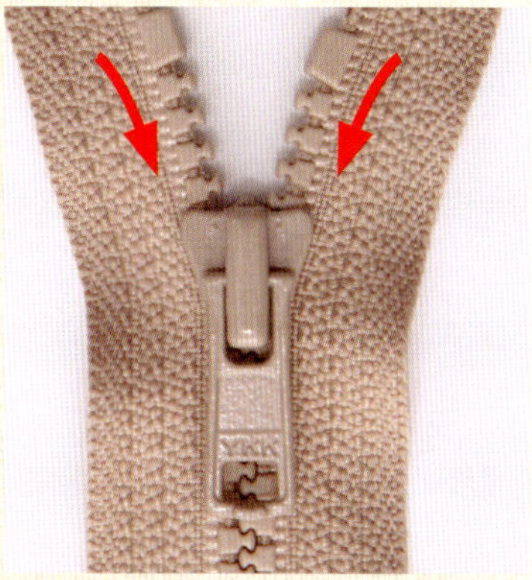

スライダーによって湾曲させて歯車の原理でかみ合う（閉じる）。スライダーを逆に引けばエレメントは離れる（開く）

ファスナーの各部名称

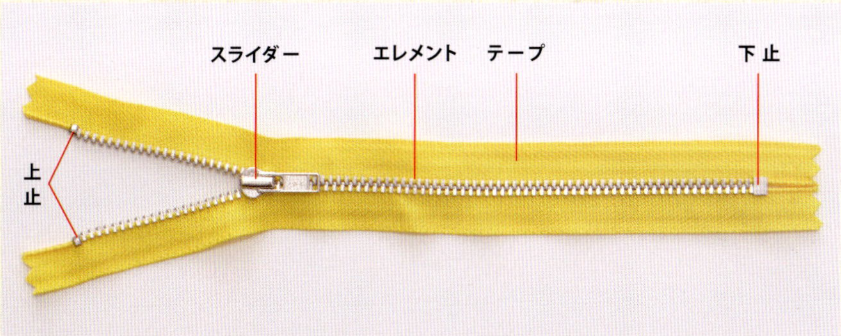

ファスナーは、テープ、エレメント（務歯）、スライダー（開閉部品）の3つの部分に大別できる。エレメント（務歯）のかみ合う部分を務歯頭部といい、これがかみ合うとファスナーの働きをする。エレメントを外して止め金の位置を変えることによって、ファスナー本体の長さ調節が可能。途中のエレメントが取れてしまった場合はファスナーを取り替える必要がある。テープはファスナー専用に作られたもので、ポリエステルテープが主体となっているが、用途によって、合織テープ、綿テープなどがある

スライダーの構造

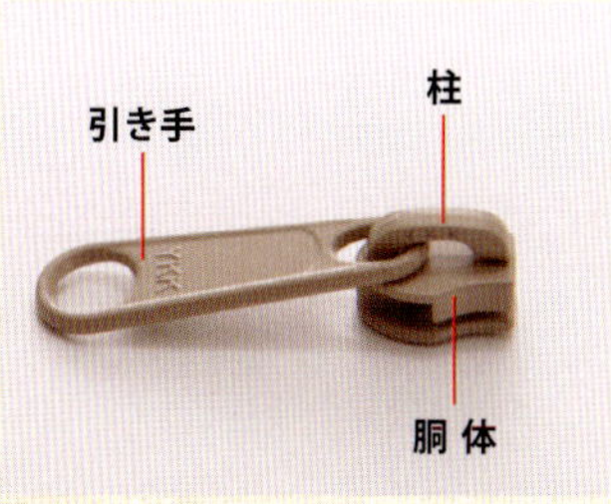

ファスナーを開閉するときに、エレメントをかみ合わせたりする役目をする。用途に合わせていろいろなタイプがある

Lesson2-③ 必要な道具

ここでは、バッグ制作に必要になる道具を紹介します。掲載している全ての道具が必要なわけではありませんが、特に本書のような生地の厚いバッグを作る際に必須となる道具には、「Check」マークを付けています。使い勝手の良い道具を揃えることも、上達への近道です。これらの商品は、手芸材料店やレザークラフト材料店で手に入ります。

※（ク）のマークが付いている道具はクロバー株式会社、（フ）のマークは株式会社フジックスの商品です。
（カ）はかばん屋さんのキットで販売しています。詳しくはP174～を参照

ミシン、手縫いに使う道具

Check

ミシン針（ク）
縫う素材に合わせて付け替える。本書では14番16番を主に使用

Check

ミシン糸（フ）
ミシン糸も素材、針に合わせて使用する。本書では30番を使用

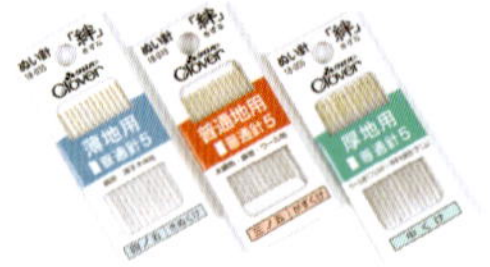

手縫い針（ク）
手縫いの針も布地に合わせて太さを使い分ける

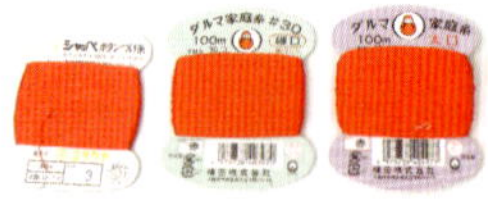

手縫い糸
針と布地に合わせて選ぶ

Check

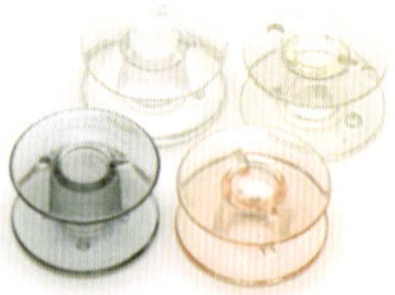

ボビン（ク）
ミシンのかまに対応した高さのものを選ぶ

ピンクッション（ク）
針を刺しておくためのもの。ひとつは持っておくと便利

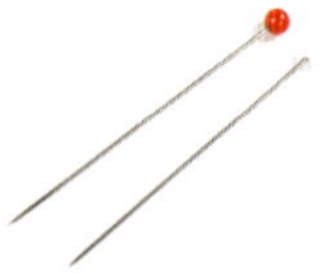

まち針（ク）
薄い生地を縫う時に、縫い合わせる前の布地を留めておく

クリップ（ク）
厚い生地でもしっかり留めることができる

ダブルスレダー（ク）
両側に糸通しが付いている道具。作業の効率が良くなる

Check

糸切りはさみ（ク）
糸を切る作業や、細かい切り込みを入れる際に便利

リッパー（ク）
はさみで切りにくい縫い目の糸を切るときに、先端の刃で糸を切る道具

ミシン油（ク）
はさみ、ミシンの潤滑油、サビ止めとして使用する

型紙、裁断に使う道具

方眼定規(ク)
印を付けたり直線を描く場合に使う。柔らかいタイプがおすすめ

裁ちバサミ(ク)
裁ちバサミは切れ味の良いものを用意しよう

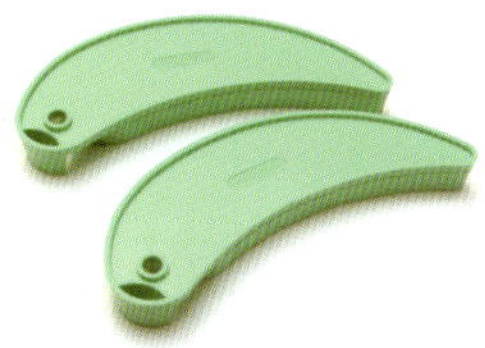

ウェイト(ク)
布を切る際や型紙を当てて印を付けるときに使う重し

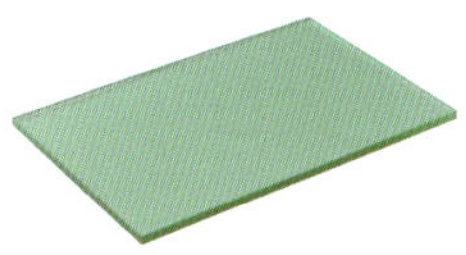

ビニール板(カ)
カッターで布地や革を切り出すときに下に敷いて使う

メジャー(ク)
サイズや持ち手の長さなどを決める際に使う

チャコペンシル(ク)
布地に印を写すときに使用する

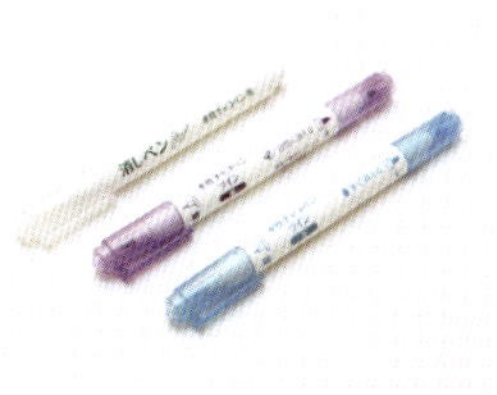

チャコペン マーカータイプ(ク)
水で消えるタイプや時間が経つと自然に消えるタイプもある

銀ペン(カ)
革に型紙や印を写すときに使う、革用のチャコペン

カッター
革や帆布、芯地を貼った厚い生地の裁断に便利

ロータリーカッター
丸い刃の付いたカッター。長い直線や曲線に向く

目打ち(ク)
印を付けたり、ミシン縫いで布地を送ったりするときなどに使う

伸び止めテープ(カ)
生地の裁ち目や切り込みなどの裏に、ほつれ止めや補強のために貼る布テープ

Lesson2-③ 必要な道具

金具付けに使う道具

Check

打ち台(カ)

金具を打つときの台。専用品は、アタマを潰さないためのくぼみがある

Check

ハトメ抜き(カ)

ハトメやカシメなどの穴を空ける道具。穴は足の太さに合わせる

ジャンパーホック打ち(カ)

ジャンパーホックを留める際に使用する専用の打ち具

バネホック打ち(カ)

バネ側、ゲンコ側を留めるためにそれぞれ必要な打ち具

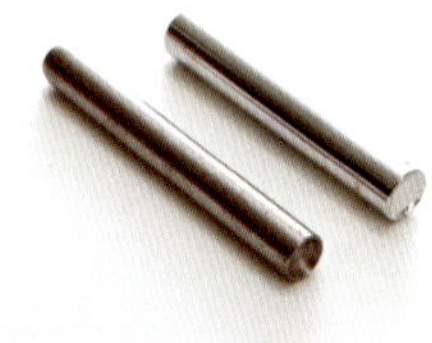

カシメ打ち(カ)

カシメの丸い形状を潰さないように先が丸く凹んだ打ち具

Check

ハンマー(カ)

打ち具や金具を打つ道具。金属製やプラスチック製がある

Check

ゴム板(カ)

硬いゴムの板。穴を空ける際などに下に敷いて使用する

打ち具、及び打ち台は金具のサイズに合った物を用意する必要がある。打ち台はここで紹介している、全サイズのくぼみが揃ったタイプ(オールマイティプレート)がおすすめ

革の手縫いに使う道具

菱目打ち(カ)

革に菱形の縫い穴(菱目)を空ける道具。本書では5mmピッチを使用

菱ギリ(カ)

先端が菱形になっていて、菱目状の穴を空けることのできるキリ

Check

手縫い針(カ)

革を傷付けないように、先が丸くなった専用の針

Check

手縫い糸(カ)

革を縫う際には、革用の太めの糸を使う

コバ仕上げ剤(カ)

革のコバ(切り口)を磨き、毛羽立ちを抑えるための目止め剤

接着に使う道具

Check

ゴムのり(カ)

革の貼り合わせに使う、天然樹脂の接着剤。両面に塗って使う

Check

サイビノール(カ)

糸留めなどの際に使用する水溶性のボンド。木工用ボンドでも代用が可能

Check

両面テープ(カ)

仮留めの際に多用するので、8mm、5mm幅は揃えておこう

ヘラ(カ)

ゴムのりを均等に塗る際などに使用するプラスチック製のヘラ

ローラー(カ)

革や生地を接着した後の、圧着に使う金属製のローラー

Check

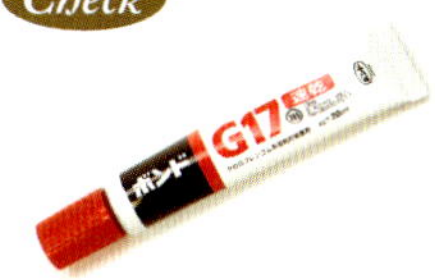

金属接着用のボンド

ハトメや、革パッチを貼るときに使う強力な合成ゴム系ボンド

あると便利な道具

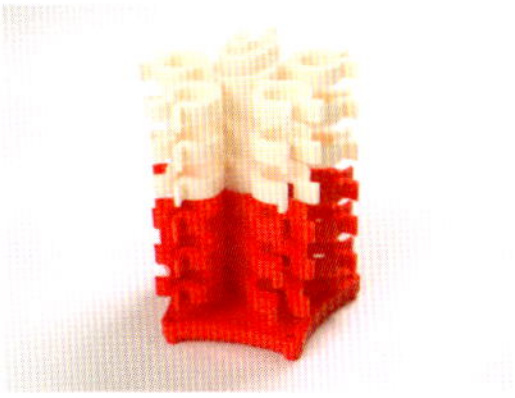

ボビンタワー(ク)

ボビンを収納する道具。一段ずつ取り外せるので便利

卓上用スレダー(ク)

糸通しが一瞬でできる道具。糸切りも付いている

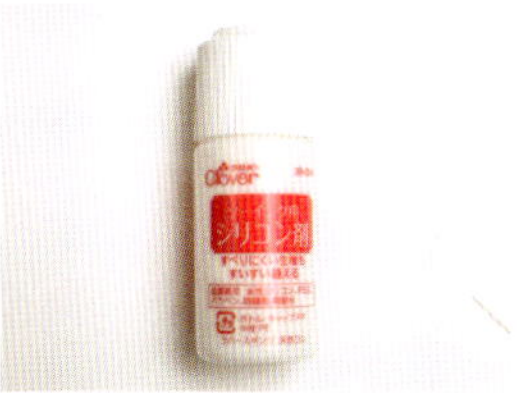

ソーイング用シリコン剤(ク)

滑りにくい生地を縫う際に、押さえの裏に塗って使用する

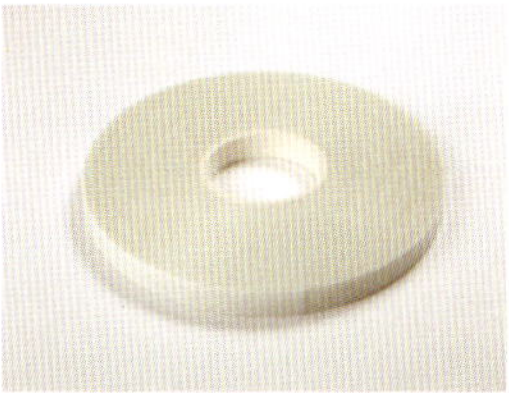

水溶性両面テープ(ク)

水で洗うと溶けてなくなる両面テープ

Lesson-3
縫製の基礎

Lesson3-① ミシン縫い

基本的なミシン縫いの仕方を覚えておきましょう。布地はミシンの送り歯によって奥に向かって送られていくので、送る力加減を調節しながら、ずれないようにしっかりと合わせながら縫うことが重要なポイントです。

直線縫い

直線はミシン任せで縫うイメージだが、必ずしも布地はまっすぐ進むとは限らないので、曲がるようならば手を使って向きを微調整する。通常、針板にはガイドとなる線があるので、それを基準にして縫う。また、あると便利なのが、下写真のガイド定規。磁石で針板にくっつくので、縫いたい幅に合わせてセットすれば、ステッチ位置が変わらず、曲がることなく縫うことができる

<ガイド定規>

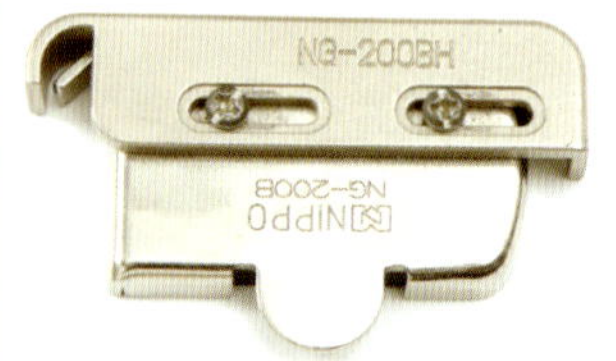

曲線縫い

曲線を縫う場合は、無理に一度に縫わず、少しずつ角度を変えて一目一目縫うと良い。角度を変える場合は、押さえを僅かに上げるが、上げ過ぎると糸が緩むので注意が必要。縫い目の長さは短いほど曲げやすい

曲線と直線

丸い底に胴などを合わせる場合などに使う縫い方。基本は丸い側を直線に少しずつ寄せて合わせるように縫う。素材によってはまち針やクリップを使って、固定すると良い

直角に縫う

直角に縫うときには、直進した最後の針を下ろしたまま押さえを上げ、生地を角度に合わせて回転させ、進行方向を変える

ダーツを縫う

ダーツは布地の裏側でつまんで縫うことで立体的にする手法。裁ち目側から縫い始め、3目ほど返し縫いし、合印からダーツの印まで縫い進む。最後も返し縫いしておく。糸は結んで始末する

裁ち端の処理

本書で登場する、特徴的な裁ち端の処理の仕方を紹介。まず、革を使用する場合のみに使う「切り目」は切り口を外に出した状態で縫い合わせる方法。また、薄く漉いた細い革の帯を開口部に一周巻いて切り口を隠す「ヘリ巻き」も掲載しているが、ヘリ巻きをきれいに縫うためには練習が必須。「ヘリ返し」は表、内袋とも、先に裁ち目を裏側に折り返しておき、縫い合わせる手法。インカーブの場合は複数箇所に切り込みを入れ、アウトカーブの場合は細かくひだを入れてヘリ返す

memo

裁ち端をかがり縫いする、ロックミシン

布地は何もしないと、使用するに従って裁ち端がほつれてくる。それを防ぐために、三つ折りしたり、ヘリ巻きをしたりするが、糸で端を縫うことで防止するのが「かがり縫い」と言われる手法。ロックミシンは、縁を覆うように縫うことで、端を「ロック」するためのミシンで、かがり縫いをしながら裁断することも可能。家庭用ミシンのジグザグ縫いを使った裁ち目かがり縫いは、見た目こそこれに似ているが、包み込むように縫っている訳ではないので、布地の伸縮に対応できず、縫える素材も限定される

糸の始末

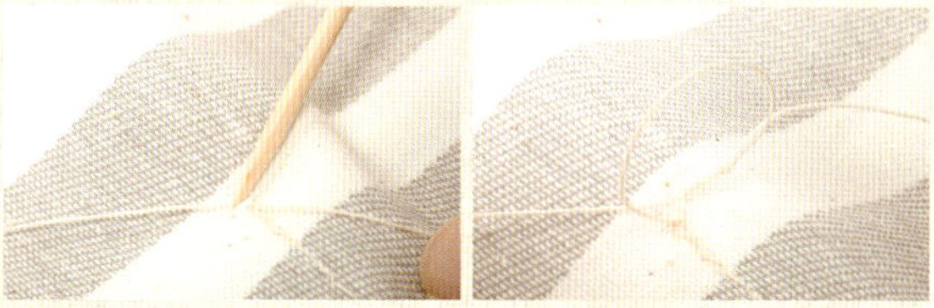

ポケットなどの力の掛かるパーツのミシン掛けは、最後に糸を結んで始末する。ミシン糸を10cmほど残して切り離し、生地を裏返して下糸をひっぱり、裏に上糸を出す。上糸と下糸を一度結び、ボンド（サイビノールなど）を結び目に少し付けて、もう一度固結びして糸を短く切っておく。こうすることで、使っていくうちに糸がほどけることを防げる

返し縫いと縫い始め

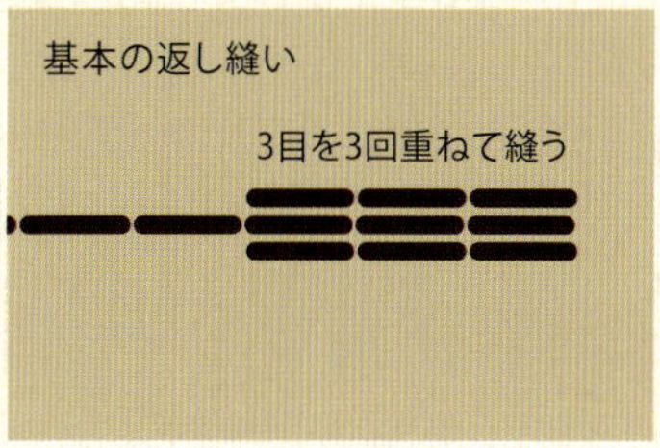

補強のため、返し縫いは端から3目を3回重ねて縫う。一周縫う場合は、縫い始めの返し縫いは行なわず、縫い始めまで戻ったら、3目重ねてから返し縫いする。ポケットの開口部は補強のために、1目下布側に落として縫う

Lesson3-② 縫い合わせの種類

本書で登場するもの以外でも、裁ち端を処理する方法は様々なものがあります。
ここでは図を使って、その一部を紹介します。

切り目

革などを縫い合わせるときに、切り口をそのまま表に出した状態で縫い合わせる方法

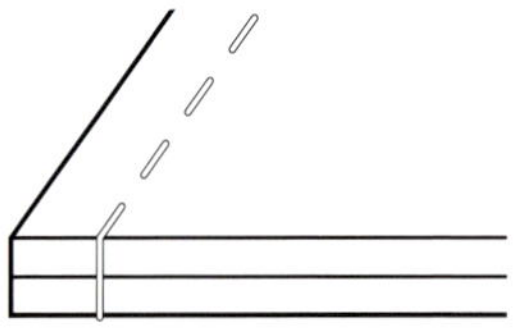

ヘリ返し

生地の切り目を折り返す方法。革の場合は、折り返しやすいように漉いておく必要がある

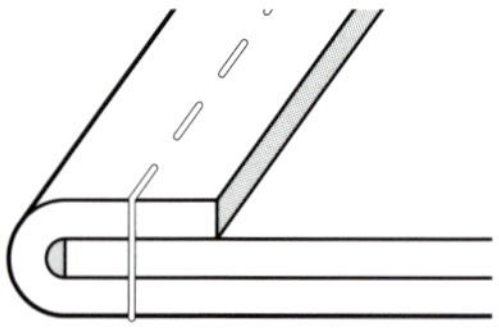

玉だし

細く切った革などを間に挟んで縫う方法。ミシン糸が表に出ず、仕上がりが美しくなる

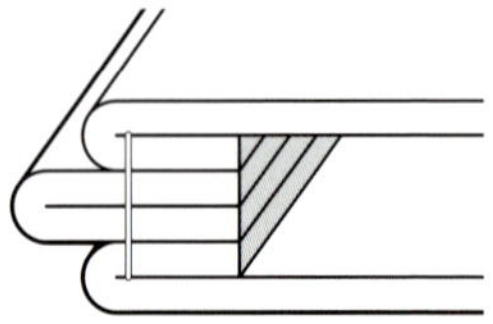

ヘリ巻き

2枚の素材を重ね、その上から細長く帯状に切った革や布で裁ち端を包んで縫う方法

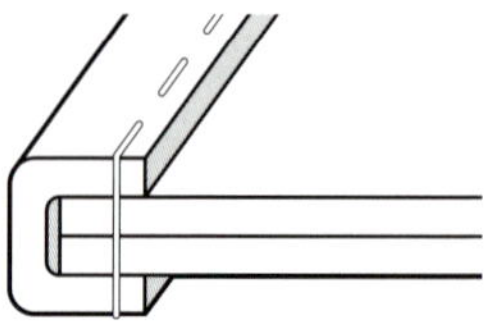

返し合わせ

ヘリ返した2枚の素材を重ねてステッチを掛ける方法

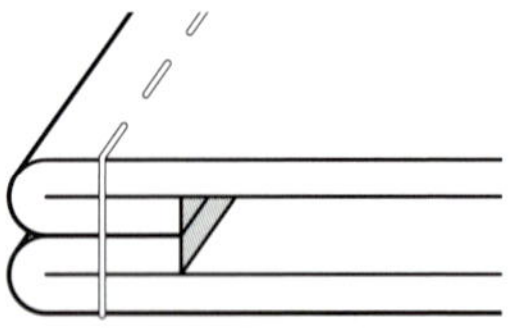

挟み玉

返し合わせの間に、細く切った革などの素材を挟んで縫う方法

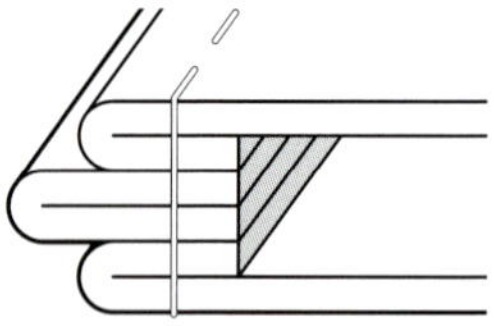

玉べり

2枚の素材を重ね、その上にテープ状の素材を更に重ねて縫い合わせ、テープで裁ち端をくるんで落としミシンを掛ける方法

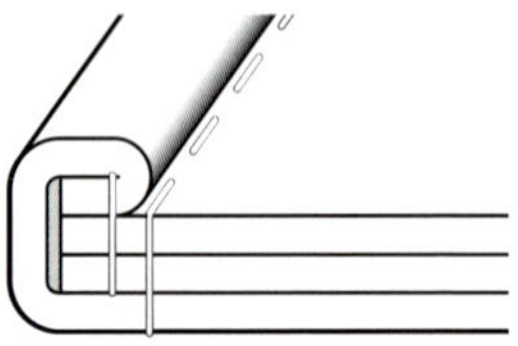

重ね合わせ

片方の素材の端に、もう片方の素材を切り目かヘリ返しにして重ねて縫う方法

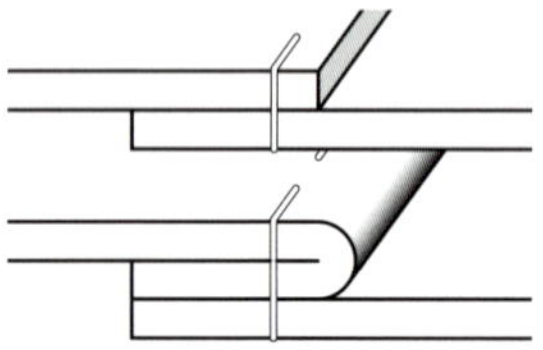

縫い返し

2枚の素材を中表に縫い、表に返す方法

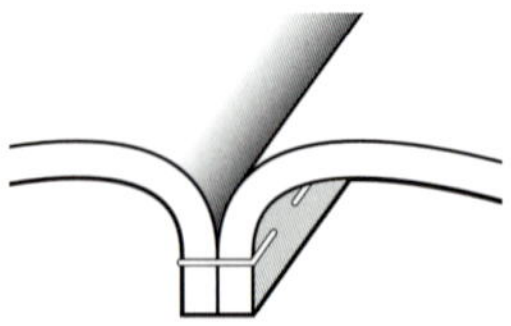

縫い割り

裏を表にして縫い合わせて開き、縫い代を割って、両側にミシンを掛ける方法

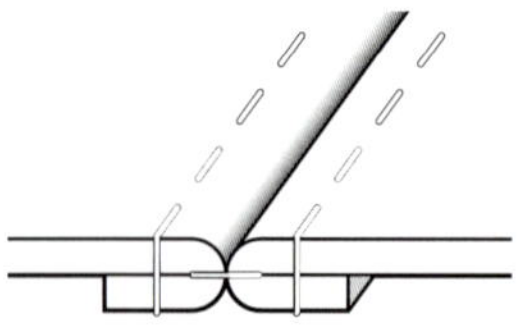

Lesson3-③ 手縫いの復習

ミシンで縫いにくいところなどは、手縫いします。縫う場所や、縫い目を見せるか隠すかによって適した縫い方が変わるので、様々な縫い合わせを覚えましょう。

返し縫い

縫い進んだら、1針分前の縫い目に戻ることを繰り返す縫い方。表から見るとミシン目のように見える丈夫な縫い方

半返し縫い

縫い進んだら、1/2針分前の縫い目に戻って縫い進める縫い方

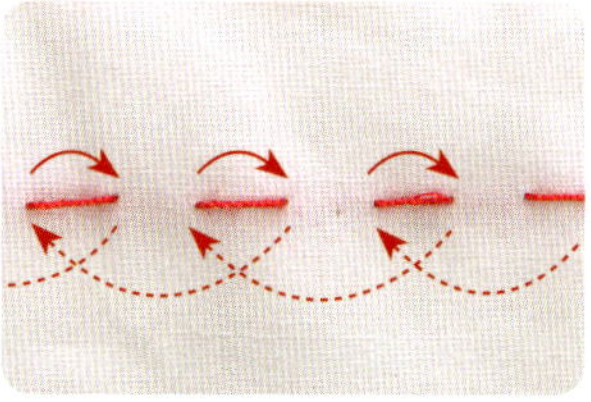

並縫い

0.5mmくらいのピッチで、並行に縫う基本の縫い方

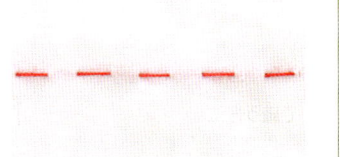

ぐし縫い

並縫いよりも細かいピッチで縫う方法。0.2mmくらいの間隔が目安

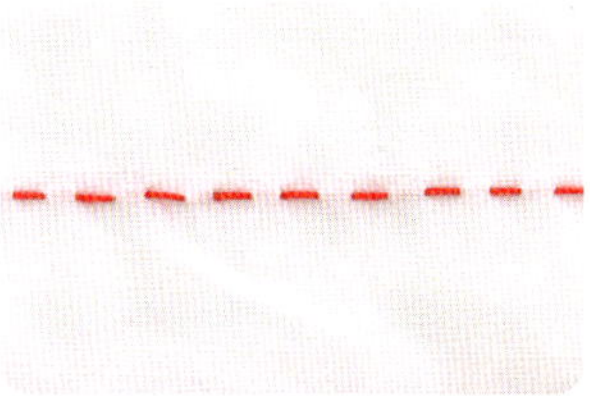

まつり縫い

縫い代を三つ折りにして、少し先（5mmほど）の、表布の糸を1～2本（0.4～0.6mmほど）すくい、縫い代の裏から針を出す

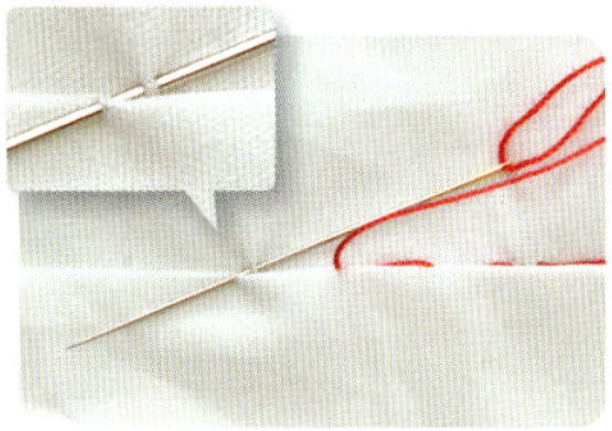

かがり縫い

布地に折り山を作り、折り山の中から最初の糸を出す。一目分先の反対側からまっすぐ針を通すことを繰り返す

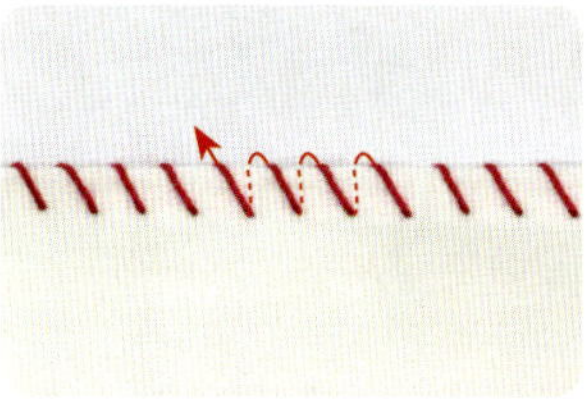

memo

糸の長さ

手縫いするときの糸の長さは、手の甲からひじ下15cmくらいの長さを目安に切る。あまり長くすると、絡まりの原因になるので注意

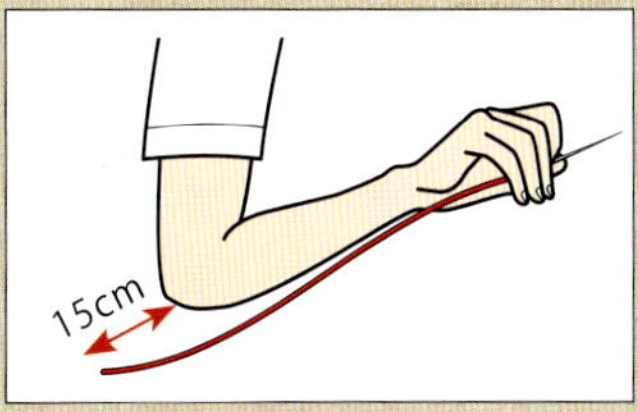

1本、2本取り

「1本取り」は片方だけ玉結びにする方法。「2本取り」は両方の糸を一緒に玉結びにする。しっかりと縫いたいときには2本取りにする

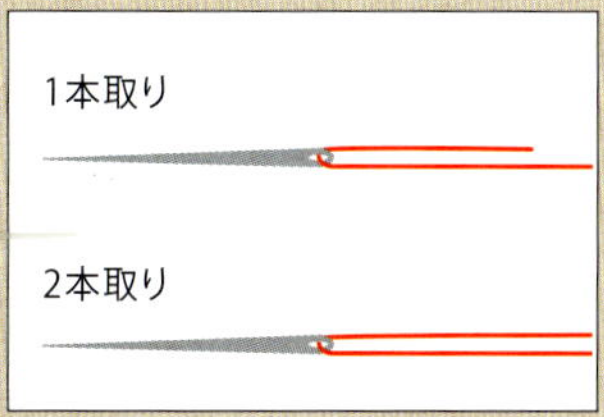

Lesson3-④ 革の手縫い

革を知る

いわゆる本革として売られている革は、動物の皮を素材として扱いやすくするため、様々な方法で「なめす」という加工が施されたものです。現在販売されているものの多くが、タンニンなめしとクロムなめしに分けられます。タンニンなめしとは植物タンニン（渋）でなめされた革のこと。比較的伸びにくく張りのある固い革に仕上がるので、手縫いの作品に向いています。使い込むうちに光に焼けて色が変化する性質を持ちます。クロムなめしは化学薬品を使ってなめされた革で、色や加工のバリエーションが豊富。タンニンなめしの革と比べると、柔らかく弾力性があるのでミシンを使った作品に適しています。

革の表側でツルツルしている面を「ギン面」と呼び、裏側のざらざらしている面を「トコ面」と言います。トコ面は場合によっては、磨いて毛羽立ちを押さえることもあります。また、革の切り口を「コバ」と呼び、革によっては磨いたり、ヘリ返して隠して仕上げます。

繊維方向

革を扱う時に気を付けたいのが、繊維の方向です。布目にもよく伸びる方向があるように、革にも力を掛けると伸びてしまう方向があります。下の図は、「半裁」といって、牛一頭の革を背で半分に切ったもので、矢印は繊維方向を示しています。繊維方向には伸びにくく曲がりにくい、繊維に対して垂直方向には伸びやすく曲がりやすい性質を持っています。ベルトや持ち手、ポケットなどのように一定方向に力が加わるパーツや、カブセなど曲げて使うパーツを切り出す時には、注意しましょう。カットされた革は方向が分かりにくいので、使用する革を実際に引っぱって確かめると良いでしょう。

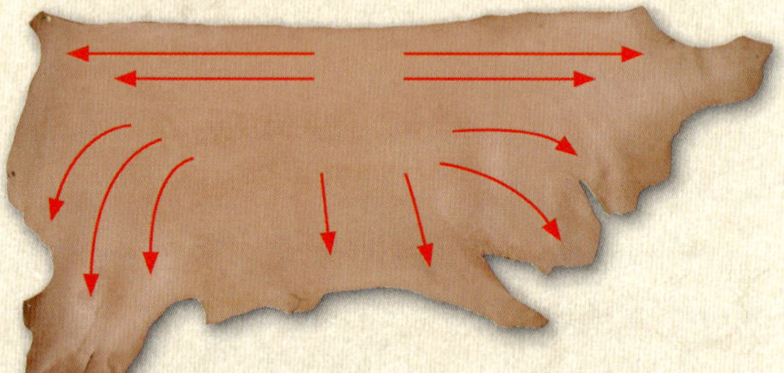

革の選びのポイント

ミシンで作る場合、革選びのポイントは革の厚みと言えるでしょう。制作ページに記載した革の厚みより厚い場合は、自分で漉くことも可能ですが大変むずかしいので、好みの厚さに漉いてくれる漉きサービスを行なっている店舗で購入することをおすすめします。

memo

革の単位

革の大きさにはデシ（DS）と呼ばれる単位が使われ、1デシあたり〇〇円といった具合に価格が決められています。1デシは10㎝×10㎝＝100㎠です。

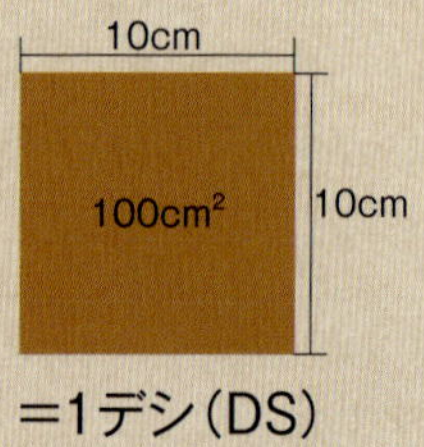

貼り合わせ

貼り合わせて作るベルトなどは型紙通りに裁断する前に荒裁ちして、両方のトコ面にヘラを使ってゴムのりを塗り、少し乾いてから貼り合わせる

圧 着

貼り合わせたら、接着面がしっかり着くように圧着する。ローラーという道具を使うと素早くきれいに圧着できる

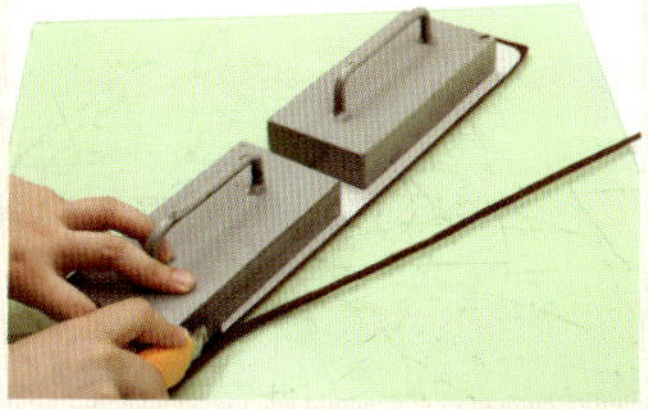

裁 断

ビニール板の上に貼り合わせた革を置いて型紙を当て、ずれないようにウェイトで押さえ、カッターで型紙通りに切り出す

縫い穴空け

目打ちを使って、型紙に記してある穴空け位置を全て写す。付けた印通りに菱目を打ち、縫い穴を空ける。カーブは2本の菱目打ちを使い、直線は4本の菱目打ちを使うと、きれいに穴を空けることができる

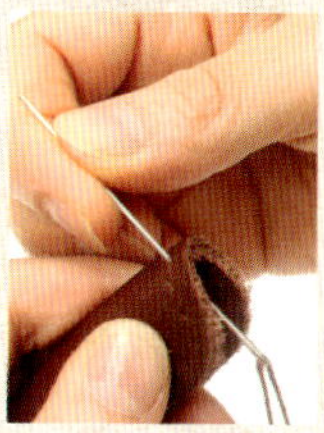

縫 う

針は先の丸い革手縫い専用の針を使い、革のトコ面側に玉結びをして、並縫いで縫い進める

糸留め

最後もトコ面側で玉留めして、一穴縫い進んで、ギン面側で糸を切る

コバ磨き

革のコバが毛羽立つ場合は、コバ仕上げ剤を指や綿棒などで塗って磨く

Lesson 4

便利な事典

Lesson4-① 素材事典

綿（コットン）素材

綿ローン

綿糸を平織りした、やや張りのある薄手の生地。高級感もあるブラウス、ドレス、ハンカチなど

綿ブロード

やや薄手で柔らかい。横方向にうね（幾重にも並行に盛り上がった部分）が走っている

ギンガム

白糸と染色した糸を使って、チェックに織った布

帆布（キャンバス）

太糸を使って、厚手で丈夫に織られた布。1〜11号までの規格があり、号数が小さいほど生地が厚くなる

デニム

たて糸は染色糸、よこ糸は漂白糸を使って綾織りにした、厚手で丈夫な生地

ソフトデニム

デニムよりも糸の撚り方がやわらかく、ソフトな肌触りにしたもの

かつらぎ

デニムに似た風合いの布。糸を染色してから織るデニムに対し、織った後に染めることが多い。パンツやバッグなどに使われる

タオル地

たて糸の一部がループ状になっている布。保温、保湿、吸水性が高い

チノクロス

平織りを2本以上の糸で織っていて、織り目が細かくやや張りがある

ガーゼ

目を粗く織った柔らかい布。肌触りが良く吸水性がある。子供服や夏服など

スウェット

裏面がパイル状になっていて暖かい。トレーナーなどに使われる

麻(リネン)、ウール素材

麻ボイル

独特の風合いがある生地。黄麻が原料。マットやバッグなどに使われる

麻キャンバス

通気性がよく、やや硬めで清涼感のある生地。バッグやエプロンなどに使われる

ツイード

太く短い羊毛を使った平織りか綾織りの生地。ざっくりとした素朴な風合い

フラノ

手触りが柔らかく、やや厚手で弾力があり、少し毛羽がある。スーツやコートなどに使われる

化学繊維

ナイロン

最も強い繊維のひとつで、軽く、しわになりにくい。他の繊維と混紡されることも多い

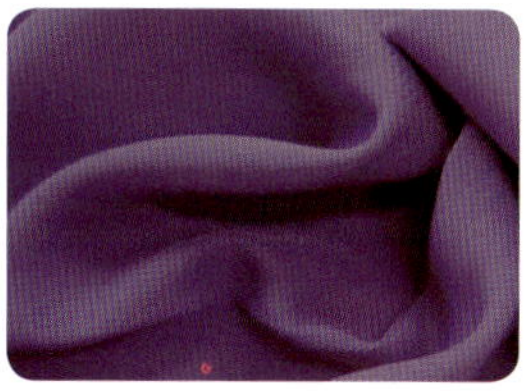

ポリエステル

化学繊維の中でもよく使われる素材。張りがあり、しわになりにくい。非常に強い繊維

サテン

滑らかな光沢のある生地。洋服の裏地やブライダルにも使用される

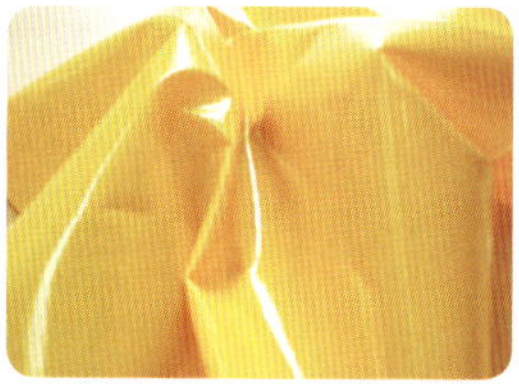

エナメル

布地、レザー、ビニールの表面に合成樹脂を塗り、光沢を出した生地

ラミネート

生地の表面に薄いフィルムを施したもの。水や汚れに強いため、水着用バッグなどに使われる

ちりめん

表が凸凹した生地。シルクのものもある。風呂敷などによく使われる

オーガンジー

透けるように薄くて軽い生地。ドレスやパニエなどに使われる

チュール

六角形の網目構造をした薄い素材。ドレスやペチコートなどに使われる

Lesson4-① 素材事典

ニット地、その他動物素材

リブ

表目と裏目を交互に配列したゴム編みで、うねが入っている

天竺ニット

薄地の代表的な編み地。表と裏の編み目が異なり、はっきりしている

ジャージ

メリアス編みで編まれた生地。伸縮性がある

シルクオーガンジー

織り目が透けている生地。薄手でやや硬い肌触り

その他の生地

ベロア

革のスウェードの感触を再現した生地

ボア

毛皮に似せて編まれた生地。毛羽があり、ふわふわしている。衿や袖、ぬいぐるみなどに使われる

別珍

表面を毛羽立たせた織物。毛足があり、その方向で色が違って見える。柔らかく光沢がある

キルティング

表布と裏布の間に綿などを挟んで、ステッチをかけた生地。子供用のバッグなど

チェックの種類

ギンガムチェック

タータンチェック

グレンチェック

革

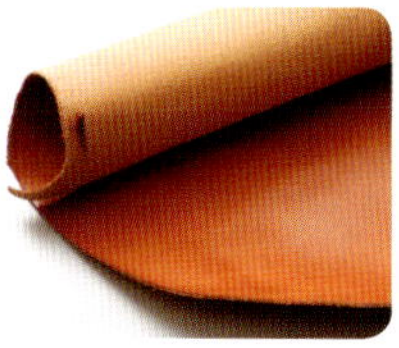

牛革

一番手に入りやすく、丈夫で厚みのある革。牛の年齢により性質や呼び名が変わる

鹿革

クロムなめしが一般的で、柔らかく強度の高い革。服やバッグに使われる

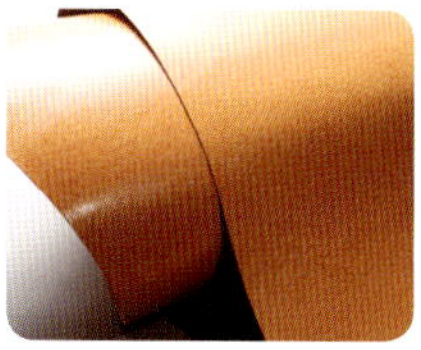

豚革

三角に並んだ毛穴が特徴で、比較的固くて摩擦に強い革。薄くて軽い。バッグの裏張りなど

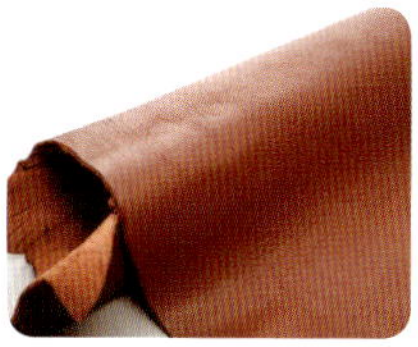

羊革

繊維が細かく、柔らかで軽い。平らできめ細かいギン面を持ち、手触りが滑らか

山羊革

ギン面のワイルドなシボが特徴で、繊維が細かく柔らかい革。羊よりも厚手

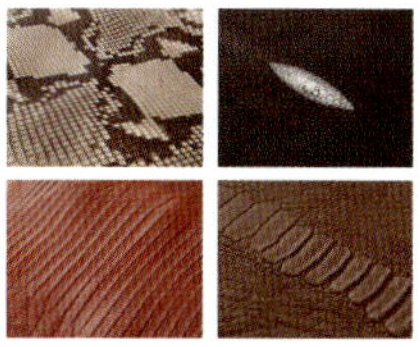

エキゾチックレザー

ヘビやエイ、トカゲ、オーストリッチなどの珍しい革。個性的でユニークなテクスチャー

スウェード

トコ面をヤスリなどで起毛させた革。ビロードのような心地の良い手触り

ヌバック

ギン面を削って起毛させた革。細かい毛足と滑らかな手触りを持つ

ベロア

ギン面の無い革で、トコ面を起毛させた革。比較的毛足が長いのが特徴

バックスキン

オス鹿の革のギン面を削って起毛させた革。名前の「バック」はオス鹿を意味している

加工された革

アニリン仕上げ

染料で染色し、クリアの皮膜を薄く施す仕上げ。革の風合いが残り、透明感とツヤが出る

顔料仕上げ

表面に顔料を載せる仕上げ。発色が良く、汚れが付着しても落としやすいのが特徴

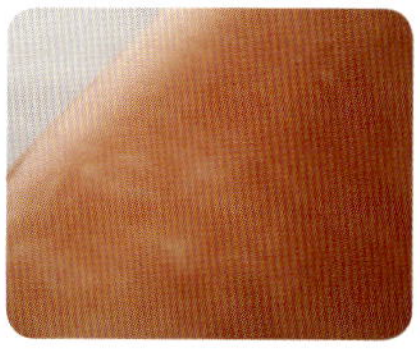

グレージング仕上げ

タンニン革の表面をガラスやローラーで磨く仕上げ

揉み加工

揉むことで細かいシボを付ける仕上げ

型押し仕上げ

革のギン面をプレスし、テクスチャーを付ける仕上げ。エンボス仕上げとも

Lesson4-② 金具取り付け事典

金具の取り付け方

ここでは、本書で登場する金具の付け方をまとめて解説しています。金具によって、必要な道具が変わってくるので確認してください。ほとんどの金具で、穴空け用のハトメ抜きという道具が必要になります。穴が大きい場合はカッターでも対応できますが、小さい穴をいくつも空けるとなると手間が掛かります。使う金具に必要なサイズのものを用意しておけば、作業効率がぐんと上がるでしょう。打ち具を使う場合は机などをキズ付けないために、打ち台などの硬いものを下に敷くことをおすすめします。

また、制作アイテムのページで紹介する金具の大きさ、種類を参考にしつつ、自分の用意した素材の厚みに合うか必ず確認しましょう。特に、足（カシメやホックの飛び出した部分）の長さによって、留められる厚みが変わってくるので注意が必要です。

必要な道具

ほとんどのものに必要になるのが、ゴム板（ゴム製の硬い板）やハンマー、打ち台、打ち棒、そして金具に対応した直径の穴のハトメ抜きです。手持ちの道具をチェックして、金具を選びましょう。

カシメ

必要な道具：カシメ打ち（カシメの丸いアタマに合う大きさのもの）、ハトメ抜き（カシメの足の太さに合うもの）、打ち台、ハンマー、ゴム板

カシメは先端の丸くなっている部分（アタマ）の大きさと、下に出た足の太さと長さを確認して用意すること

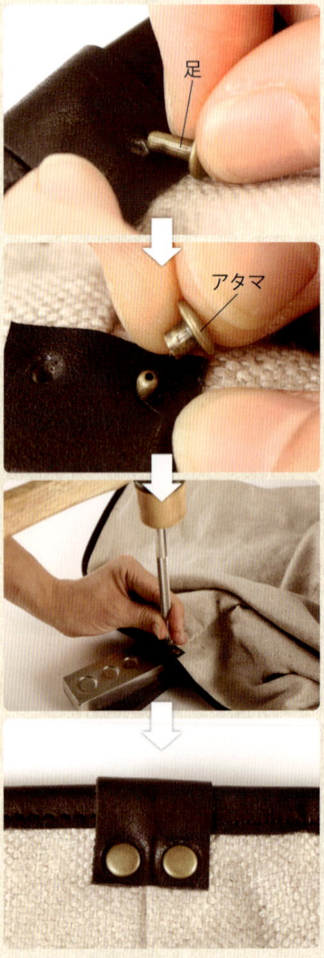

まずは、足の太さに合うハトメ抜きで穴を空ける。穴の裏側から足を差し込み、反対側に出た足に、もう片方のアタマをはめる。大きさに合う打ち台のくぼみにセットして（潰して使用する場合は打ち台の裏の平らな面を使う）、大きさの合うカシメ打ちを使ってハンマーで打って留める。回して動かなければ、きちんと留まっている

マグネットホック

必要な道具：チャコペン、カッター、ビニール板、金属用のボンド、革パッチ2枚

マグネットホックはへこんだ凹側、突起の出た凸側に加えて、ツメを通して折って固定するための座金が2枚必要

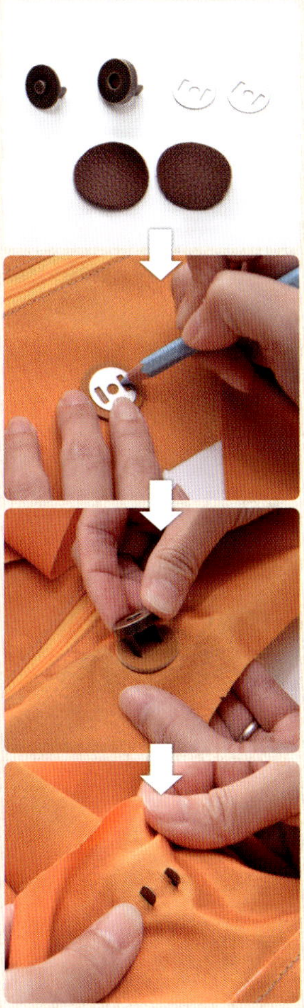

革パッチは、金具のシルエットが表に出にくいようにするためのもので、中に隠れてしまうので何色でもOK。マグネットホック付け位置に座金を置き、ツメの位置を記し切り込みを入れる。切り込みはツメがギリギリ入る大きさにすること。大きすぎると金具が動いてしまう。凹側のツメを入れ、裏から出たツメに座金をはめ、ローラーの柄などを使ってできるだけ直角に折る。座金と革パッチのトコ面にボンドを塗り、貼り合わせる。凸側も同様に取り付ける

Lesson4-② 金具取り付け事典

アイレットリング（打ち具の要らないタイプ）

必要な道具：ハトメ抜き（内側の爪が通る大きさのもの）もしくはカッター、金属接着用のボンド、ラジオペンチ（先端に金具をキズ付けないために布などを巻いたもの）

アイレットリングとはハトメの大きいサイズのもののこと。本書では、専用の打ち具の要らない、ツメを折るタイプを使用する

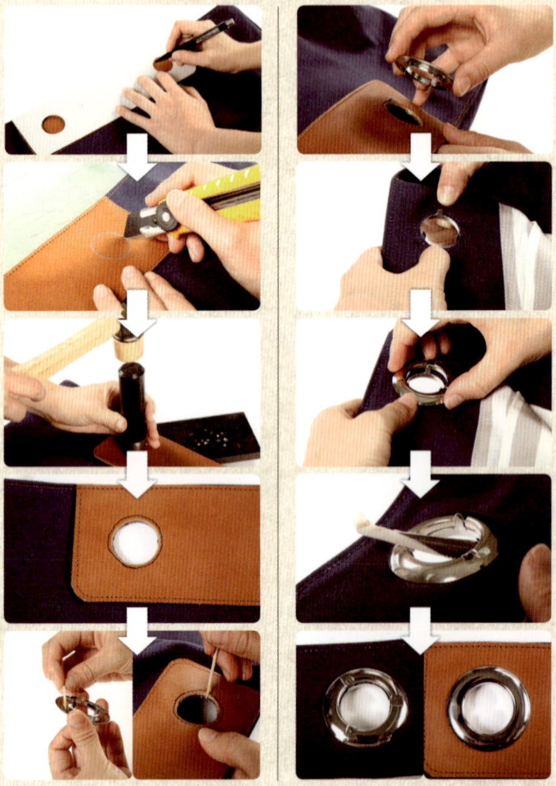

アイレットリングを付ける位置を素材に記す。サイズの合うハトメ抜きがない場合は、カッターで少しずつ切って穴を空ける。この部分はアイレットリングで隠れてしまうので、多少凸凹になっても問題ない。穴の周りに一周ステッチを掛けて補強し、穴のヘリ、金具にボンドを塗り、少し乾くのを待って取り付ける。ツメを折る時はラジオペンチなどを使うと曲げやすい

バネホック

必要な道具：ホック打ち（バネ用、ゲンコ用）、2種類の大きさのハトメ抜き（ホソの足、アタマの突起の大きさに合わせる）打ち台、ハンマー、ゴム板

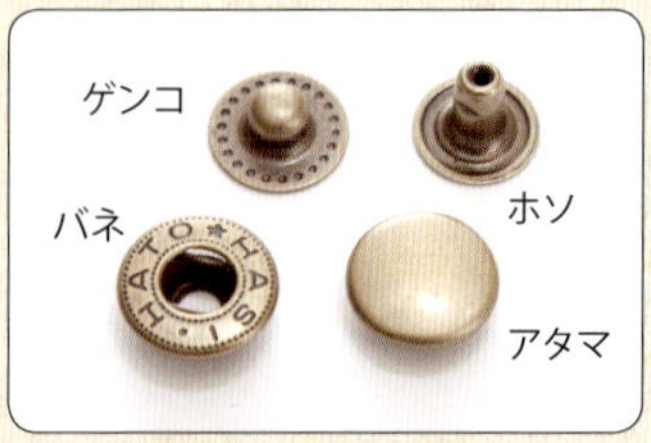

バネの裏に付けるアタマと、ゲンコを付けるホソの4つのパーツを使うバネホックは、ホソとバネのそれぞれの足の太さに合わせたハトメ抜きと、ホック打ちが必要

ゲンコ側は、ホソの足の太さに合うハトメ抜きで穴を空け、裏側からホソを入れ、打ち台の平らな面にセットする。足にゲンコを被せ、ゲンコ用のホック打ちで打って留める。バネ側は、アタマの突起の大きさに合わせたハトメ抜きで穴を空ける。裏側からアタマを入れ、アタマのサイズに合う打ち台のくぼみにセットし、バネ用のホック打ちで打って留める

美 錠

必要な道具：ハトメ抜き（留め革に使うカシメの大きさに合わせる）、カッター、ビニール板、ゴム板、ハンマー

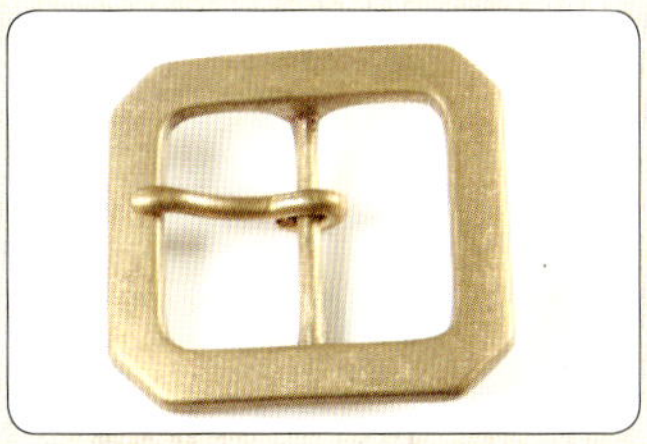

ベルトなど、後で長さを微調整できる仕様にしたいときに便利な美錠。中央の可動する棒をピン（つく棒）と言う。留め方は比較的簡単なので、ぜひ覚えておこう

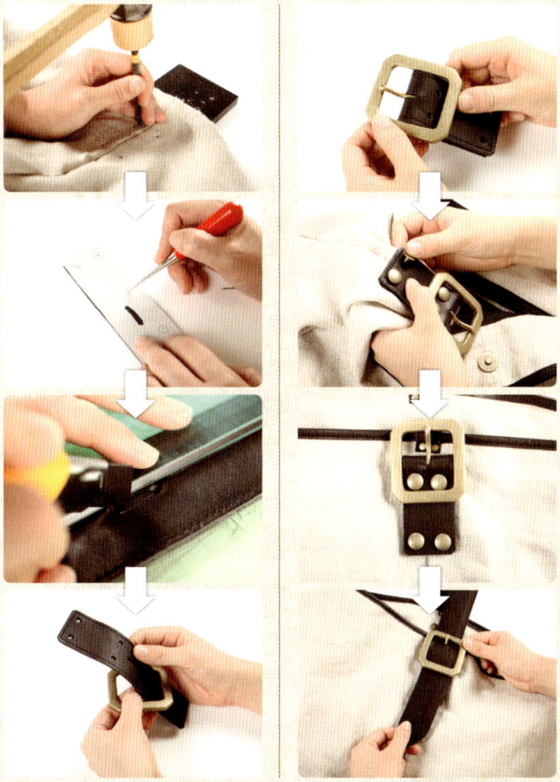

まずは、留め革をカシメで取り付けるための穴を、布地に空けておく。留め革にカシメ、ピンを通すための楕円の穴の位置を目打ちで写す。カシメ位置はハトメ抜きで、楕円の穴は両端にハトメ抜きで穴を空けて、間をカッターで切る（楕円の穴を空けるための美錠抜きという道具もある）。留め革に美錠を通し、カシメで留める

底びょう

必要な道具：ハトメ抜き（足の大きさに合わせる）、打ち台、ハンマー、ゴム板

底びょうは硬く作られているので、留める時は直接打っても問題ない。小さい底びょうはカシメの代わりとしても使える

底びょうを付ける時は、補強のために芯材を挟んで留める。まずは底になる素材の裏に芯材を仮留めして、底びょうを付ける位置にハトメ抜きで穴を空ける。表側から底びょうの足を通して反対側からも挟み、打って留める。高さが合わない場合は適当な素材でワッシャーを作り、底びょうの足に通して留める

Lesson4-③ 用語集

ア

合 印・・・パーツを正しい位置で組み合わせる、折り曲げる、貼り付けるといった作業の目印。チャコペンで印を付けたり、布端に三角の切り込みを入れる

あきどまり・・・あき部分の終わり。「ここまであける」ということを示している

荒裁ち・・・型紙通りではなく、周囲に10mm程度の余裕を持たせてパーツを切り出すこと。接着芯を貼る前、あるいは（主に革の場合）貼り合わせる前に荒裁ちし、それらが済んでから改めて型紙通りに切り出すと、裁ち目がきれいに仕上がる

糸調子・・・ミシンにおける、糸の引き具合のこと。上下の糸の調子が適正なときに、美しいステッチが現れる。テンションとも呼ばれる

打ち具・・・狭くは、ホック、カシメ、ハトメなどを打ち付ける際に使用する棒状の工具。広くは、それを打つハンマーや、打つ際に下にしく打ち台なども含めた道具一式

内 袋・・・胴やマチ、底を組み合わせて作った内側の本体。内ポケットなどが取り付けられる（参照:表袋）

裏打ち・・・薄手の生地を使う際、裏側に芯材や裏地を貼り付けて張りや強度を持たせること

裏 胴・・・内袋を形成する胴パーツ（参照:表胴）

上 糸・・・ミシンの針に取り付けられる上の糸。ステッチの表側に出る

送り歯・・・ミシンで生地を縫う際に、生地を一定速度で送り出す装置。針板のスリットから出ている

押さえ（押さえ金）・・・ミシンで生地を縫う際に、生地を下に向けて押さえている金具。縫う対称によって素材や形状を使い分ける

落とし込み・・・表袋の中に内袋をすっぽりと収め（落とし込み）、開口部を縫い合わせる手法

落としミシン（落とし縫い）・・・玉べりのキワなどに、表から目立たないようにかけるステッチ。裁ち端がよりしっかりと縫い合わされるため、補強になる

表 胴・・・表袋を形成する胴パーツ（参照:裏胴）

表 袋・・・胴やマチ、底を組み合わせて作った表側の本体。持ち手などが取り付けられる（参照:内袋）

折り代・・・生地の端を折り返す（ヘリ返す）ために設ける幅。折り目ができ上がり線になる

折り山・・・折り線に沿って生地を折ったときにできる折り目

カ

返し縫い・・・縫い止まりまで針を進めてから、逆方向に縫って縫い目を重ね補強すること

飾りミシン・・・縫い合わせる目的ではなく、装飾としてかけられたステッチ。補強の役割を持つ場合もある

カブセ・・・文字通り、開口部などに被さり、フタの役割をするパーツ

釜・・・ミシンの針板の下にある、下糸（ボビン）を収める回転体。家庭用ミシンは水平釜、職業用ミシンは垂直釜が一般的

柄合わせ・・・生地の柄を考慮してパーツの配置を決めること。ストライプや文字など、方向のある柄では必須の作業

ギャザー・・・縫い縮めるなどして、生地の一端に作り出す、細かくふんわりとしたひだ

ギン面・・・毛や表皮を取り除いた真革の表面。通常はギン面を表側として使用する（参照:トコ面）

クラッチバッグ・・・持ち手や肩ひもが付いていない、比較的小型のバッグ。手で直接持ったり、別の大きなバッグの中に入れて使用する。セカンドバッグとほぼ同義

グラニーバッグ・・・開口部にギャザーやタックを設け、丸みを帯びたフォルムに仕上げられたバッグ。手作りの風合いが特徴

コバ・・・革の断面、切り口

サ

下 糸・・・ミシンの釜に収められる、下の糸。ステッチの裏側に出る

地の目線・・・生地の耳と平行の、たて地を示す線。パーツの型紙に記されている場合は、これを生地のたて地と揃える

ジュート…黄麻（こうま）、綱麻（つなそ）などとも呼ばれる、植物性繊維の一種。麻袋などに利用される

ショルダーバッグ・・・肩にかけて使用するバッグの総称

芯 地・・・芯として利用される生地

ステッチ・・・パーツの表側から見えている縫い目

セカンドバッグ・・・手で抱えたり、他の大きなバッグに入れて使用する、比較的小型の補助的なバッグ。クラッチバッグとほぼ同義

底・・・本体の底面だけを別体で作っている場合、このパーツは底と呼ばれる

外 表・・・2枚のパーツを重ね合わせる（縫い合わせる）とき、表面を外側に向けること（参照:中表）

タ

ダーツ・・・パーツをつまんだ状態で縫い合わせた部分。シェイプをコントロールし、立体的なシルエットにする

裁ち合わせ図・・・生地の布目やロスを考慮した、パーツの効率の良い配置を示す図

裁ち目・・・生地の切り目のこと。そのままではほつれるので、ヘリ返したり、別素材を巻いたりして処理する

タック･･･パーツを折りたたんだ状態で縫い合わせた部分。立体的な構造にすると共に、装飾性、可動性を向上させる効果がある

たて地･･･生地の布目を考えたとき、たて糸（耳）と同じ方向のこと。よこ地に比べ、伸びに強い性質がある（参照:よこ地）

でき上がり線･･･実際の完成品の寸法となる線。パーツは、縫い代、裁ち代、折り代などを考慮して大きめに設計され、実際の寸法と異なる

天びん･･･ミシンの糸掛けの直前にある、上糸を掛ける部分。上下に運動し、上糸の引き具合を調整している

胴･･･バッグの本体を成すパーツ。主に表側の「前胴」と、後ろ側の「背胴」の2枚に分かれる

トートバッグ･･･2本1対の持ち手が取り付けられた、シンプルな手提げバッグの総称

トコ面･･･革のギン面の裏側。真皮の網状層部分（参照:ギン面）

共 布･･･同じ種類の布のこと

ナ

中 表･･･2枚のパーツを重ね合わせる（縫い合わせる）とき、表面を内側に向けること（参照:外表）

鞣し（なめし）･･･動物の皮を、腐らず、柔軟性を持った革素材にするために施す加工。また、その方法。植物タンニンを使った「タンニンなめし」、クロムなどを使った「クロムなめし」、両方をバランス良く使った「コンビネーションなめし」などがある

縫い代･･･生地の端（裁ち目）から縫い目（でき上がり線）までの幅。端を縫い合わせるわけにはいかないため、縫い合わせるパーツには必ず縫い代が設けられる

縫い止まり･･･縫い目の端。または縫い目の端となる位置。返し縫いの場合も、折り返した端のことを示す

布 幅･･･生地の切り出す前の幅のこと。耳から耳までの距離に等しい

布 目･･･生地のたて糸とよこ糸が織りなす柄、模様。織り目。たて地方向に伸びにくく、よこ地方向に伸びやすい性質を持つ

伸び止めテープ･･･生地の裏面に貼り付けることで伸びや歪みを防止し、強度を上げる粘着テープ。補強テープなどとも呼ばれる

ハ

はずみ車･･･ミシンの右側についているハンドルで、手動で針を動かせる。かつてミシンが足踏みだった頃は、はずみ車が回転する慣性で、針の安定した動きを制御していた

パターン･･･型紙のこと

菱 針･･･ミシン針の一種で、主に革に使用される。先端が菱形になっているため、革素材を縫う際の抵抗を少なくできると共に、菱形の穴（菱目）が空き糸が斜めに掛かることで装飾性の高いステッチが得られる（参照:丸針）

ひ だ･･･ギャザーとほぼ同義

不織布（ふしょくふ）･･･文字通り、繊維を織ることなく、接着剤や樹脂などで結合させて作る生地。通常の生地よりも比較的強度に劣るものの、布目がなく、安価であることが特徴。芯材などによく使われる

船 底･･･底の両脇がマチ側まで覆うように三角形に縫い合わせ、船の底のような形状に仕上げる構造。トートバッグによく見られる

ヘリ返し･･･裁ち端の処理方法のひとつ。表地の端を折り返し、裏地の裁ち目を覆うように被せた状態で縫い合わせる

ベ ロ･･･開口部を閉じるための細長いパーツ。先端に付けたホック、あるいはそれ自体が留め具となり、開口部が不意に開くことを防止する

ボビン･･･ミシンの下糸を巻く器具

本 体･･･バッグから持ち手、ベロ、カブセなどを除いた、袋状の部位。バッグの本質的なパーツ

マ

マ チ･･･胴の両脇、あるいは両脇から底にかけて取り付け、バッグに幅や厚みを持たせるパーツ

マルシェバッグ…マルシェはフランス語で「市場」の意味。開口部が広がった、買い物カゴのような形状のバッグ

丸 針･･･ミシン針の一種で、断面が円形になったスタンダードなもの。縫い目の糸はまっすぐにつながる（参照:菱針）

見返し･･･開口部の裏側に取り付ける帯状のパーツ。内側を覗いたときに内袋を見えにくくする装飾的な役割と、補強の役割がある

目止め･･･表面の凹凸を均し、滑らかに整える作業。革のコバやトコ面の毛羽立ちや凹凸はトコノールなどを塗って磨くことで目止めする

持ち手･･･本体に取り付けるひも状のパーツ。バッグを手で持って支える部位

ヤ

よこ地･･･生地の布目を考えたとき、よこ糸と同じ方向のこと。たて地に比べ、伸びに弱い性質がある（参照:たて地）

ラ

ランドセル･･･背中に背負うタイプのバッグ。かつてはリュックサックと同義であったが、革製のしっかりとした作りのものが通学用として定着し、こちらが主流となった

リュックサック･･･主に登山やハイキングなどで使用される、背中に背負うタイプのバッグ

School information

バッグアーティストスクール レプレ

Bag artist school Repre

“バッグアーティストスクール レプレ”（以下「レプレ」）は、バッグ作りを身に付けたいと願う様々な人を応援する、本格的なバッグスクールです。

特徴は、本格的な設計や製作を基礎からしっかりと学べるにもかかわらず、どんな生活形態の方でも気軽に参加できるよう、幅広いコースやスケジュールが用意されていること。つまり、開業を目指すプロ志向の方も、趣味で楽しみたい方も、自分のスタイルに合った内容を選ぶことができるのです。

まず、ひとつ目の魅力、「本格的に学べる」という点です。レプレでは、単にバッグを完成させることだけではなく、型紙の知識や応用が効く技術などを総合的に学ぶことを目的としています。また、レプレは1970年創業の老舗カバンメーカーが母体となっているため、長い歴史の中で培われた実践的なノウハウを教えることがでます。だからこそ、生徒さんが「作りたい!」と思うバッグを自らの力で作り出せるよう、全面的にサポートすることができます。将来的に独立・開業を目指す方にも、「職人コース」や「講師コース」などの専門コース、卒業生との交流会などのイベント、材料の仕入れサポートなどの活動で積極的な支援が可能です。

ふたつ目の魅力、「気軽に通える」に関しては、まず東京は新宿校、大阪は梅田校と、どちらもアクセスの良い好立地にある点が大きな要素。さらに、自分に都合の良い曜日や時間帯で受講できるため、ライフスタイルを犠牲にせずに通うことができます。

教室は、のびのびとした自由な雰囲気の中にも、知識や技術を学ぼうとする真剣さが漂っています。きっと、あなたの願いを叶えてくれるでしょう。

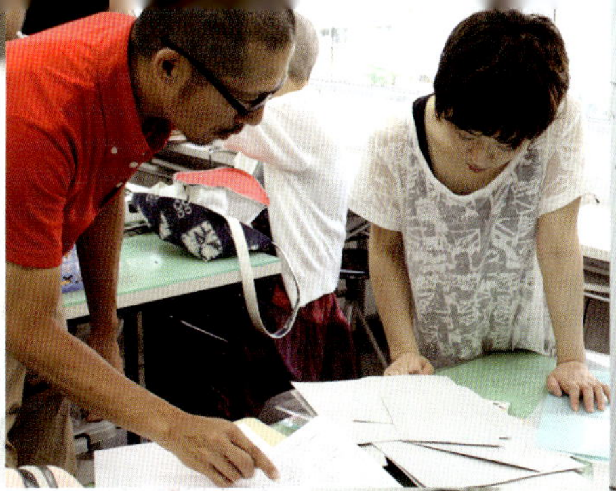

かばん作りを学べるスクール
Repre
バッグ アーティスト スクール レプレ
YOYOGI AIR HEIGHTS

NIPPY

MITSUBISHI

レプレのコース

レプレでは生徒さんの夢や目的に合わせて、必要な技術を身に付けるための適切なコースが用意されています。自分のやりたいことやライフスタイルと照らし合わせながら、それぞれに合ったペースでカバン作りを習得できます。「物作りの経験なし」「ミシン初心者」、そんな方々の中から、趣味を極める方、バッグ作家、職人など、様々な形態のバッグアーティストが誕生しています。はじめの一歩は「基礎コース」から。まずはバッグ作りの基礎を学びましょう。

「想像」から「創造」へ。バッグアーティストスクールレプレでは作ることの楽しさや素晴らしさを体感し、その感動を作品作りや講師として人に伝えられる、様々なフィールドで活躍できる作り手を育てています。

Step1

基礎コース

カバン作りの基礎工程をじっくり学ぶ

バッグアーティストスクールレプレの「基礎コース」は、いわゆる初級コース。初めてカバン作りをする方も、自己流で作ったことのある方も、基礎からしっかり学べます。スクールで用意する教材をもとに、設計や制作をします。数パターンの定番バッグを型紙から作っていくことで、バッグ作りの基礎となる知識・工程を全て習得することができます。もちろん、ミシン初心者の方でも大丈夫。針の付け方や糸の掛け方など、ミシンのセッティングから詳しく学ぶことができます。

他のバッグスクールと何が違うの？

レプレでは、「カバンを完成させること」ではなく、「カバン作りの工程を学ぶこと」を重視した授業を行なっています。一般的なスクールとの違いは、型紙から作り、どんな素材でもカバンを作れる技術を学べるところにあります。型紙作り・素材選びから、バッグ作りの工程を順を追って詳しく学ぶことができます。

Step2

デザインコース

自分でデザインしたバッグができる

「デザインコース」ではオリジナルデザインを通してより高度なカバン作りを学びたい方のためのコースです。基礎コースで学んだ内容を活かしながら、自分で決めたデザインでバッグを設計。自分で企画書を作成し、型紙から作っていくことで、オリジナリティー豊かなカバンを製作できる技術・ノウハウを習得していきます。作りたい理想のカバン作りにチャレンジできるやりがいのあるコースです。企画制作や、ロス計算やコストの計算を学び、将来的に独立・開業をお考えの方にとっても、革やキャンバスなどの素材を無駄にしないノウハウやコストコントロールの手法を学ぶのは非常に重要なことです。

勉強会ってなに？

デザインコースでは、毎月1~2回、自由参加型の勉強会を開催しています。勉強会は、普段の授業では学べない、より専門的な技術を学ぶことのできるチャンス。これもアイテム制作だけではなく、バッグの基礎から応用まで、幅広く学べるレプレならでは。生徒さんのプラスαの技術向上の場となっています。

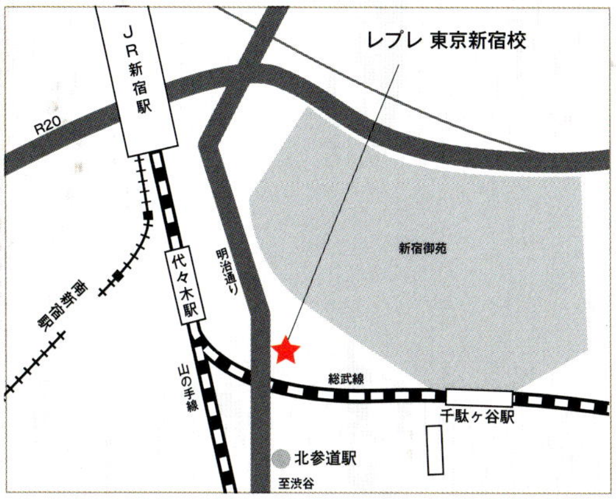

東京新宿校

TEL.0120-837-818

受付時間　月～木 9:30-21:00／金･土 9:30-21:00
日曜日 9:30-21:00

所在地　渋谷区千駄ヶ谷5-16-10エアハイツビル2F
JR新宿駅より徒歩10分　JR代々木、北参道駅より徒歩3分

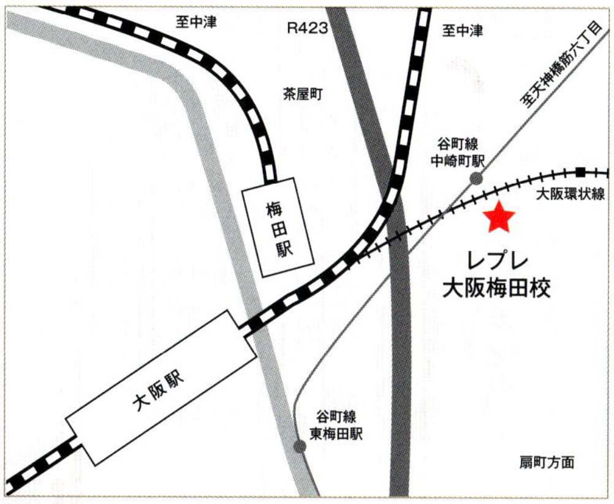

大阪梅田校

TEL.0120-983-707

受付時間　月～木 9:30-17:30／金･土 9:30-22:30
日曜日 10:30-19:30

所在地　大阪市北区万歳町4-12　浪速ビル　東館204号室
阪急･地下鉄梅田駅、JR大阪駅より徒歩15分
地下鉄谷町線中崎町駅より徒歩0分

無料説明会･見学会のご予約、資料請求、問い合わせは、上記フリーダイヤル、またはウェブサイトの問い合わせフォームをご利用ください。
“バッグアーティストスクール レプレ”ウェブサイト　http://www.bag-artist.jp/

SPECIAL THANKS

この場をお借りして、この本の監修、各バッグのデザイン、製作、情報提供等々、様々な場面でご協力くださった先生方をご紹介します。和やかな雰囲気と気さくな人柄を持ちながら、バッグ作りに関する知識や技術にはとても信頼のおけるベテランの皆さん。バッグのこととなると真剣な顔つきになり、驚くほど様々なアイデアを提供して頂き、大変頼もしい印象を受けました。そんな魅力的な方々がバッグ作りを教えるレプレは、楽しい雰囲気の中、色々な人の要望を満たす、素敵な体験を提供してくれるに違いありません。

Practice

実践編

Practice 1

マチなしのパターンで作る

マチなしのファスナーバッグ

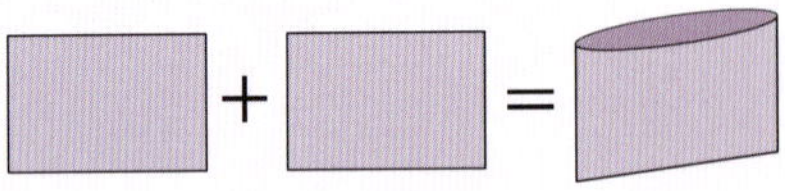

2枚の胴パーツを中表にして縫い合わせるパターンです。開口部にファスナーを付け、通常は口を折り曲げた状態で使用しますが、収納物に応じて伸ばして使用することもできます。持ち手と一体になった帯の間に縫い付けたポケットは、好みで前に付けてもOK。ここでは開口部のファスナーの付け方を習得しましょう。

ダーツ付きのトートバッグ

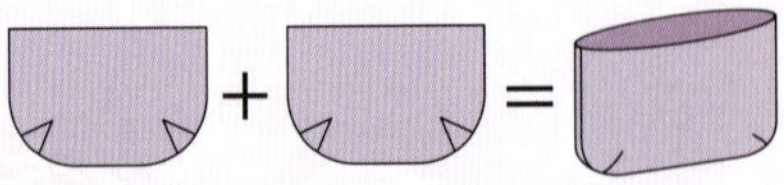

2枚の胴パーツの角をつまんでダーツを設け、立体的な形を作る方法です。開口部の裏には見返しを付けて、一体感を出しています。内袋はミシン、外から見えるステッチは手縫い仕立てです。直付けの持ち手の作り方や、ダーツの付け方を習得しましょう。

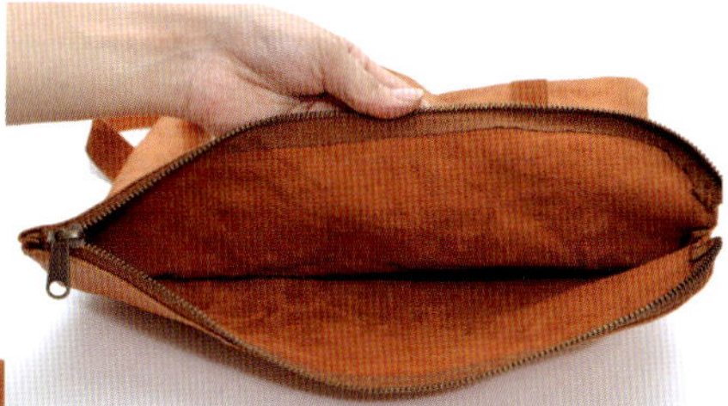

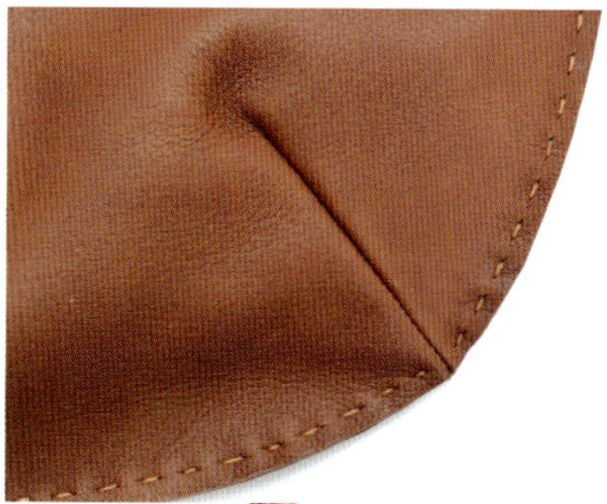

Practice 1-1

マチなしの
ファスナー バッグ

薄手の革を使って作る、シンプルな
マチの無いトートバッグです。
開口部のファスナーの付け方を覚えれば、
他の形のバッグにも応用できます。

仕上がり寸法

高さ 約37cm、横幅 約35cm、
奥行き 約1cm

最大重ね合わせ枚数

最大 **4枚** 胴と帯が重なる底の縫い合わせ

用意する素材と金具

<素 材>

<金 具>

全て牛革（1mm厚） 胴 2枚、ポケット 1 枚、持ち手（780×25mm）、帯（1150×25mm）それぞれ2本ずつ

ファスナー（400mm）

布目線方向

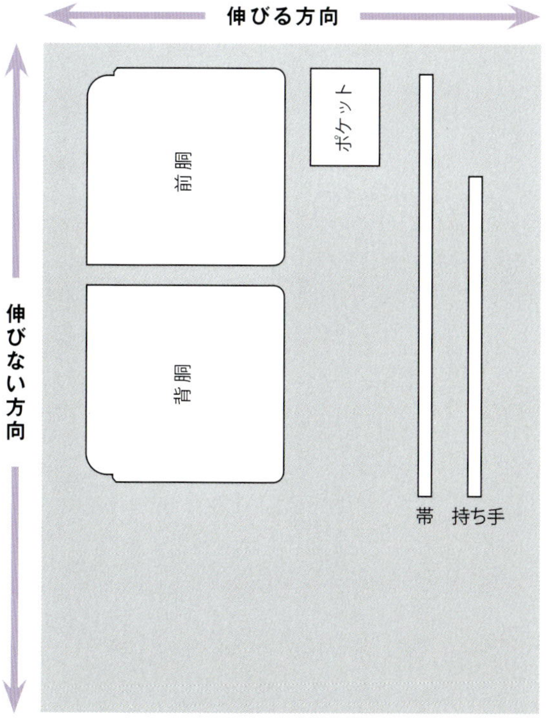

※革のパーツの場合は繊維方向を伸びない方向と考える。
また、芯の向きは掲載していない

ワークフロー

①持ち手と帯の制作

②ポケットと持ち手の取り付け

③ファスナーの取り付け

④前胴と背胴の縫い合わせ

注意：特に指示のない縫い始め、縫い止まりは、3目程度返し縫いをすること

①持ち手と帯の制作

まず、持ち手と帯を制作します。持ち手は、胴側に縫い付ける帯側と先に縫い合わせます。
ここでは、トコ面を表にして制作していますが、もちろんギン面を表にしてもOKです。

01

持ち手（短い方）と帯（長い方）を先に縫い合わせていく

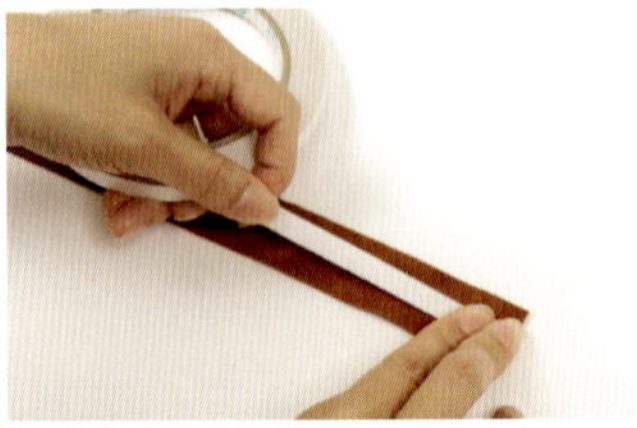

02

持ち手の裏側に、8mm幅の両面テープを貼る

03 **Point!**

帯の表側に、持ち手を貼り付ける。貼り付け始める位置は、帯の両端から185mmの位置

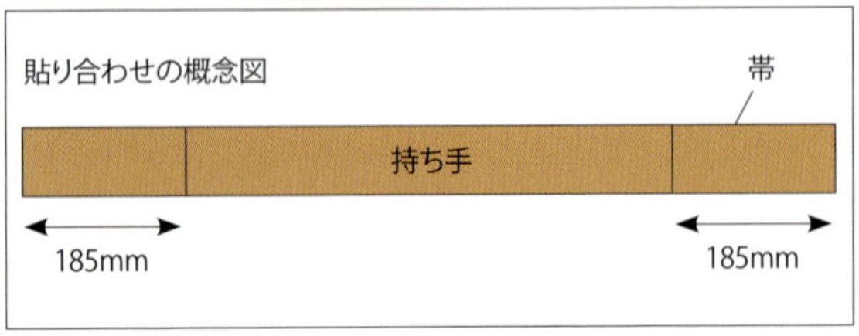

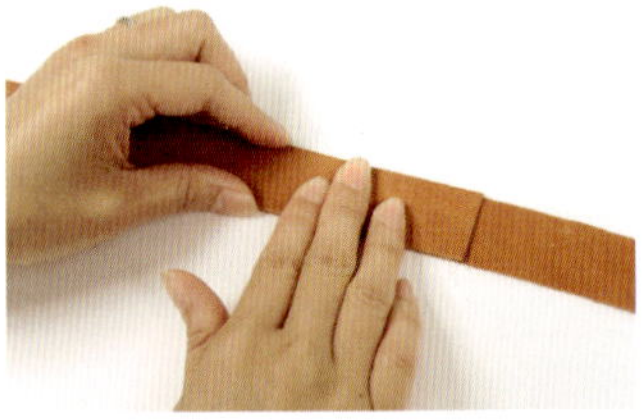

04

両面の革の裁ち目がずれないように、位置をきちんと合わせながら全面を貼り合わせる

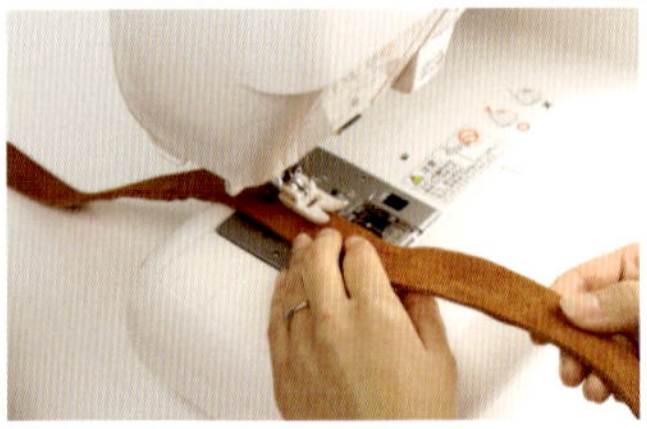

05

貼り合わせた持ち手部分に、端から2.5mm幅で帯側からステッチを掛ける（このパーツは返し縫いしない）

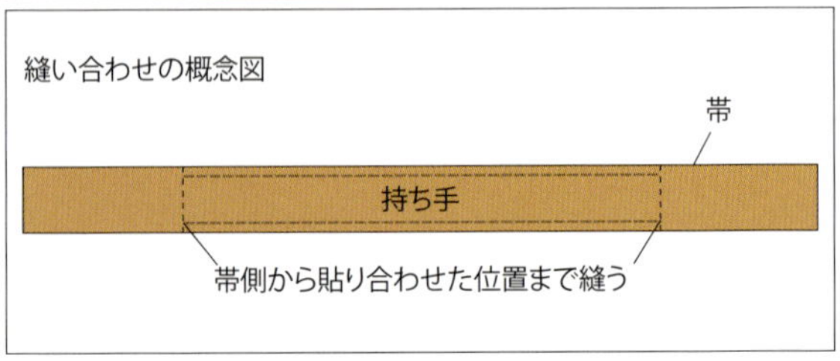

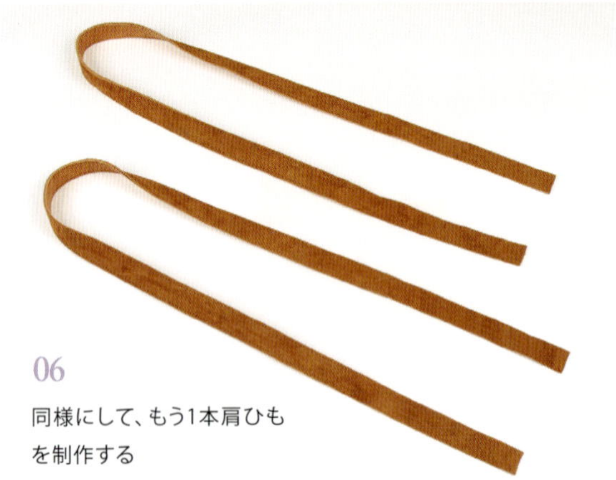

06

同様にして、もう1本肩ひもを制作する

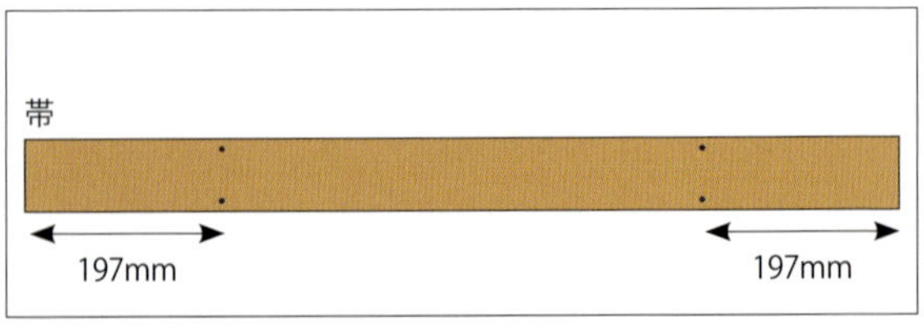

07 帯側に縫い止まり位置を記す

②ポケットと持ち手の取り付け

ポケットは背胴に付けていますが、好みで前胴、または両側に付けても良いでしょう。

01

持ち手を取り付ける前に、ポケットを背胴に縫い付ける

02

ポケットのトコ面の両側に、仮留め用の両面テープを貼る

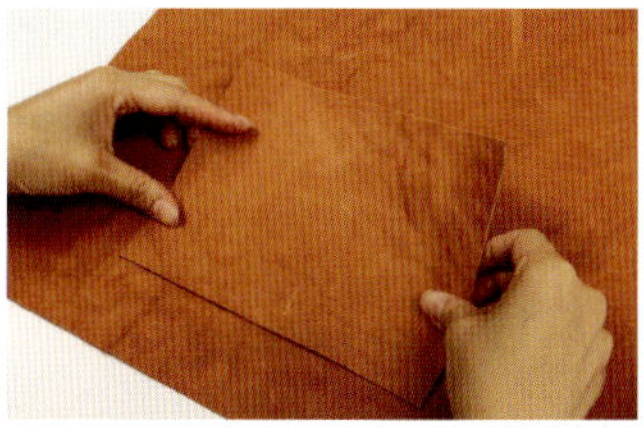

03

型紙にあるポケット付け位置に合わせて、ポケットを貼る

04

ポケットは上辺を残した三辺を縫い合わせる。縫い目は端から2.5mm幅

05

ポケットを背胴に縫い合わせた状態

06

ポケットを胴に取り付けたら、先に縫い合わせておいた持ち手を用意する

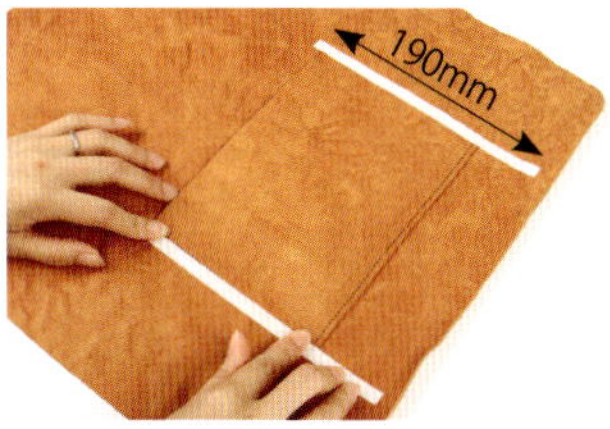

07

胴に帯付け位置の印を付け、底辺と直角になるように、下から190mmまで仮留め用の両面テープを貼る

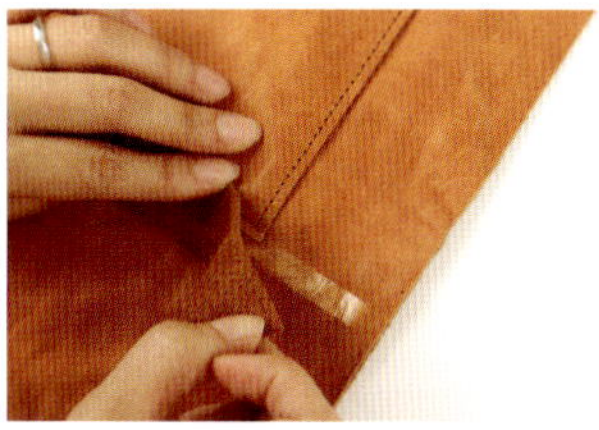

08

底辺と直角になるように、持ち手を両面テープで仮留めする

09

反対側の帯も、先程貼った帯に平行になるように貼り付ける

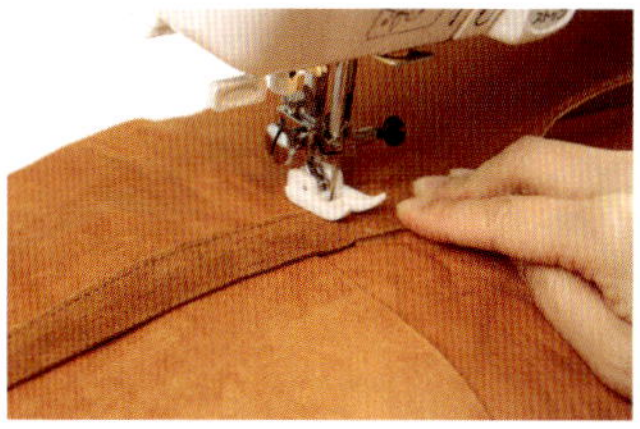

10

底辺側から縫い始め、P70の07で付けた印まで縫い、印の間を返し縫いして三重に縫う。さらに角度を変えて反対側の辺を下辺まで縫う

11

前胴、背胴に持ち手が縫い付けられた状態

③ファスナーの取り付け

ファスナーを縫い合わせる際は、ミシンの押さえをファスナー押さえに交換する必要があります。
ミシンによっては縫いにくい部分もあるので、必ず試し縫いをしてから作業を行ないましょう。

01
バッグの口に、ファスナーを付けていく。ファスナーはあらかじめ必要な長さに調整しておく

02
型紙を合わせて、ファスナーの縫い合わせ位置に印を付けておく

03
ファスナーテープの端を処理する。まず10mmほど裏側に折り返して、両面テープで貼り付ける

04
折り返した部分をテープの外側に向けて、斜めに折り返し両面テープで留める

05
ファスナーテープの四隅を、同様に処理しておく

06
ファスナーをバッグの口に当ててみて、長さや位置を確認する

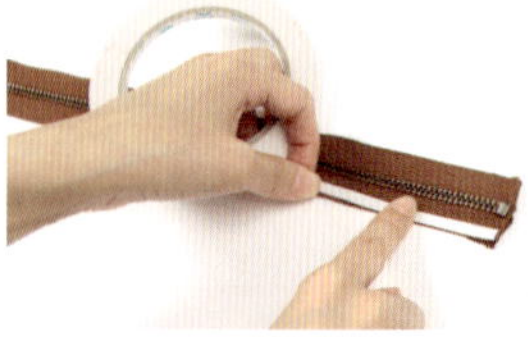

07
ファスナーテープの端に合わせて、両面テープを貼る。縫い合わせた時にテープが見えないように、ここでは5mm幅のテープを使用

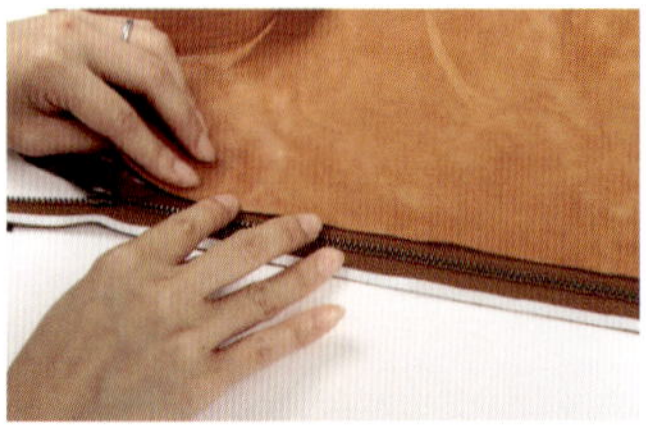

08
ファスナーテープの織り目を基準にして、バッグの口にファスナーを貼り合わせていく

09 **Point!**
カーブの部分は少しずつテープを曲げて、ファスナーとコバとの間隔が狂わないように注意しながら貼っていく

10
カーブ部分のファスナーテープの裏側は、このように少しずつシワを寄せて貼り合わせてカーブに合わせる

11
端から2.5mm幅で縫い合わせていく。ファスナー押さえを使用すること。片側を縫い終わったら、反対側にも胴を貼り縫い合わせる

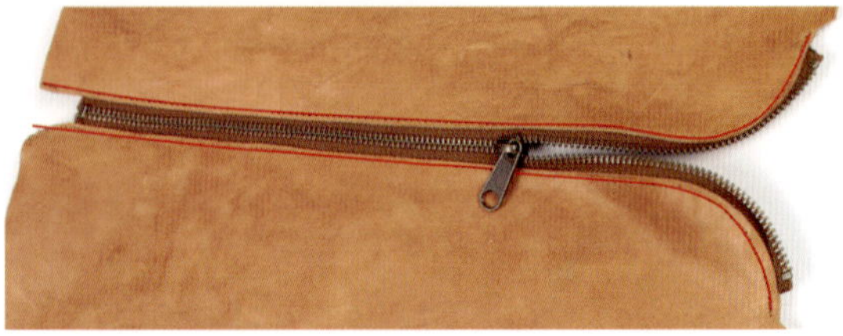

④前胴と背胴の縫い合わせ

前胴と背胴のギン面同士を合わせて、周囲三辺を縫い合わせます。
本体を表に返す際に、爪などでキズを付けないように注意しましょう。

01

前胴と背胴を合わせる。このバッグは内縫い仕立てなので、ギン面同士を合わせる

02

前胴と後胴を合わせたら、ファスナーを取り付けた口以外の三辺を、コバから7mm幅で縫い合わせていく

03

三辺を繋げて、一気に縫い合わせていく。裁ち目からの幅が狂うとバッグの形が変わってしまうので、注意すること

04

前胴と背胴を縫い合わせた(赤線部分)状態。ここから表に返していく

05 **Point!**

底の両角は縫い目から4mmほど残して、縫い目に沿ってカットする

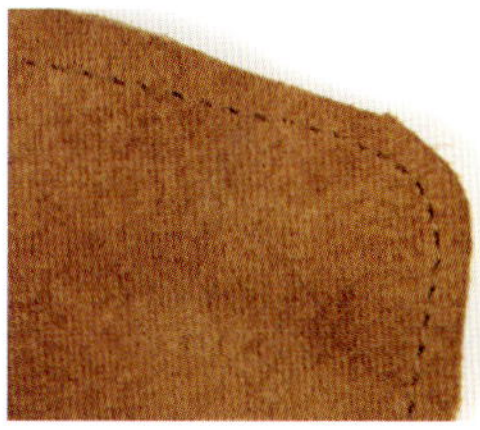

06

角の部分を裁ち落とした状態。こうしておくことで、表に返した際に角をきれいに出すことができる

07

ファスナーを開けて、縫い合わせた本体を表に返していく

08

まず肩ひもを口から引き出す。肩ひもを引き出しら、口を返しながら広げていく

09

革の表面を傷付けないように注意しながら、少しずつ表側に返していく

10

本体が表に返ったら、内側に手を入れて、縫い目部分を外に押し出してバッグの形を整える

11

角の部分は特に固くて形を出しにくいので、ヘラなどを使って押し出すと良い

12

形を整えたら完成。ファスナーを開閉してみて、不具合がないことを確認しておく

Practice 1-2

ダーツ付きのトートバッグ

マチはありませんが、ダーツを作ることで
ボリューム感を出したトートバッグです。
裏地にはファスナーと仕切りの2種類のポケットを付けています。
本体と持ち手は、手縫いで仕立てます。

仕上がり寸法

高さ 約36cm、横幅 約34cm、
奥行き 約10cm

最大重ね合わせ枚数

最大 **3枚**

見返し下辺つなぎ目の縫い合わせ（ミシンで縫う部分。手縫いは除く）

用意する素材と金具

<素材>

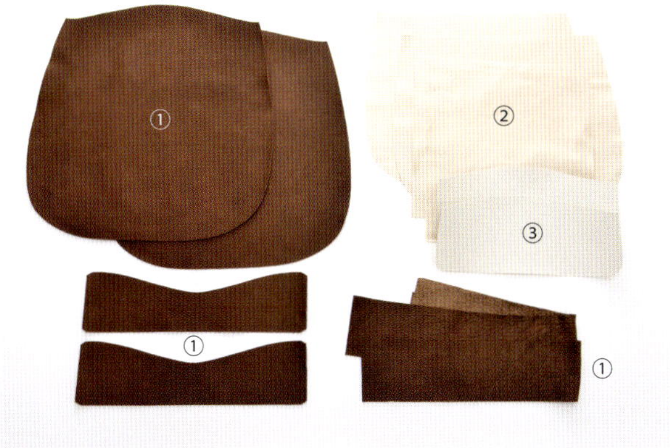

①**牛革（1.4mm厚）**　表胴 2枚、見返し 2枚、持ち手 4枚
②**綿ツイル**　裏胴 2枚、ポケット 2枚
③**バイリーン（0.6mm厚）**　胴芯 2枚

<金具>

ファスナー（200mm）

布目線方向

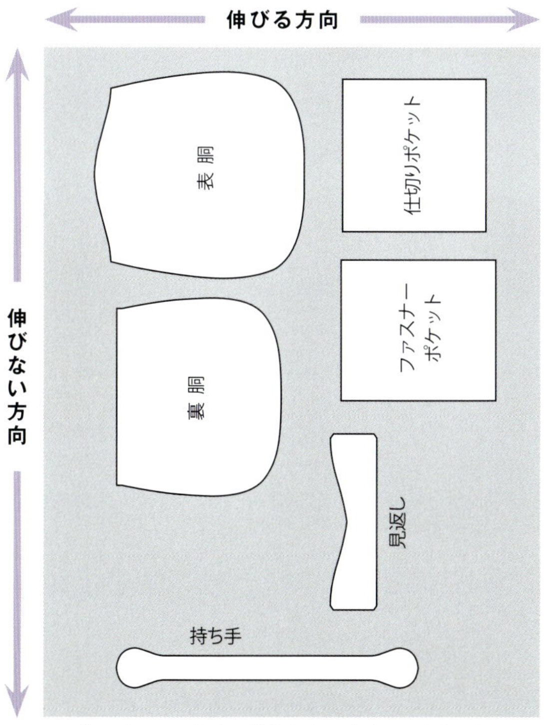

※革のパーツの場合は繊維方向を伸びない方向と考える。
また、芯の向きは掲載していない

ワークフロー

①持ち手の下準備

②仕切りポケットを作る

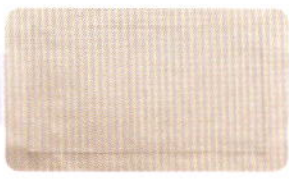

③ファスナーポケットを作る

④裏胴にダーツを作る

⑤見返しの縫い付け

⑥表袋の下準備

⑦持ち手の縫い合わせ

⑧持ち手を胴に付ける

⑨本体の縫い合わせ

注意：特に指示のない縫い始め、縫い止まりは、3目程度返し縫いをすること

①持ち手の下準備

持ち手は2枚の革を荒立ちして貼り合わせてから、型紙通りに切り出します。型紙に合わせて切り出したら、菱目打ちで縫い穴を空ける所まで作業を進めておき、最後にまとめて手縫いで縫い合わせます。

01

持ち手用に荒裁ちした革を用意する。2枚を貼り合わせて、片方の持ち手になる

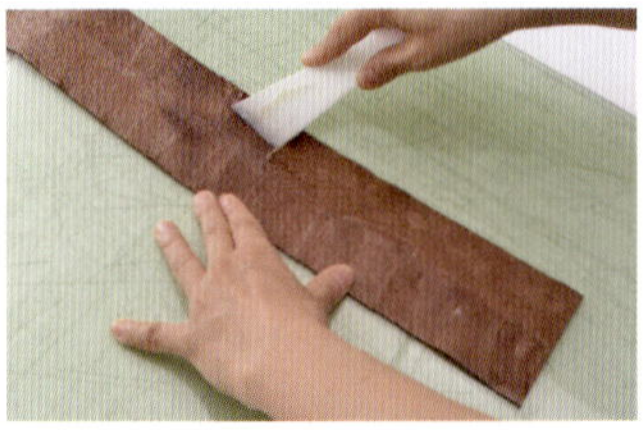

02

革の両トコ面に、ゴムのりを塗り広げる。厚くなり過ぎないように注意

03

ゴムのりを乾かしたら、位置を合わせながらトコ面同士を貼り合わせる

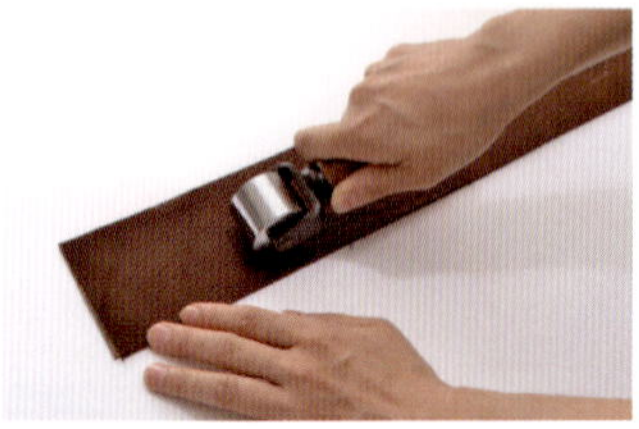

04

表と裏の革を貼り合わせたら、ローラーをかけて圧着する

05

表と裏の革を貼り合わせた状態。もう一組も同様に貼り合わせる

06

貼り合わせた革を、型紙に合わせて裁断する。ここでは型紙を載せて裁断しているが、型を目打ちなどで革に写してから裁断しても良い

07

型紙に合わせて裁断された持ち手の革。表裏は無いが、革は天然のものなので、状態を見て表裏を決めよう

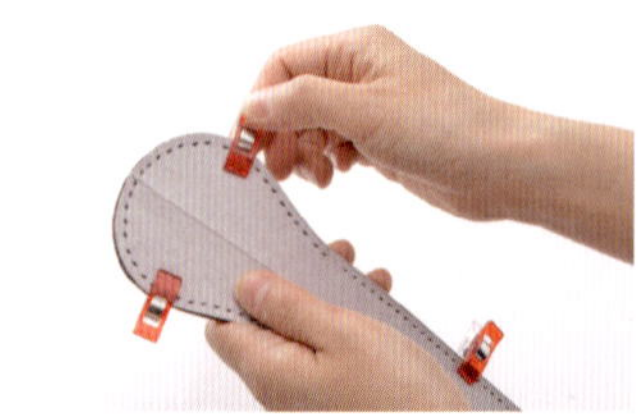

08

持ち手の表側になる面に、型紙を合わせてクリップで留める

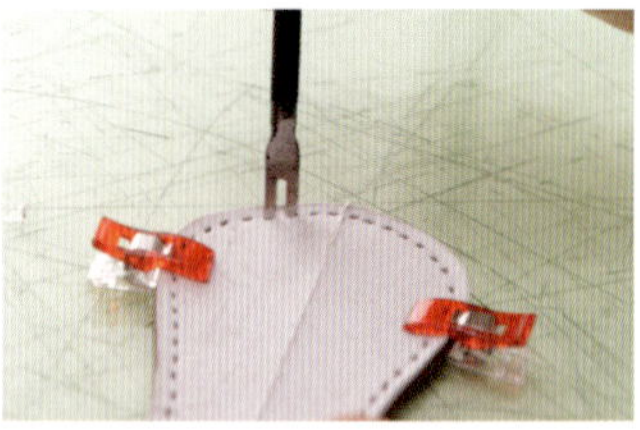

09

型紙に合わせて、5mmの菱目打ちで縫い穴の位置に印を付けていく

10

縫い穴の位置に印を付けた状態。この印に合わせて縫い穴を空けていく

11

カーブ部分は2本、直線部分は4本かそれ以上の菱目打ちを使って縫い穴を空ける

12

持ち手に縫い穴が空いた状態。もう1本の持ち手の部品にも、同様にして縫い穴を空ける

②仕切りポケットを作る

内袋には仕切りポケット、ファスナーポケットの2種類のポケットを付けます。
まずは、仕切りポケットを作っていきましょう。

01
仕切りポケットを、生地の表側が外になるように型紙の折り返しの印に合わせて折る

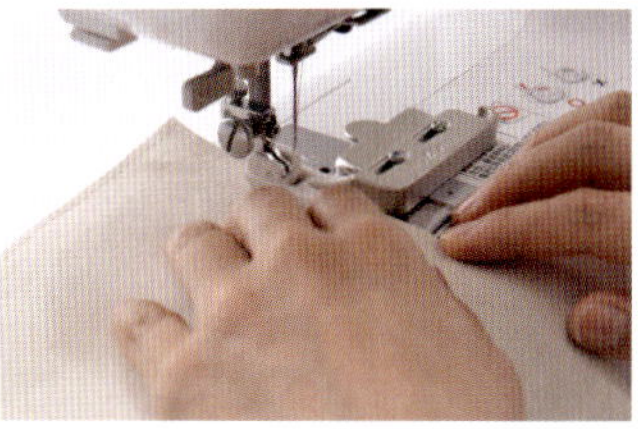

02
折り返した仕切りポケットの両脇とわになっている三辺を縫い合わせる

03
三辺を縫い合わせた仕切りポケット、下辺の裁ち目に合わせて両面テープを貼る

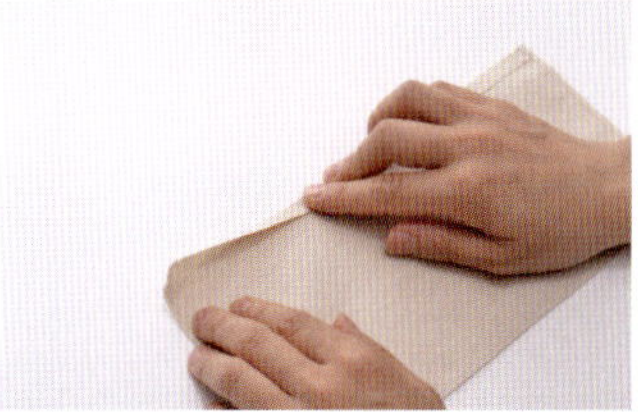

04
下辺の折り代部分を折って、両面テープで貼り合わせる

05
縫い合わせた両脇の裁ち目に合わせて、両面テープを貼る

06
両脇の裁ち目を折り返して、両面テープで貼り合わせる

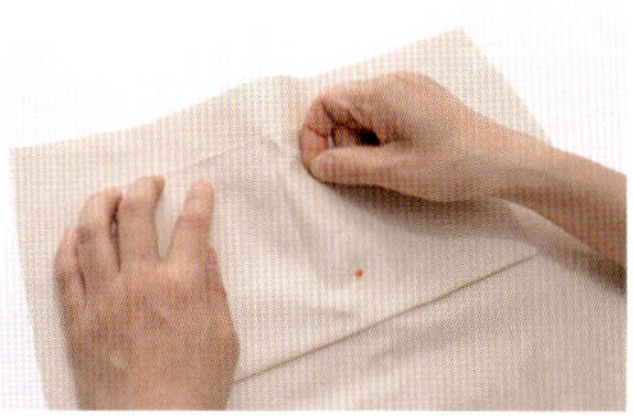

07
仕切りポケットを、型紙の付け位置に合わせてまち針で留める

08
最初に仕切り部分から縫い合わせる。下布に１目落としてから縫い始め、返し縫いし、型紙の縫い合わせ線に合わせて、まっすぐ縫う

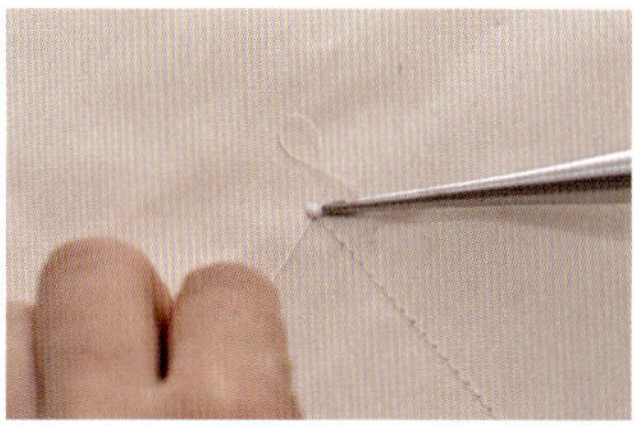

09
ポケットの縫い止まりの糸は、一回結び目を作り結び目の部分にサイビノールを塗り、もう一度結んでから余分な糸を切っておく

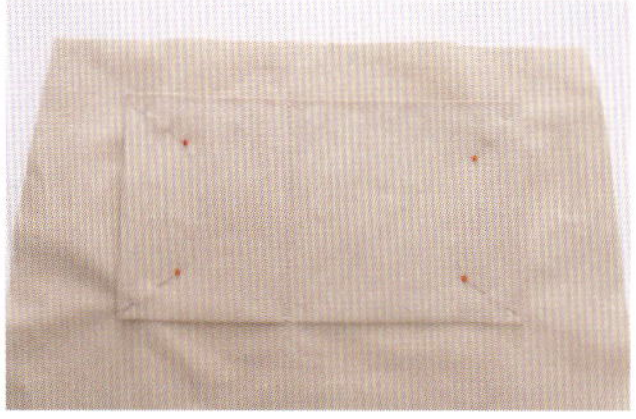

10
ポケットの縁の三辺を縫い合わせるために、ポケットをまち針で留め直す

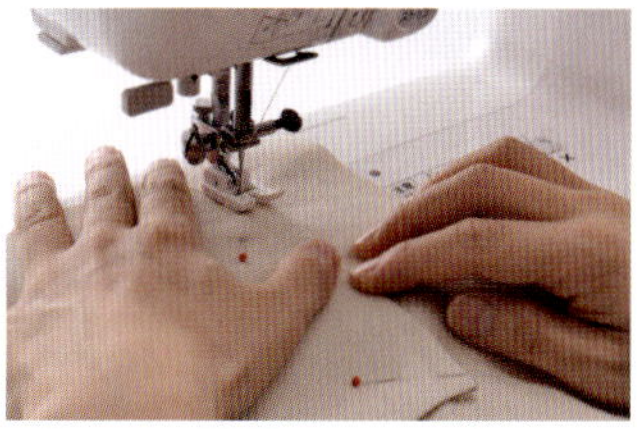

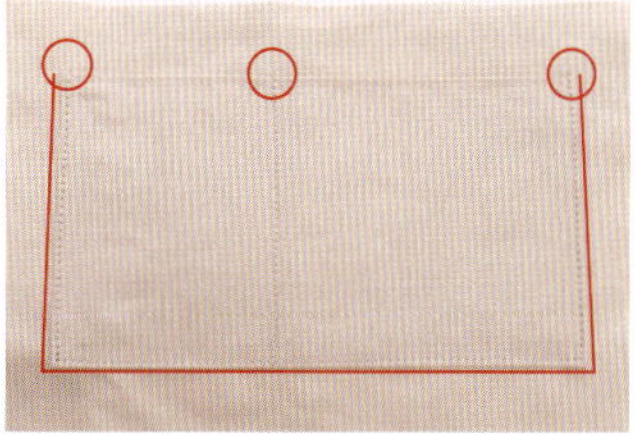

11
ポケットの三辺を縫い合わせていく。上辺を縫い残し、コの字型に縫い合わせる（下写真赤線部分）。縫い始めと縫い終わりは下布に1目落として返し縫いし（下写真赤丸部分）、縫い止まりの糸は09のように始末する

③ファスナーポケットを作る

続いて、ファスナーポケットを作っていきましょう。

01

ファスナーポケット生地の裏側の上辺の裁ち目に両面テープを貼り付けて一度折り返して貼り、さらに上から両面テープを貼る

02

型紙に合わせて、裏胴にファスナーを取り付けるための切り込みを入れる

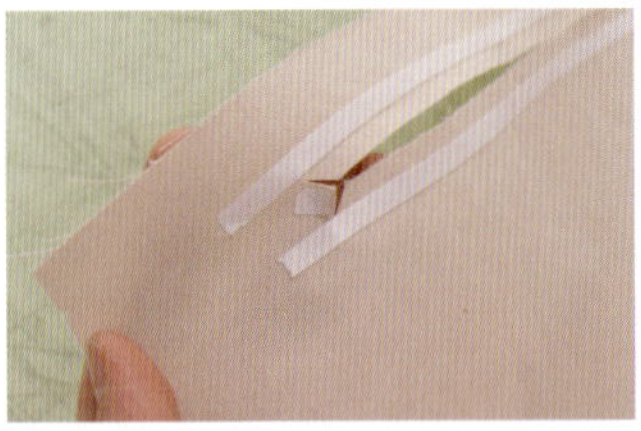

03

切り込みを入れたら、生地の裏側にこのように両面テープを貼る

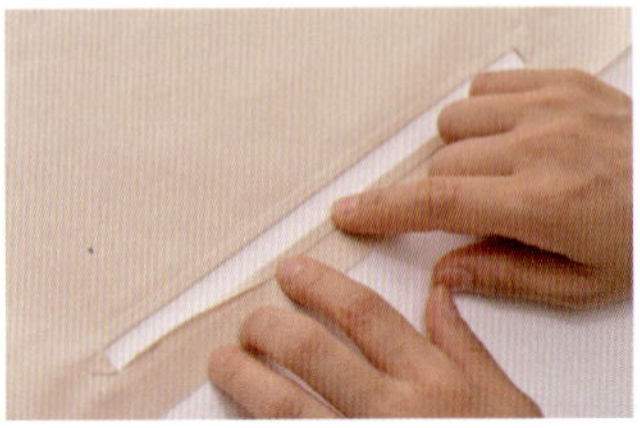

04

切れ目を入れた部分を、裏側に向けて写真のような状態に折り返し、ファスナーの口を作る

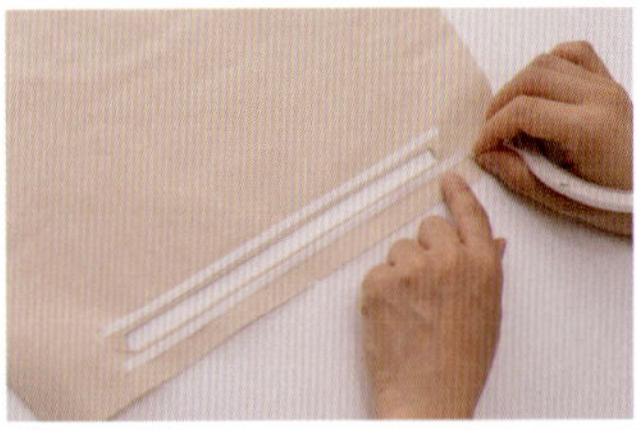

05

折った部分の上に、ファスナーを仮留めするための両面テープを貼る

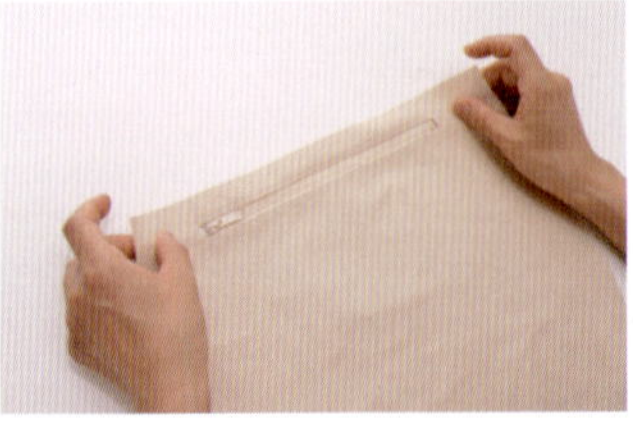

06

裏胴を表側にしてファスナーを当て、取り付け位置や長さなどを確認する

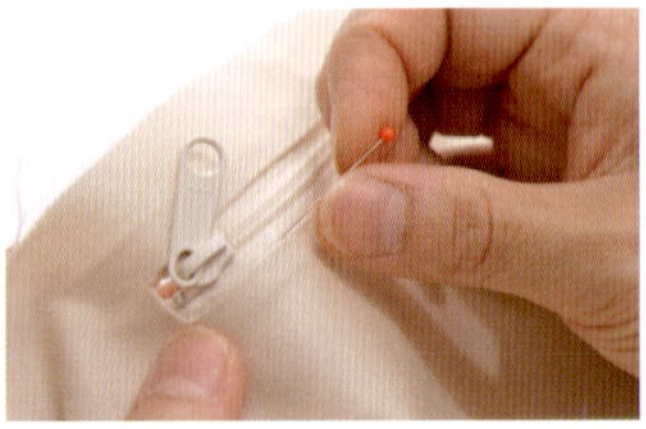

07

ファスナーの取り付け位置を決めて両面テープで貼ったら、ポケット表側の口に合わせてまち針を刺す

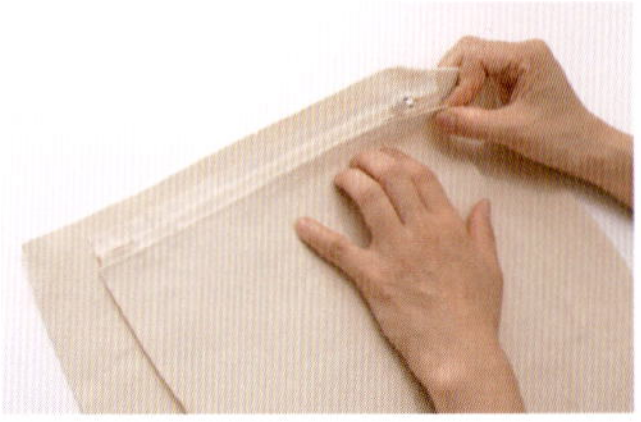

08

まち針を目印にして、表側の口と同じ位置にポケット布を貼り合わせる

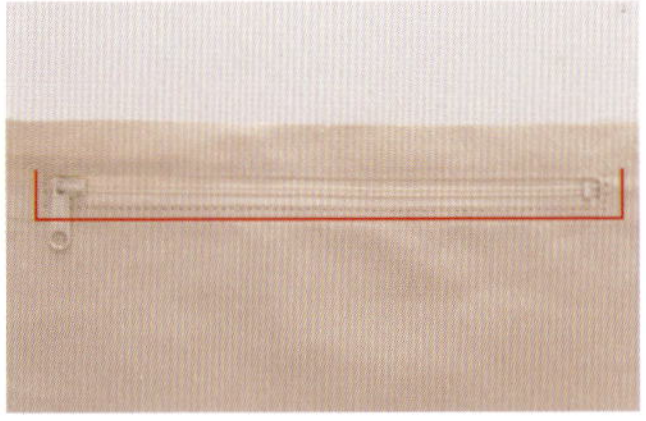

09

ポケットの部品を貼り合わせたら、左の脇から下の辺、右の脇へとコの字型にミシンで縫う（返し縫いしない）。ここではファスナー押さえを使用

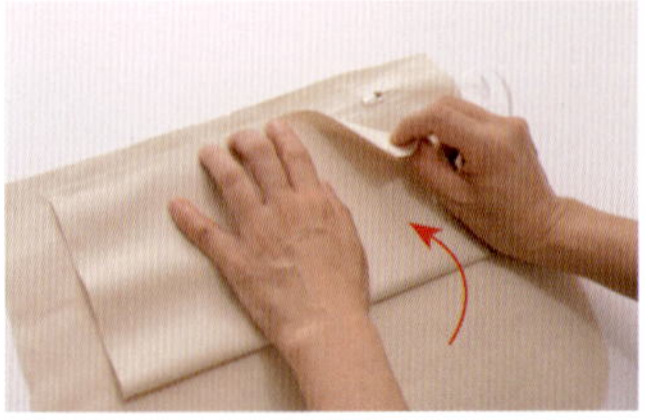

10

ポケット布をファスナーテープの上側の裁ち目に合わせて折り返し、両面テープで貼り合わせる

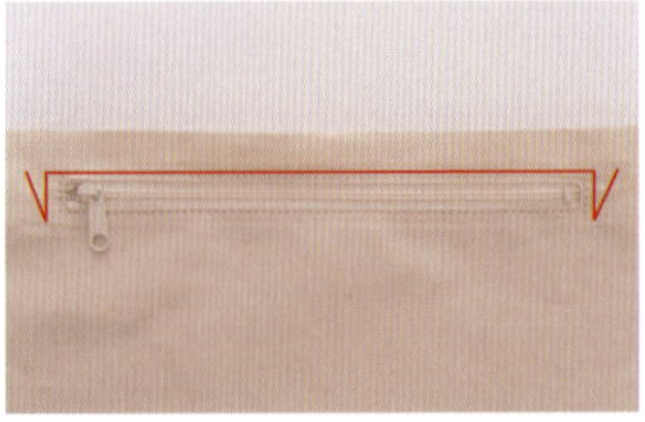

11

今度は上側を縫う。両脇は赤線のように返し縫いし、**09**で縫った分と合わせて三重に縫うことで強度を上げる

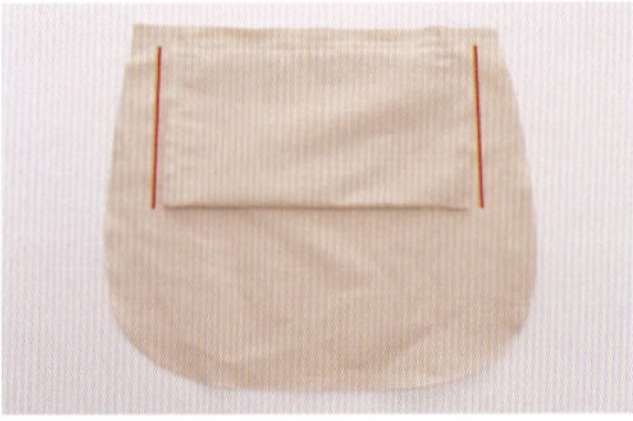

12

折り返したポケット布の両脇を縫い合わせる（赤線部分）

④裏胴にダーツを作る

ポケットを付けた裏胴にダーツを作りましょう。
ダーツを設けることで、立体的な丸みを帯びた形になります。

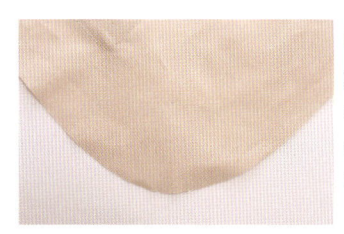

01
裏胴にダーツを作っていく。型紙に合わせて入れた合印と、ダーツの頂点の印を確認する

02
頂点の印の延長線を中心にして、合印を生地の裏側から見たときに山折りにする

03
折り目をクリップで留めて、合印から頂点の印に向かって縫う

04　ダーツの縫い止まりの糸は、結んでボンドで留めておく

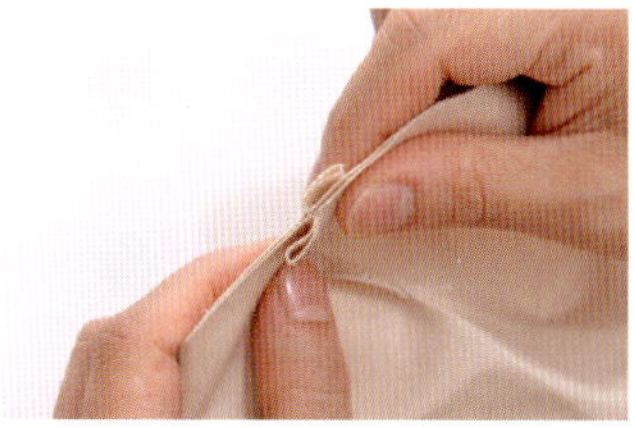

05
前胴と背胴のダーツの縫い代が重なると厚みが出てしまうので、あらかじめ反対になるよう折り曲げてクセを付けておく

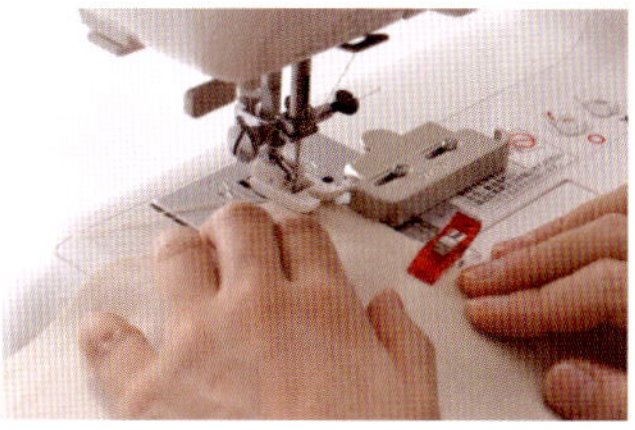

06
2枚の裏胴を中表にして、端から7mm幅で縫い合わせ、内袋を作る

07　左右に曲げたダーツは、このような状態に縫い合わされる

⑤見返しの縫い付け

革の見返しと、内袋を縫い合わせます。見返しを縫い合わせる向き、
内袋に取り付ける向きを間違えないように注意しましょう。

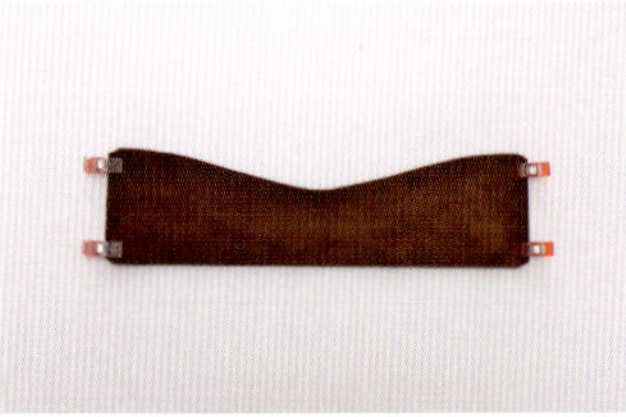

01

見返しの革のギン面同士を合わせて、両脇をクリップで留める

02

見返しの両脇をミシンで縫い合わせる

03

見返しを縫った状態。バッグの口の裏側になる部品なので、ギン面が内側になっている

04

見返しの縫い代は、縫い割りをしてゴムのりで貼り合わせておく

05

内袋の内側上辺に合わせて、8mm幅の両面テープを一周貼る

06

両面テープの幅に合わせて、内袋の口の部分を外側に折り返して、見返しの貼り付けの基準になる折り目を付ける（端から約10mm）

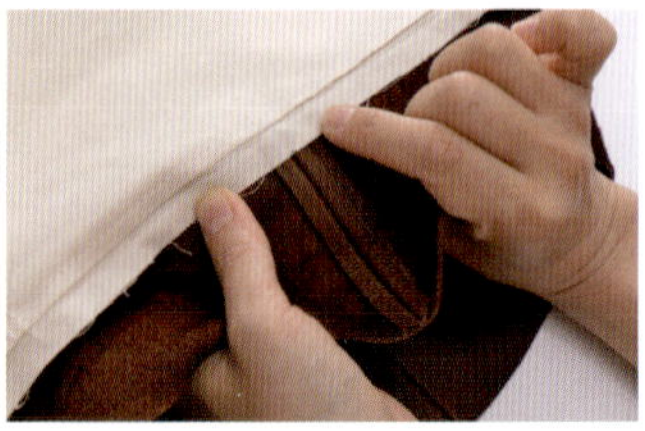

07

見返しと内袋は、裏胴の型紙にある合印と、見返しの縫い合わせ位置で合わせる

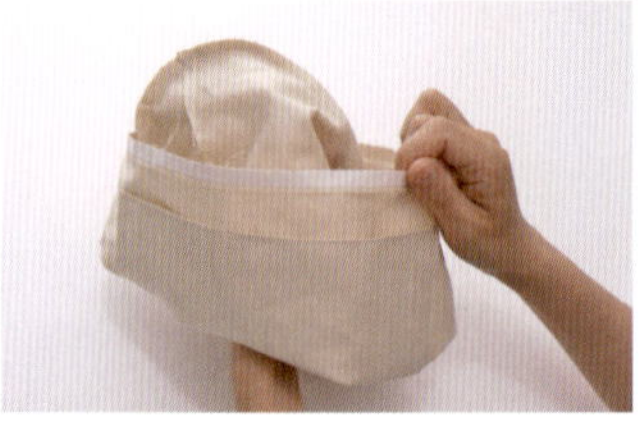

08 Point!

内袋と見返しを裏返しておく。こうすることで、貼り合わせるときに位置が合わせやすくなる

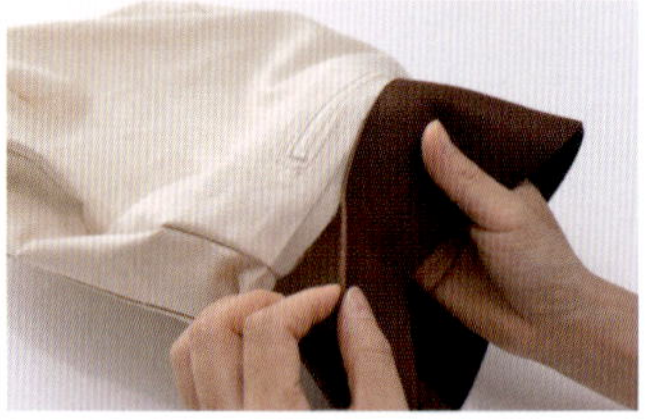

09

見返しと内袋を貼り合わせる。見返しを06で付けた折り目に合わせて貼り合わせる。07で示した合わせ位置にも注意

10

見返しと内袋を貼り合わせたら、内袋を再び裏に返す

11

内側の見返しの下辺から2.5mm幅で縫い合わせる。縫いにくい部分なので、縫い目がずれないように注意する

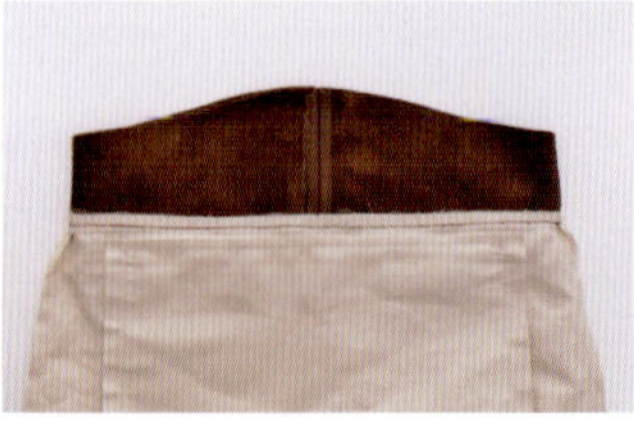

12

内袋と見返しを縫い合わせた状態。これで内袋は完成

⑥表袋の下準備

本体の前胴には縫い穴の印を先に付けておきます。内袋同様にダーツを作りますが、縫い合わせた部分が邪魔にならないように、切り開いておくのがポイントです。

01

本体の前胴に型紙を当てて、縫い穴の位置に印を付ける。直接菱目打ちで付けても良い

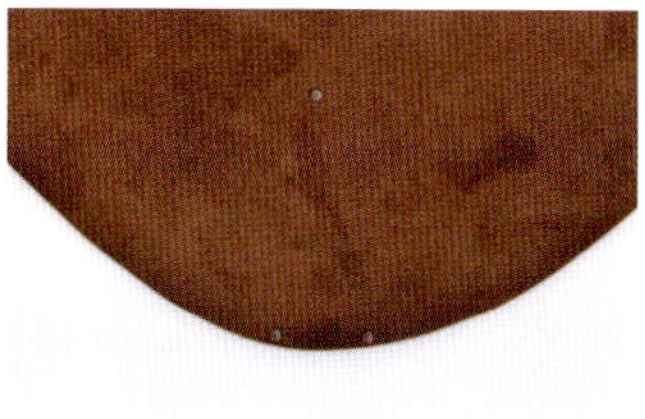

02

ダーツを作る。型紙に合わせてダーツの支点となる3つの印をトコ面に付ける

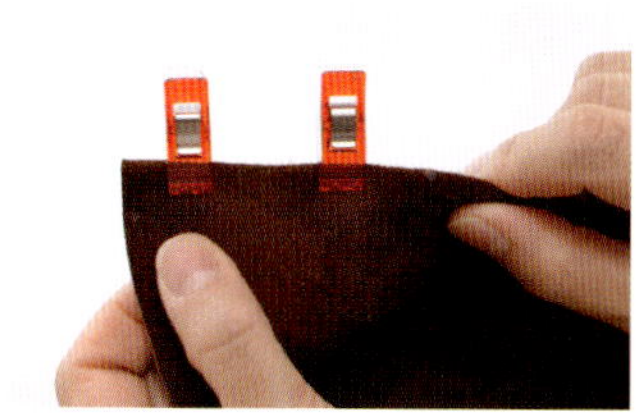

03

ダーツの部分をトコ面側に山折りにして、クリップで留める

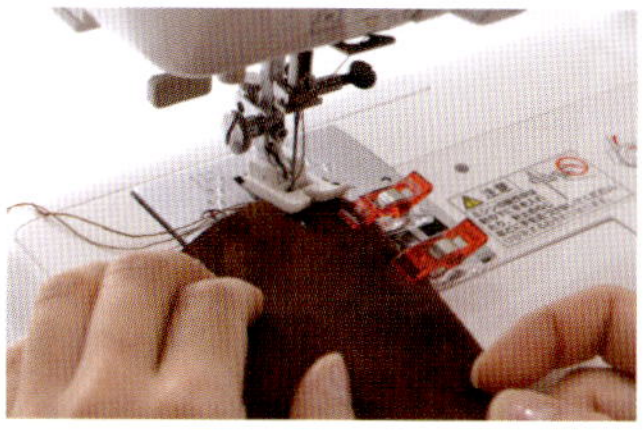

04

点と点を結んだ線で、ダーツを縫い合わせる

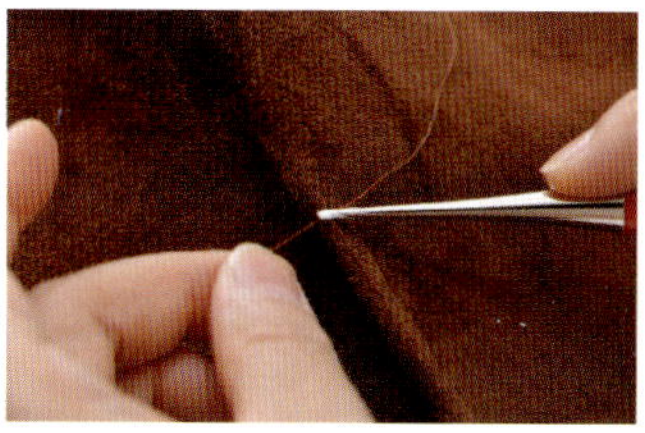

05

縫い止まりの糸は、一度結んでボンドを塗り、もう一度結んで留めておく

06

縫い終わった状態のダーツ。前胴、背胴各2ヵ所ずつのダーツを作る

07

そのままではバッグの内側に縫い合わせた部分の形が出てしまうので、端の部分を切り落とす

08

ダーツの端を切り落とした状態。なるべく深く切り落とすようにする

09

さらにダーツにはさみを入れて切り開く。これもできるだけ奥まで切り開くようにする

10

切り開いたダーツの外側に、ゴムのりを塗って乾かす

11

ダーツを開いて、ゴムのりを縫った部分を貼り合わせる

⑦持ち手の縫い合わせ

手縫い作業に入っていきます。まず、持ち手の握る部分を縫い合わせます。並縫いで縫い合わせるので、玉結びや玉止めを上手く見えないように隠すのがポイントです。

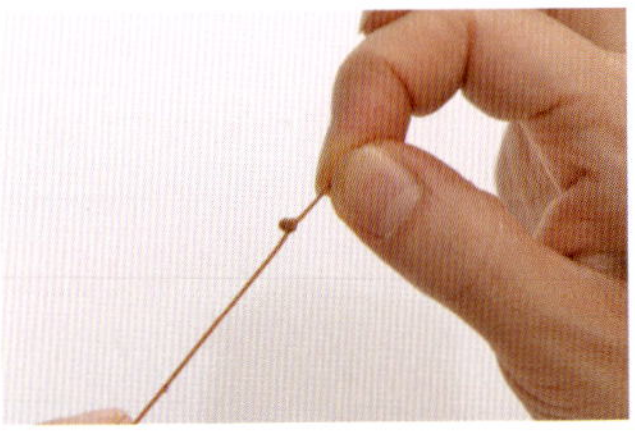

01

持ち手は手縫いで縫い合わせる。並縫いにするので、糸の片側に針を付け、もう片側は玉結びする

02

最初の縫い穴に、持ち手の裏側になる方から表側になる面に向かって糸を通す

03

持ち手を縦に曲げながら、糸を反対側の最初の縫い穴に、表側から裏側に向かって通す

04

通した糸を強く引いて左右のコバをしっかり引き寄せ、もう一度同じように糸を通して最初の縫い穴に二重に糸を掛ける

05

次の縫い穴からは交互に糸を通して、並縫いしていく

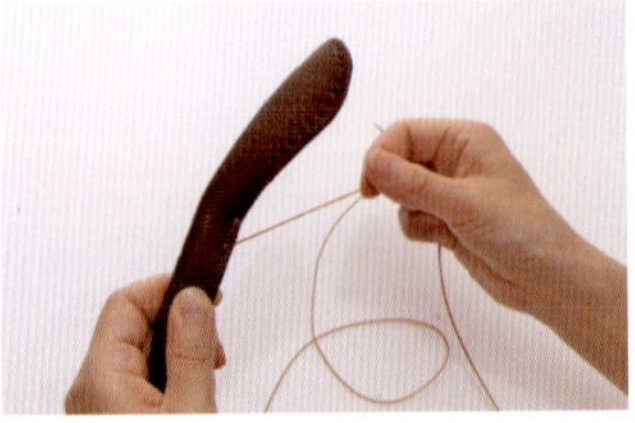

06

縫い合わせた部分のコバが開かないように、しっかり引き締めながら縫い進めていく

07

最後の縫い穴まで縫い進めたら、縫い始めと同じように糸を二重に通す

08

糸をコバの上に二重に通したら、二回目の糸はコバの間から出す

09

コバから出した針で、玉留めを作る

10 **Point!**

玉留めを作ったら、糸をひとつ目の縫い穴とふたつ目の縫い穴の間に通して持ち手の中に玉留めを収め、余分な糸をカットする

11

コバにトコノールを塗って、毛羽立ちを抑える

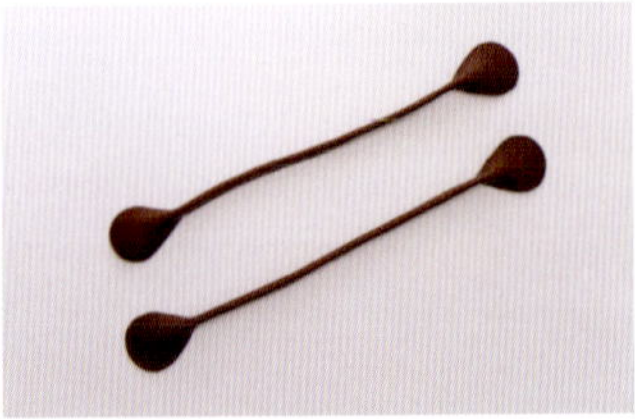

12

完成した持ち手。持ち手は2本共同様に仕上げる

⑧持ち手を胴に付ける

本体に持ち手を縫い付けます。持ち手は芯材と共縫いされるため、必ず持ち手を縫い合わせる前に芯材を貼っておく必要があります。ここの縫い合わせも、並縫いにします。

01

持ち手と同時に芯材を縫い合わせることになるため、口の中心位置を確認して印を付けておく

02

貼り合わせ位置を合わせて、両面テープで芯材を貼り付ける

03

持ち手の取り付け部分の裏側に、少しずつちぎった両面テープを写真のような状態に貼り付ける

04

型紙の取り付け位置に合わせて、持ち手を胴に貼り合わせる

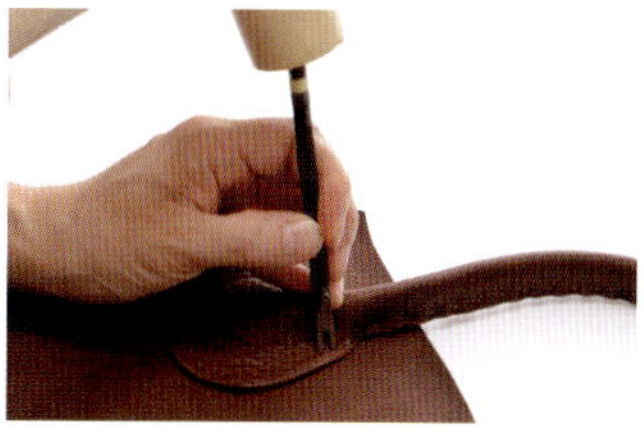

05

胴に貼り付けた持ち手の取り付け部分に菱目打ちで縫い穴を空ける

06

最初の縫い穴の位置に合わせて、胴側にも目打ちで縫い穴を空ける

07

胴の裏側から、最初の縫い穴に糸を通す

08

07の糸を、胴に目打ちで空けた縫い穴に通す

09

最初の縫い穴と胴に空けた縫い穴の間に二重に糸を通したら、並縫いで縫い進める

10

最後の縫い穴まで縫い進めたら、最初の縫い穴と同様に胴側の縫い穴に二重に糸を通す

11

最後は裏側で玉留めをする

12

前胴、背胴に持ち手を取り付けた状態

⑨本体の縫い合わせ

表袋の前胴と背胴を縫い合わせ、最後に見返しの口と表袋の口を縫い合わせて完成です。

01

胴の裏側の全周に、3mm幅程度でゴムのりを塗る

02 **Point!**

口の部分は胴同士では接着しないので、付かないようにゴムのりが乾いたら紙をクリップで留めておく

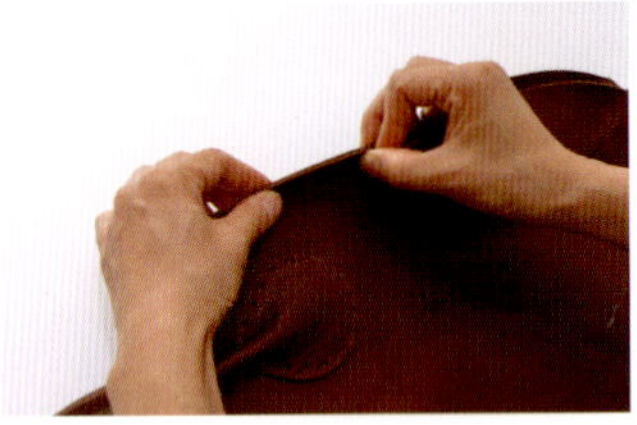

03

口の部分以外の胴を貼り合わせる。裁ち目をしっかり合わせて貼ること

04

前胴と背胴を貼り合わせると、バッグの形ができ上がる。ズレがないことを確認する

05

先に前胴に付けておいた縫い穴の脇の印に合わせて、菱目打ちで縫い穴を空けていく

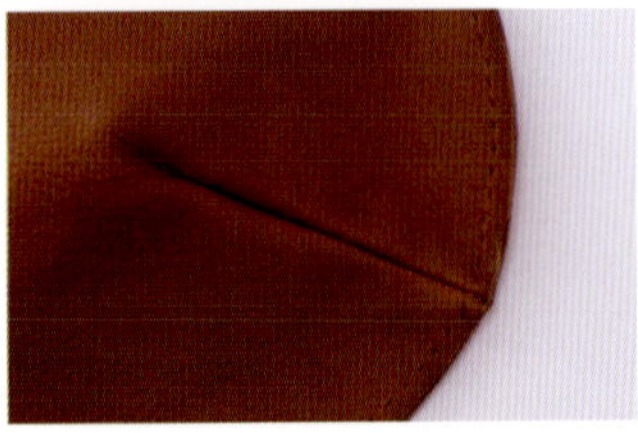

06 **Point!**

ダーツの縫い目の部分には縫い穴を空けないように注意する

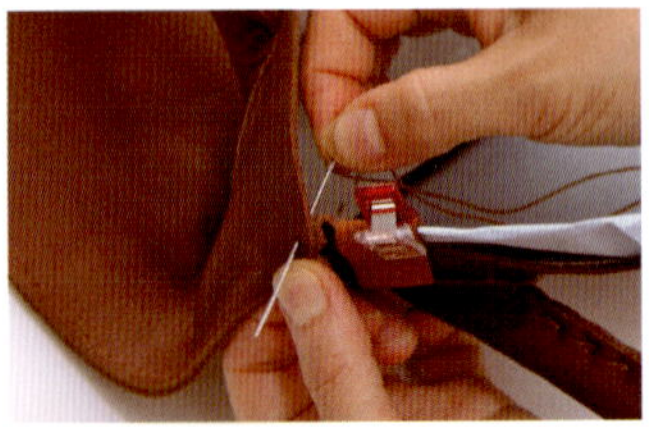

07

糸に針を付けて玉結びをし、最初の縫い穴に裏側から糸を通す

08

縫い始めは、口に二重に糸を掛けてから縫い始める

09

並縫いで縫い進め、最後の縫い穴まで縫い進めたら糸を口に二重に掛け、二重目のときに糸を裏側に出す

10

裏側に出した糸を玉留めして余分な糸をカットする

11

内袋を縫い合わせた表袋に付けていく。まず見返し部分の上辺にゴムのりを3mm程の幅で塗る

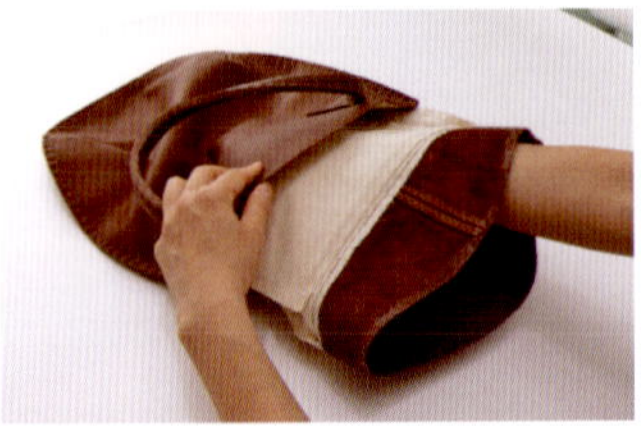

12

口が貼り付かないように留めておいた紙を外し、内袋を表袋の中に入れる

13

表袋の口の中心と、見返しのつなぎ目を合わせて貼り合わせる

14

本体と見返しの裁ち目がずれないように位置を調節し、しわができないように表袋、内袋を貼り合わせる

15

一旦、本体を裏返し、表胴に付けた印に合わせて見返しに縫い穴を空ける。表胴の縫い代があるので、両脇の1目分は見返しに穴が空けられない

16

貼り合わせた見返しと表袋の間に少し隙間を作り、そこから針を入れて表側に糸を通す。そのまま並縫いで縫い進める

17

両側に1目分穴が足りないので、菱ギリで見返しに穴を空ける。対応する表胴の縫い穴に糸を通して縫い進める

18

本体の最後の縫い穴まで縫い進めたら、菱ギリで空けた縫い穴に糸を通す

19

裏側から縫い戻すときに、針を本体と見返しの隙間から出して、糸を間に通す

20

そのまま本体と見返しの間で玉留めして、見返し側に糸を通す

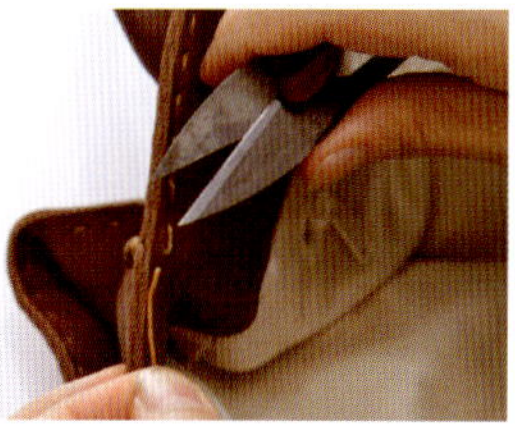

21

糸をしっかりと引き、余分をカットする。糸はなるべく革の表面に近い所でカットする

22

16で作った隙間にゴムのりを塗り、本体と見返しを貼り合わせて隙間をなくす

23

縫い合わせた本体のコバにトコノールを塗り、毛羽立ちを抑える

24

バッグの中に手を入れて内袋を整えたら完成

Practice 2

T字マチのパターンで作る

T字マチの
くり手バッグ

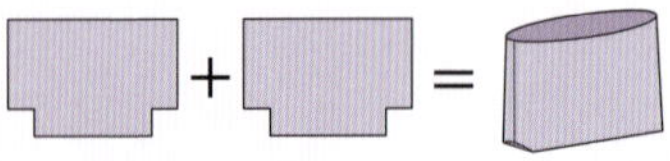

L時の切り込みを入れた2枚の胴を縫い合わせ、角をつまむことで底を作る方法です。別体のマチや底が必要ないため、パーツが少なく作り方も比較的簡単です。表袋に革を使用しているので、厚みを少なくするため、革帯を使って、突き合わせで縫い合わせています。内袋の開口部のヘリ返しが制作のポイントです。

つまみマチの
美錠バッグ

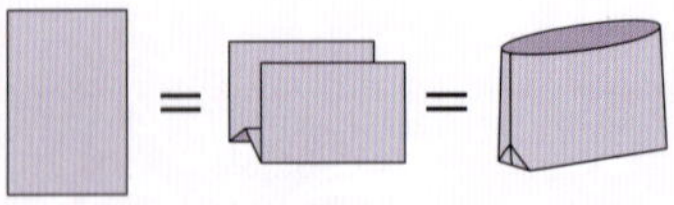

1枚の胴を中表で半分に折り合わせ、さらに両脇をM字に折り曲げて縫うことで、三角状のマチを作る方法です。マグネットホック付きの見返しや美錠の付け方、開口部のヘリ巻きなどポイントがたくさんあるので、順を追って確認しましょう。

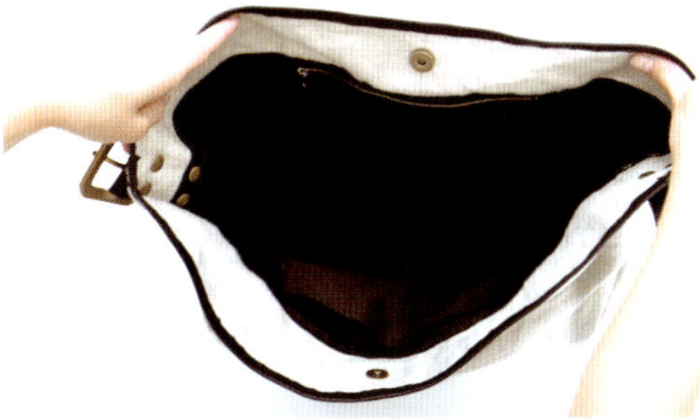

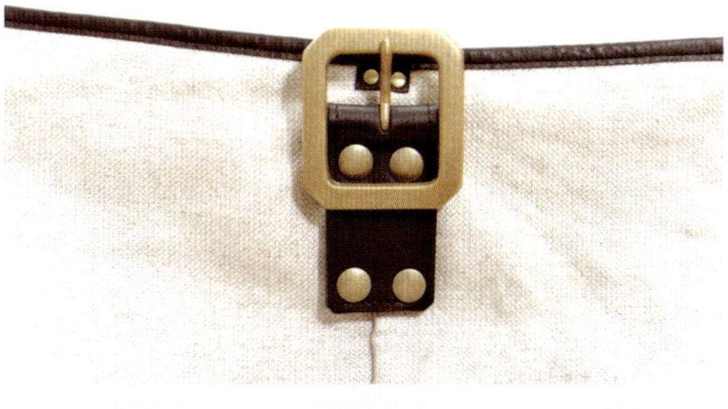

Practice 2-1

T字マチのくり手バッグ

胴と持ち手が一体になった「くり手」のバッグは、型紙も至ってシンプル。
2枚の胴を両脇と底に付けた革の帯で、
突き合わせにして縫い合わせます。
このバッグは、革と革の縫い合わせになるので職業用ミシンを使用しています。
また、革の縫い合わせの際に、針目がきれいに出るよう、
菱針に付け替えています。

仕上がり寸法

高さ 約28cm、横幅 約37cm、
奥行き 約16cm

最大重ね合わせ枚数

最大 6枚　口と革帯の縫い合わせ

用意する素材と金具

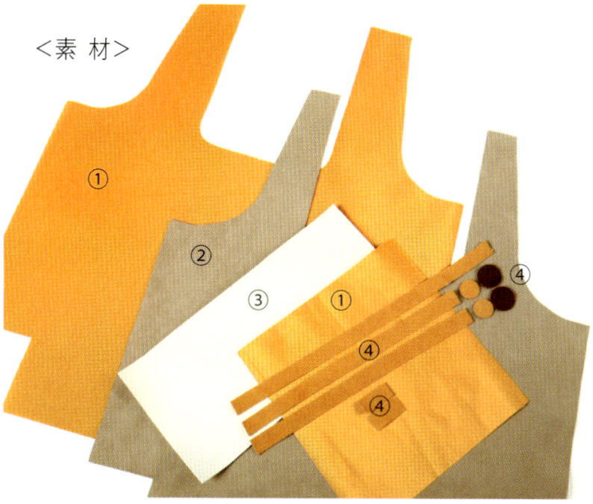

①シャンタン（レーヨン） 裏胴 2枚、ポケット 2枚
②牛革（1.2mm厚） 表胴 2枚 **③バイリーン（0.8mm厚）** 底芯 1枚
④牛革（1.0mm厚） 底用革帯 1枚、両端用革帯 2枚、持ち手用革帯 2枚、受け革 2枚、革パッチ 2枚（茶色の革パッチは、薄めの革であれば何でもOK。座金よりも大きめに切り出す）

<金具>

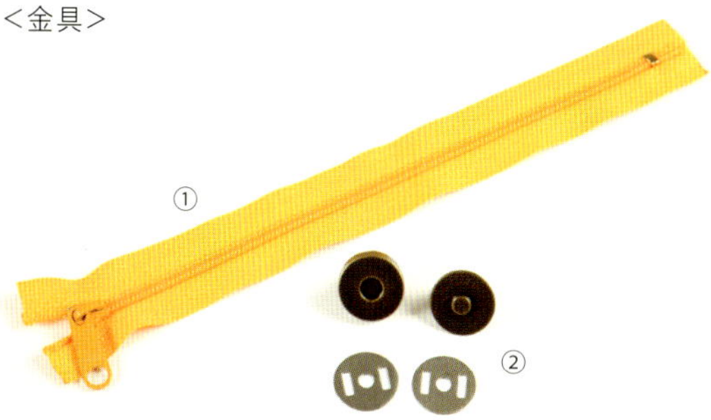

①ファスナー（200mm） ②マグネットホック 1セット

布目線方向

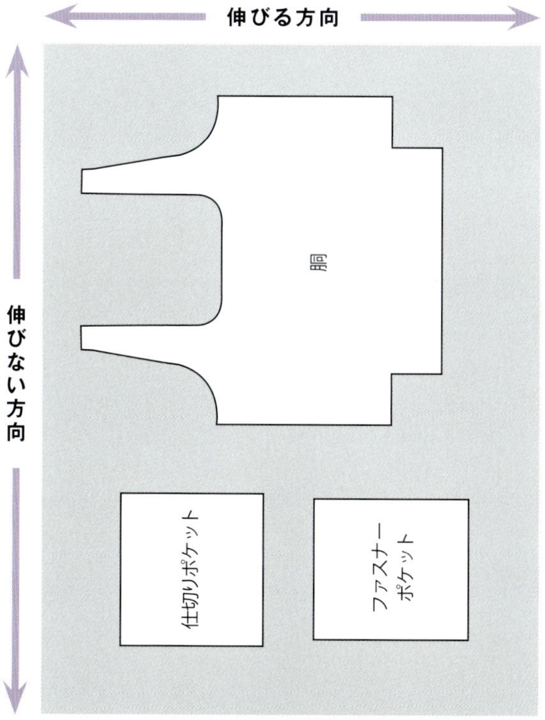

※革のパーツの場合は繊維方向を伸びない方向と考える。
また、芯、革帯の向きは掲載していない

ワークフロー

①内袋を作る

②表袋を作る

③マグネットホックとヘリ返し

④表袋、内袋を合わせる

注意：特に指示のない縫い始め、縫い止まりは、3目程度返し縫いをすること

①内袋を作る

仕切りポケット、ファスナーポケットを裏胴に付けて、中表に縫い合わせます。
L字に凹んだ部分を横に広げてつまみ、縫い合わせた部分が底になります。

01
裏胴には仕切りポケットとファスナーポケットを付ける。詳しい作り方は仕切りポケットP77、ファスナーポケットはP78を参照

02
持ち手部分には表胴の型紙を当てて、後でヘリ返すための10mm幅のラインを、生地の裏にチャコペンなどで記しておく

03
ポケットを付けた裏胴を、中表にして縫い合わせていく

04
端から7mm幅で縫い合わせる

05
写真赤線が縫った部分

06
底の凹んだ両端を、写真のように縫い目と垂直方向につまむ

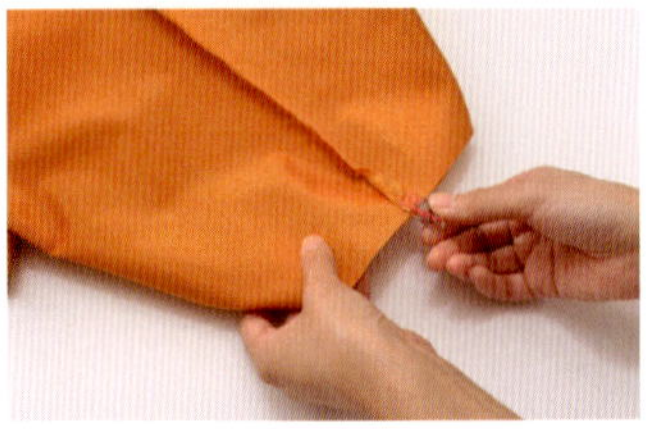

07
縫い代は割り縫いするので先にクリップで留めておく。折った部分を7mm幅で縫う

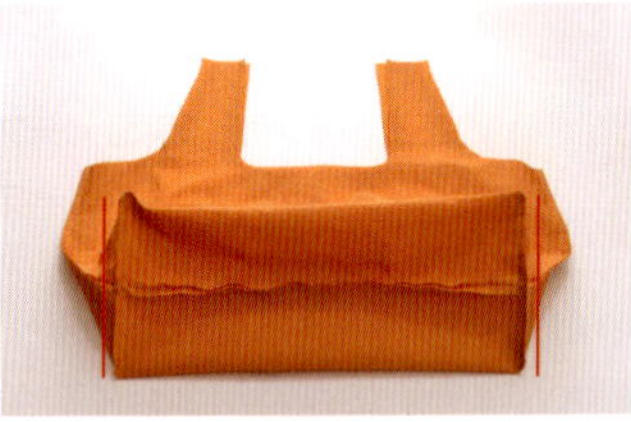

08
赤線部分が縫ったところ。これで内袋の底が完成

09
持ち手を合わせて、10mm幅で縫う

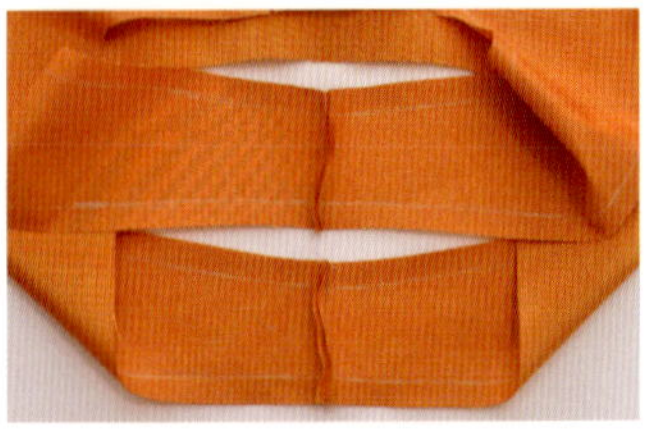

10
持ち手を2ヵ所縫った状態

11
内袋の完成。内袋はこの後、マグネットホックと開口部をヘリ返す作業が残っている

②表袋を作る

表袋は2枚の胴を、底、両端、持ち手の順に、革の帯の中央に合わせて突き合わせで貼り、革の帯の両側で縫い合わせます。底の縫い付けの際に、底芯も一緒に縫い合わせるのがポイントです。

01

表胴を2枚、革帯を5枚（底用1枚、両端用2枚、持ち手用2枚）、底芯を用意する

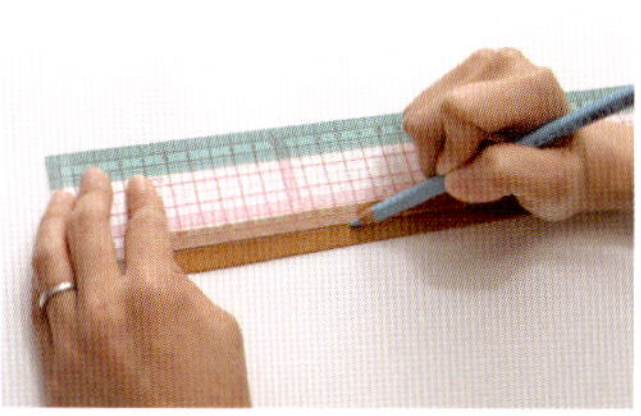

02

革帯のトコ面中央にセンターラインをチャコペンなどで記す。革帯は18mmなので端から9mmの位置

03

下辺のギン面に、両面テープを貼る。このときに使うテープは革帯からはみ出さないように9mm以下を使用すること。ここでは5mm幅を使用

04

革帯のトコ面を上にして、センターラインに合わせて胴の底を貼る。このとき、胴もトコ面側を上にして貼る

05

反対側からも隙間が出ないようにピッタリと合わせ底を仮留めする

06

底芯に両面テープを貼り、底の中心に仮留めする。底芯に貼る両面テープの位置は、革の帯に被らない方が厚みを減らせる

07

革帯の両端を2.5mm幅で縫う。ここで、針を菱針に付け替えた

08

この表胴はコバが全て表から見える構造。ステッチの始めと終わりも表に出るので、できるだけきれいな縫い目になるよう心掛ける

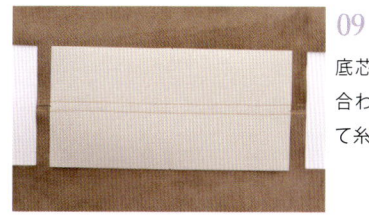

09

底芯も胴、革帯と共に縫い合わされる。糸は裏に出して糸留めしておく

10

同じように、胴の両端も縫い合わせていく

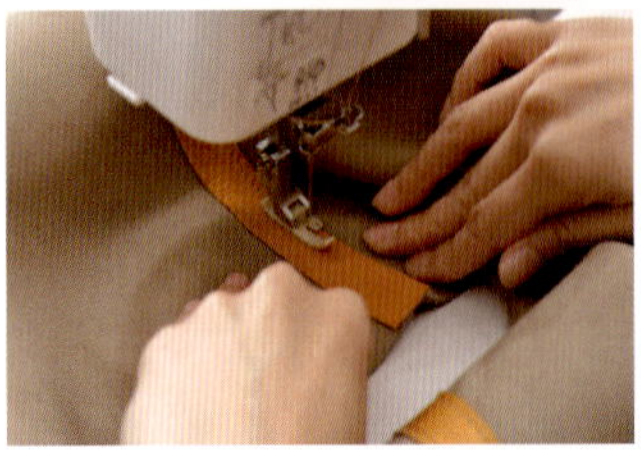

11

底がつながっているので、
胴を押さえながら作業す
る。こちらも底と同様に、革
帯の端から2.5mm幅で縫う

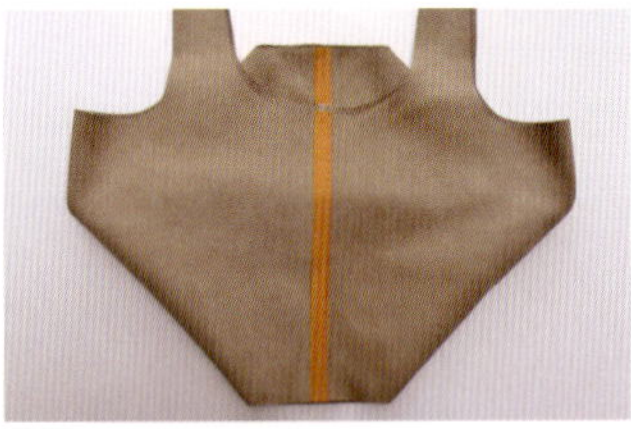

12

両端を縫い終わった状態

13

持ち手も他と同じように縫
い合わせる

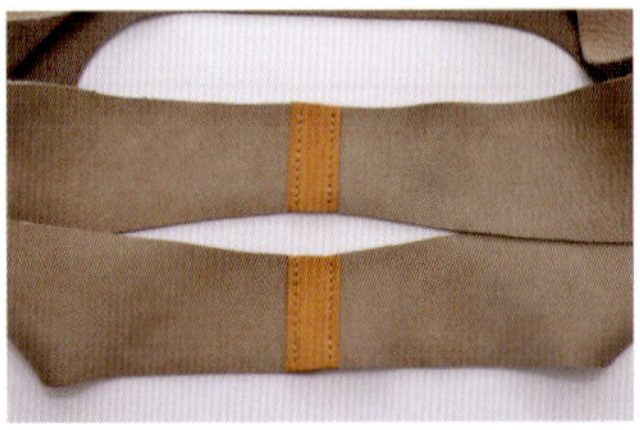

14

持ち手を2ヵ所縫い終わっ
た状態

15

底のマチを縫い合わせる。
トコ面に両面テープを貼
る。テープは端から見えて
しまわないように、少し奥
に貼ると良い

16

端から7mm幅でステッチ
を掛ける

17

マチを縫い終わった状態。
以上で表袋が完成

③マグネットホックとへり返し

内袋にマグネットホックを付けます。マグネットホックのへこんでいる凹側が、背胴側（ファスナーポケットを付けた方の裏胴）になるようにすると、使い勝手が良くなります。

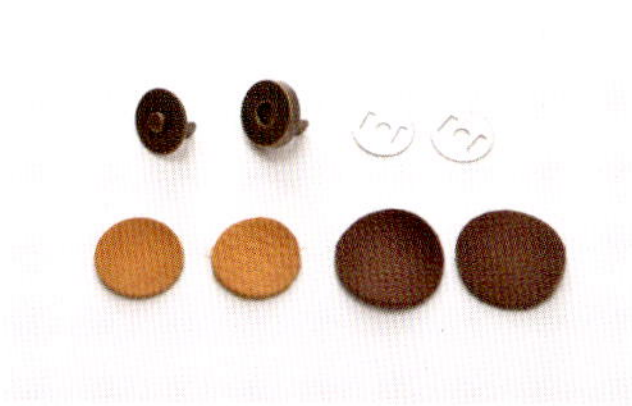

01
内袋にマグネットホックを付ける。マグネットホック1セット、内袋の表面に付ける受け革2枚、裏に貼る革パッチを2枚用意する

02
先に受け革2枚のトコ面に、両面テープを貼っておく

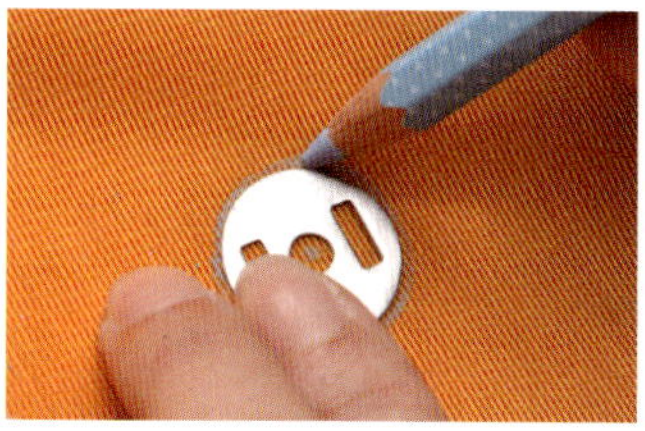

03
マグネットホック付け位置に座金の中心を当て円を写す

04
03の円を目安に、中心に気を付けながら受け革を貼る

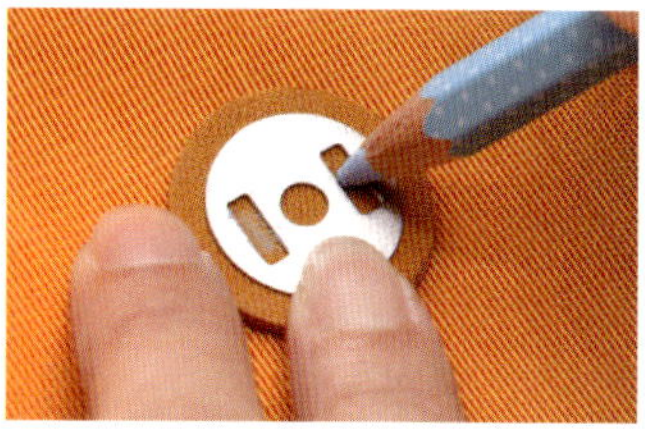

05
受け革の上に、もう一度座金を置き、切り込み位置をチャコペンで写す

06
カッターで切り込みを入れる。大きく切りすぎると、ホックのツメが動いてしまうので、少しきついと感じる程度にする

07
表側から、マグネットホックのツメを差し込む

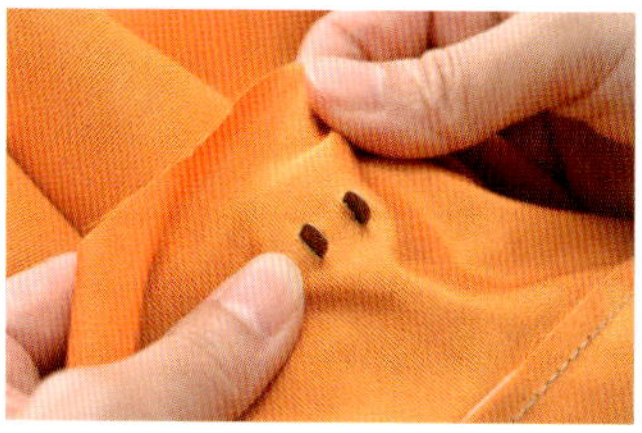

08
ツメが裏に出た状態

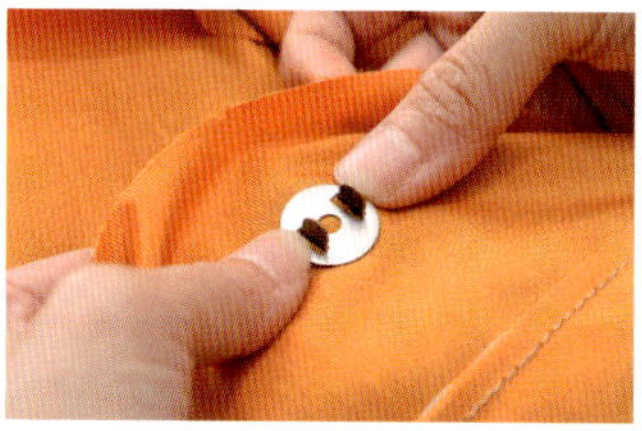

09
ツメに座金を入れる

10
ローラーの柄などで押して、ツメをできるだけ根本から直角に折る

11
ツメを曲げ終わった状態。このままでは表袋側に、金具のシルエットが出てしまうので、革パッチを貼る

12
折ったツメ部分に合成ゴム系のボンドを塗る

13

革パッチ側にもボンドを塗る。合成ゴム系のボンドは乾いてから貼り合わせること

14

座金の中央に革パッチを貼る

15

同じように、反対側のマグネットホックも付ける

16

表袋と合わせる前に、内袋の開口部をヘリ返していく。最初にチャコペンで描いたラインにゴムのりをヘラで縫っていく。ゴムのりは両面接着タイプなので、ラインのからプラス10mm程度はみ出すように塗る

17

持ち手の縫い代にもゴムのりを塗り、乾いたら割って貼り合わせておく

18

両脇の縫い代も、持ち手と同様に縫い代を割って貼っておく

19

インカーブが多いので、そのままでは上手く貼れない。カッターで細かく切り込みを入れて、少しずつ貼っていこう

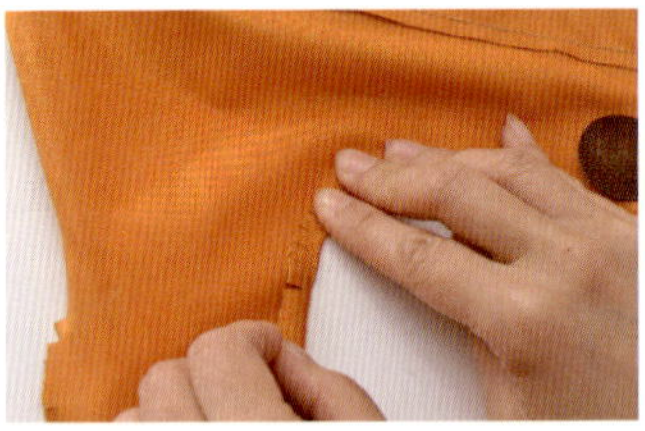

20

中心を決めて貼ったら少しずつチャコペンで引いたラインに合わせてヘリ返す

21

ヘリ返した部分は、ローラーで圧着して、厚みをならしておく

22

以上で、内袋も完成

④表袋、内袋を合わせる

表袋と内袋を合わせて、持ち手の中を2ヵ所と開口部を縫っていきます。
大変ぶ厚くなっているので、本番に挑む前に試し縫いしてから縫うようにしましょう。

01
表袋と内袋を縫い合わせていく

02
まずは、内袋側に両面テープを貼る。カーブを貼るときには、切り込みを入れながら貼るとスムーズに貼れる

03
開口部は2.5mm幅で縫うので、それより内側に両面テープを貼る

04
表袋の中に内袋を入れる

05
持ち手のつなぎ目の中心に、内袋側の合印を合わせて貼り合わせる。表袋側の脇のつなぎ目は、内袋の脇のつなぎ目と合わせる

06
貼り終わった状態

07
2.5mm幅で縫っていく。持ち手も開口部も、持ち手の革帯部分から縫い始める（縫い始めは返し縫いしない）

08
カーブが多く立体的なので、慎重に縫い進める

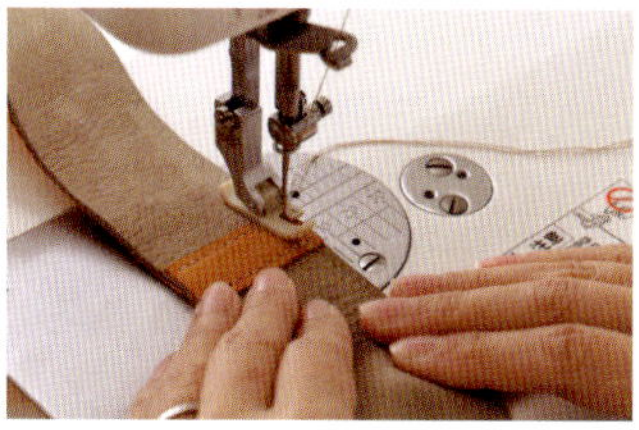

09
一周してもとの縫い始めまで戻ったら、3目ほど重ねて縫い、返し縫いしておく

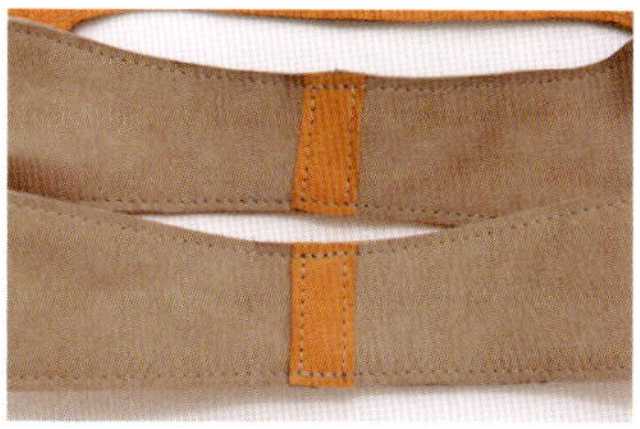

10
開口部と持ち手の中を縫い終わった状態

11
これで、T字マチのくり手バッグの完成

Practice 2-2

つまみマチの美錠バッグ

ひとつなぎの胴パーツの中央折り目部分をつまみ、
底を立体的に仕上げるつまみマチのバッグです。
ただし、裏側からM字につまんで縫い合わせる、
少しイレギュラーなパターンなので注意してください。
革を貼り合わせて作る持ち手ベルトの片側には美錠を付け、
長さ調節を可能にしました。

仕上がり寸法

高さ 約35cm、横幅 約38cm、
奥行き 約18cm

最大重ね合わせ枚数

最大 5枚

ヘリ巻き下の表胴と見返
しつなぎ目

用意する素材と金具

<素材>

①リネン　表胴1枚、見返し2枚
②綿ツイル　裏胴1枚、ポケット2枚
③牛革　持ち手 剣先側、美錠側（1.2mm厚）各2枚、ヘリ巻き革（0.8mm厚）2枚
④バイリーン（0.8mm厚）　底芯1枚

<金具>

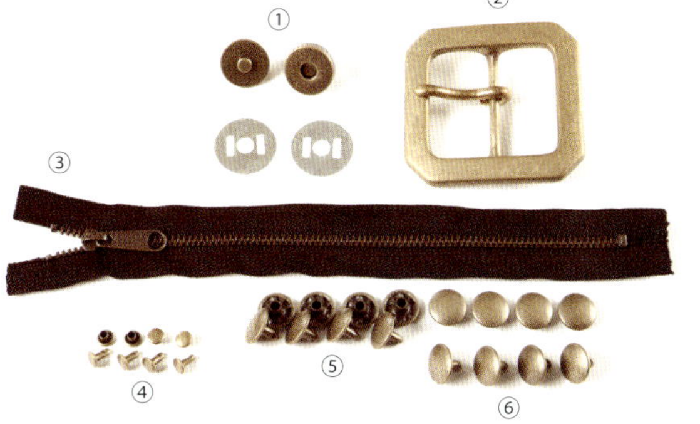

①マグネットホック1セット　②美錠（40mm幅）　③ファスナー（200mm）
④小カシメ 4セット　⑤特大カシメ（13×13mm）4セット
⑥特大カシメ（13×8.5mm）4セット

布目線方向

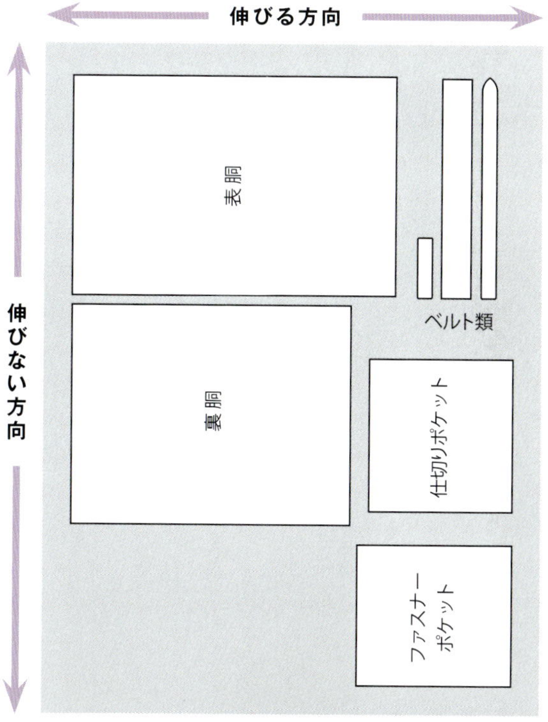

※革のパーツの場合は繊維方向を伸びない方向と考える。
また、芯の向きは掲載していない

ワークフロー

①革ベルトを作る

②裏胴にポケットを付ける

③底芯を取り付け内袋を作る

④見返しにマグネットホックを付ける

⑤内袋と見返しを組み合わせる

⑥表袋を作る

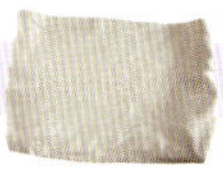

⑦本体を作り、ヘリを革で巻く

⑧残りのパーツを付け、仕上げる

注意：特に指示のない縫い始め、縫い止まりは、3目程度返し縫いをすること

①革ベルトを作る

最終的に本体に取り付け、持ち手となる革のベルトを制作します。表と裏を貼り合わせ、周りを縫い合わせたら、後ほど金具を付けるための穴を空ける工程まで行ないます。

01

革ベルトのパーツを用意する。貼り合わせた後でカットするので、型紙よりも上下左右とも約10mmずつ大きめに切り出す

02

全パーツのトコ面に、ゴムのりを塗る

03

トコ面の全体に薄く塗り伸ばした状態。しばらく乾燥させる

04

貼り合わせる。端は揃っていなくても良い

05

ローラーでしっかりと圧着する

06

革ベルト剣先側、美錠側、両方を貼り合わせた状態

07

美錠側の型紙を当て、目打ちで輪郭をなぞって写す

08

穴位置の合印や、スリットの内側も写しておく

09

輪郭や合印を写した状態

10

写した輪郭通りに、革ベルトのパーツをカットする

11

剣先側は、まず片方の端を直線に切る。裁ち目の段差がなくなるギリギリの位置でカットすること

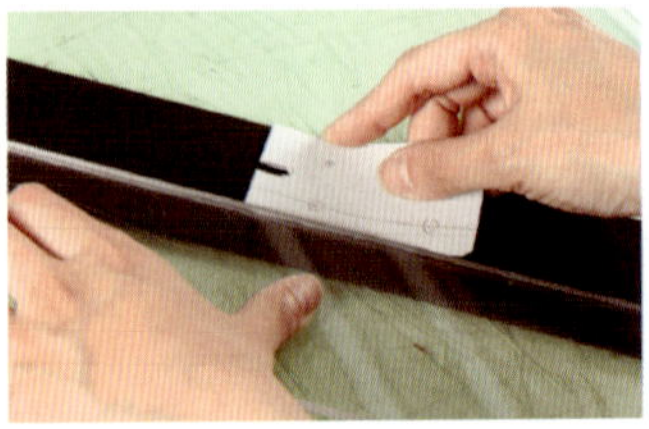

12 **Point!**

美錠側の型紙を直線になった辺に合わせて置き、幅（40mm）を割り出したら、その位置に定規を当てる

13

定規が動かないように押さえ、剣先側のもう一方の端を直線にカットする。これで、美錠側と同じ幅になる

14

片方の先端に美錠側の型紙を当て、輪郭と片側4つのみ穴位置の印を写す

15

もう一方の先端には、剣先側の型紙を当て、輪郭とピン穴の印を写す

16

剣先側の輪郭を写した状態

17

剣先側を、写した線に沿ってカットする

18

革ベルト剣先側、美錠側を型紙通りに切り出した状態

19

角には、縫う方向を変える位置の印を付けておく。この印で縫い目を止め、直角に縫う方向を変える。剣先の頂点も同様

20

両パーツとも、一周ステッチを掛ける。短い直線から縫い始め、その部分を縫い重ねる

21

スリットは、φ3.5mmのハトメ抜きで両脇に穴を空け、カッターでつなげば空けることができる

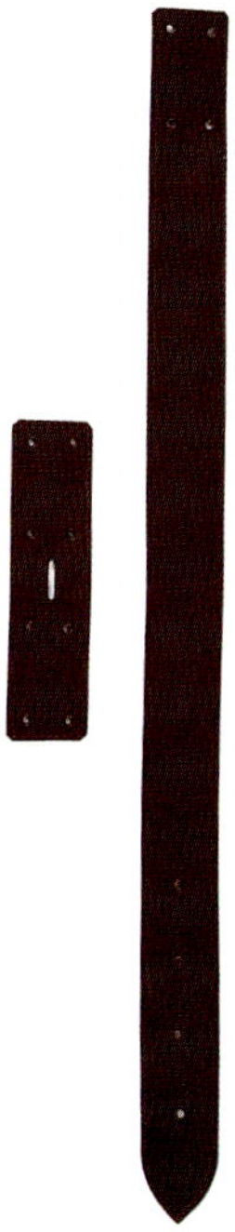

22

4つ四角に並んだカシメ用の穴はφ3mm、剣先の美錠ピン用の穴はφ3.5mmのハトメ抜きで穴を空けておく。また、裁ち目はトコノールで磨いて目止めしておく

②裏胴にポケットを付ける

ひとつなぎになった内胴パーツの所定の位置に、ファスナーポケットとタック付きポケットを取り付けます。
ポケットを取り付けた後は、ファスナーポケット側が背胴（体に近い側）、タック付きポケット側が前胴になります。

01

裏胴1枚、ポケット布2枚、ファスナーの各パーツを用意する。生地の表裏を確認しておくこと

02

片側にタック付きポケットを取り付ける。より詳しい手順は122ページに掲載している

03

型紙で指示している位置に仮留めし、仕切り部分にステッチを掛ける

04

タックを付ける

05

両脇と底をひとつなぎに縫い付ける

06 **Point!**

タック付きポケットの完成。こちらが前胴になる

07

もう方側には、スリットを切り込み、ファスナーポケットを付ける。より詳しい手順は78ページ参照

08

スリットの裏側に、ファスナーとポケット布を貼り付ける

09

ファスナーポケット開口部の下と両脇を、ひとつなぎでコの字に縫う

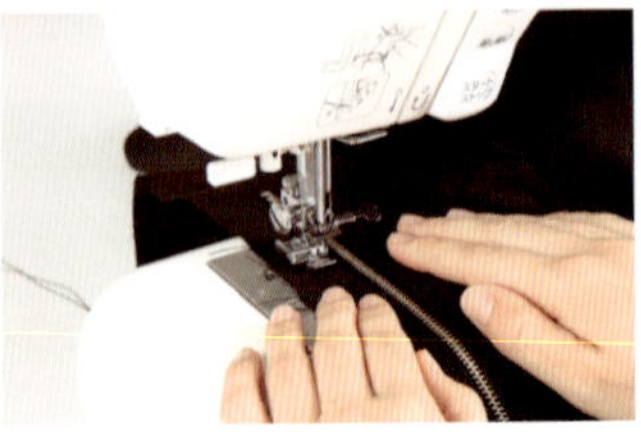

10

ポケット布を折り返してファスナーの上に貼り付け、ステッチを掛ける

11

最後にポケット布の両脇を縫い合わせる

12

ファスナーポケットの完成。こちらが背胴になる

③底芯を取り付け内袋を作る

裏胴の中央に底芯を縫い付けたら、両脇をつまみながら縫い合わせ、内袋を作ります。

01

ポケット布を取り付けた裏胴、底芯を用意する

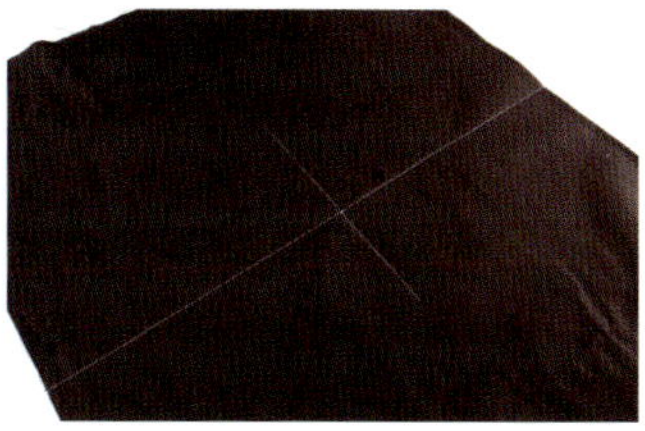

02

裏胴の裏面に、チャコペンで十字のセンターラインを引く。横線には折り目も付けておく。縦線は端まで引かなくても良い

03

底芯にも十字のセンターラインを引く

04

横向きのセンターラインの裏側に両面テープを貼る

05

センターラインを揃え、底芯を裏胴の中央に貼る

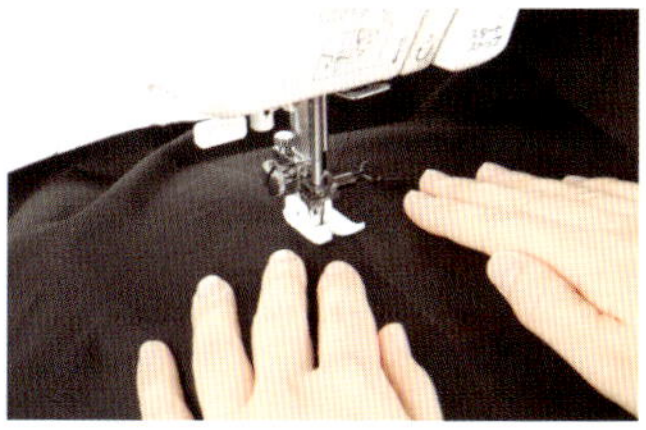

06

裏胴の表側を上にして、02で付けた折り目の上を、横一直線に縫う。底芯の中央もステッチが通ることになる

07

裏胴と底芯を縫い合わせた状態

08 Point!

裏胴を裏面から見て、中央を山折り、その両脇の合印を谷折りにし、M字にする。つまんだ方が底になる

09

裏胴の両脇をクリップで挟み、その状態で仮留めする

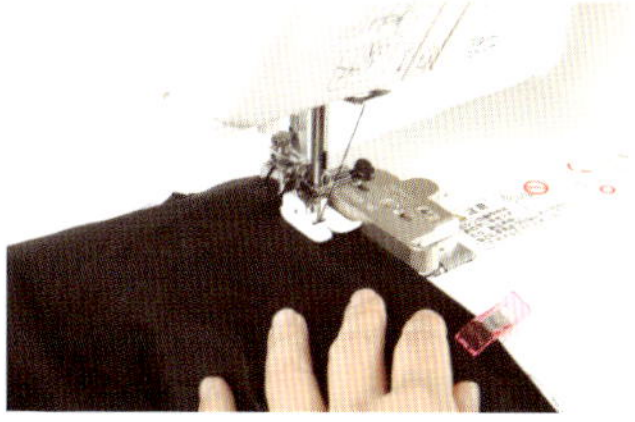

10

両脇を上から下まで、10mm幅で縫う

11

両脇を縫った状態

12

M字につまんだ部分は、このように立体になる

④見返しにマグネットホックを付ける

内袋の上部に取り付ける見返しパーツの両端を縫い合わせ、輪の状態にしたら、縫い目の部分にマグネットホックを取り付けます。表袋と縫い合わせるときは、この縫い目の部分が中央にきます。

01

布目の粗い布を使用する場合は、全ての辺を伸び止めテープを補強した見返し、マグネットホック、30×80mm程度の四角い芯材を用意する

02

見返しを中表にして重ね、両端を10mm幅で縫う

03

縫い代は割っておく

04

縫い目の表側、上辺から35mm、下辺から45mmの位置にチャコペンで印を付ける

05

印に合わせてマグネットホックの座金を置き、両脇のツメが通るスリットの位置を写す

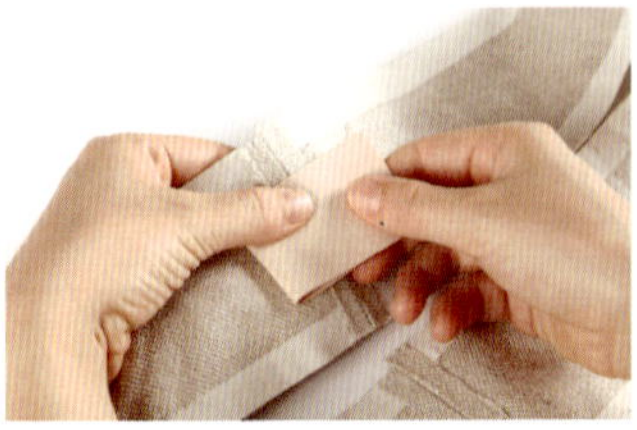

06

印を付けた位置のちょうど裏側に、2つ折りにした芯材を貼り付ける。ずれない程度に仮留めすれば良い

07

スリットを切り込む前に、芯材は伸ばした状態にしておく

08

先ほど印を付けたスリット位置に、カッターで切り込みを入れる

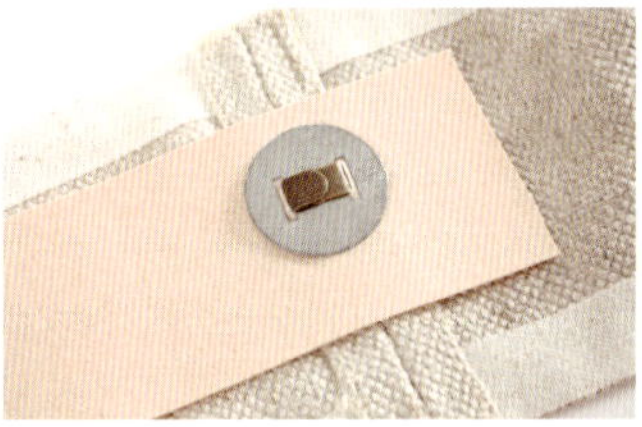

09

マグネットホックを取り付ける。取り付け手順は93ページを参照

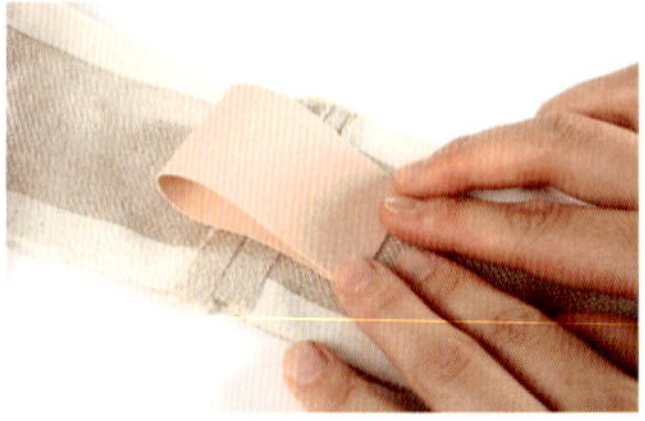

10

マグネットホックのツメとプレートを覆うように芯材を折り返し、端を両面テープで貼る

11

2.5mm程度の幅で、芯材の端を縫い合わせる

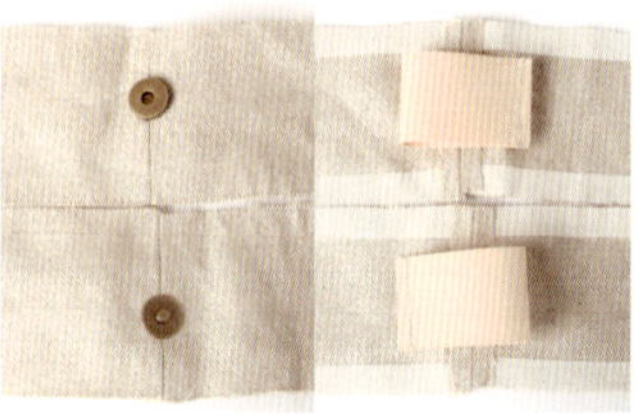

12

両側にマグネットホック、芯材を付ける

⑤内袋と見返しを組み合わせる

内袋に、マグネットホックを取り付けた見返しを縫い付けます。

01

内袋、見返しを用意する

02

内袋を一度ひっくり返し、外表にする

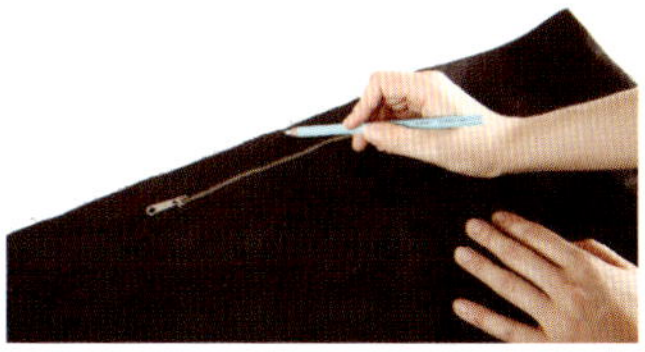

03

内袋の中央にチャコペンで印を付けておく

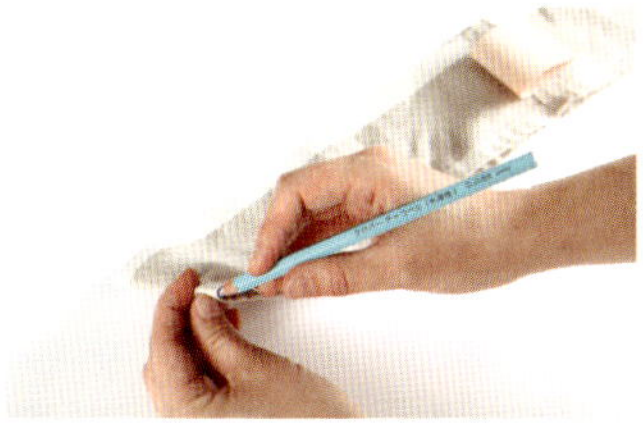

04

見返しはつなぎ目を揃えて半分に折り曲げ、折り目の部分に印を付けておく

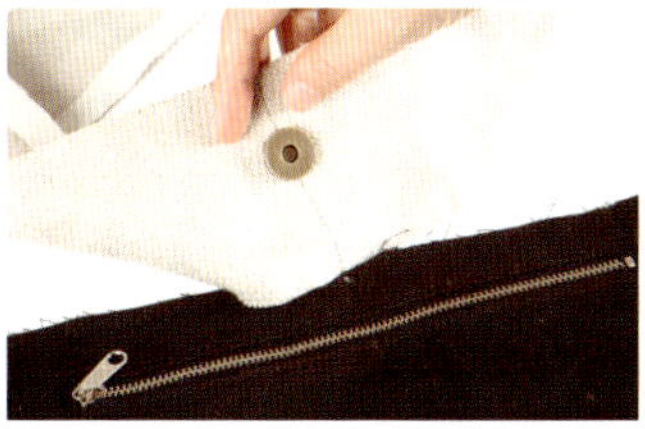

05

内袋の中央合印、見返しのつなぎ目を合わせる。また、ファスナーポケット側が背胴なので、そちら側に凹側のホックを取り付ける

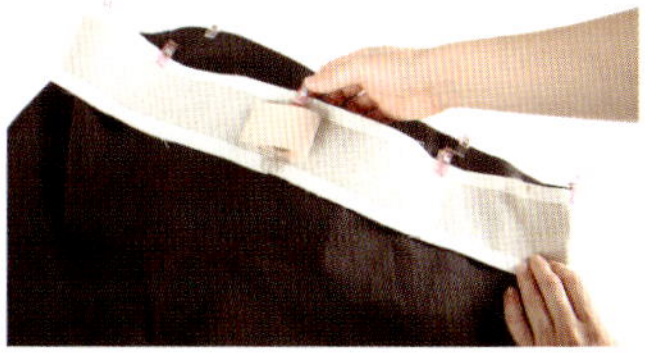

06

中表で重ね合わせ、クリップで仮留めする。見返しはホックから45mm取った長い方が下なので、そちらを内袋の裁ち目と揃える

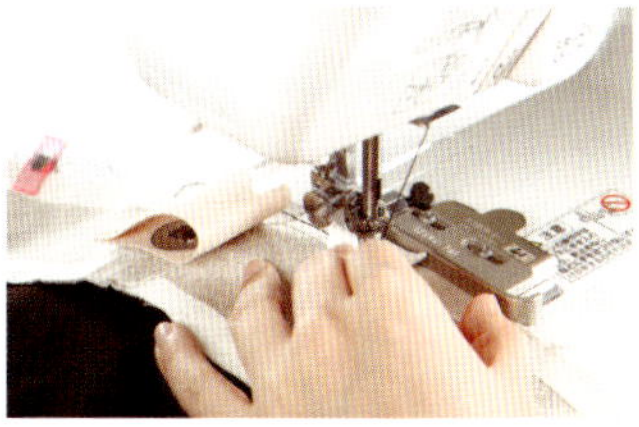

07

10mm幅で一周縫う

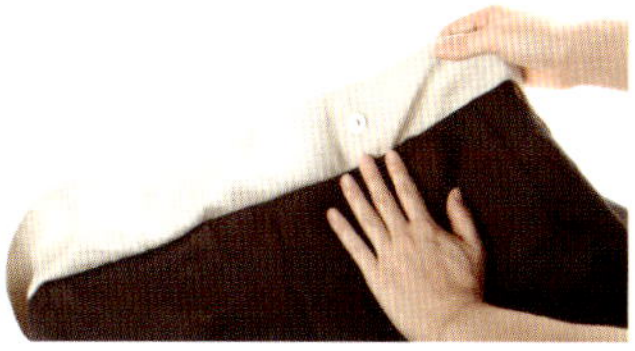

08

つなげた見返しを表に返す。マグネットホックが見返しの幅の中央にきているはず

09

裏側の縫い代は内袋側に倒し、それと一緒に継ぎ目の2.5mmほど下にステッチを掛ける

10

ステッチを掛けた状態

11

再び中表に返しておく

⑥表袋を作る

表胴の折り目の角を内袋と同様の方法でつまみ、縫い合わせて表袋を作ります。

01

ひとつなぎになった表胴パーツを用意する

02

全ての辺に伸び止めテープを貼って補強しておく

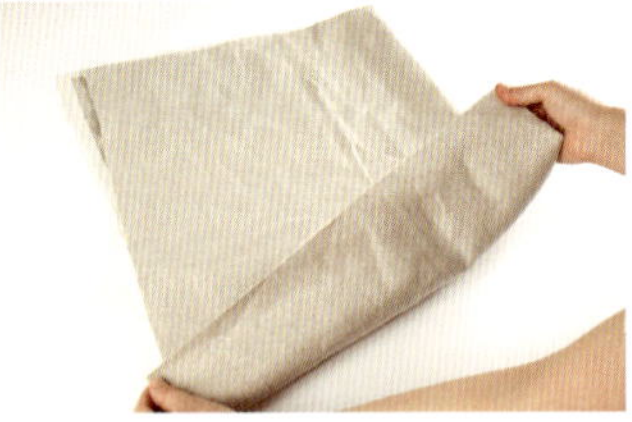

03

外表になるように、脇の中央で折り返す

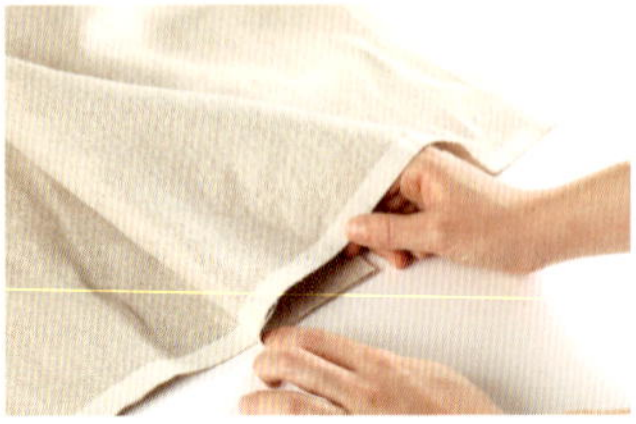

04

さらに合印で折り返す

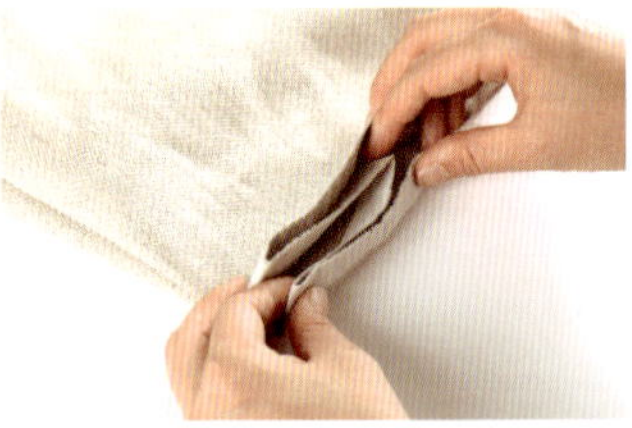

05 **Point!**

もう一方の合印の部分も折り返し、中表の状態で折り目をM字にする

06

そのままクリップで挟んで仮留めする

07

両脇を上から下まで、10mm幅で縫う

08

表袋を返し、外表にする

09

M字にして縫い合わせた部分は、このような変形のT字マチになっている

⑦本体を作り、ヘりを革で巻く

表袋と内袋を組み合わせて本体を作り、ヘりを革で巻きます。
側面には、持ち手ベルトやカシメを取り付けるための丸穴を空けておきます。

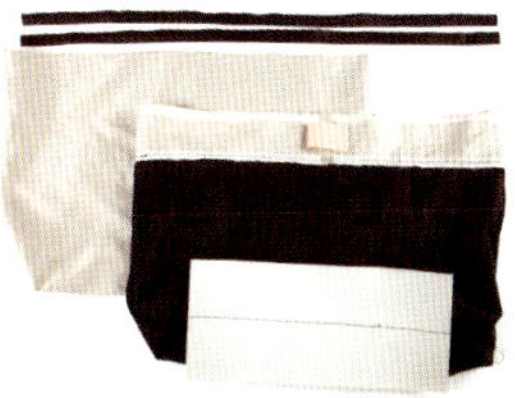

01

表袋、裏袋、ヘリ巻き革を用意する

02

本体側面にある、持ち手ベルト取り付け穴を空ける位置に印を付け、目打ちで裏側まで貫く

03 **Point!**

表袋、内袋ともに、穴位置のちょうど裏側に、補強のための伸び止めテープを貼っておく

04

内袋裏面の上辺に5mm幅の両面テープを貼り、表袋の中に内袋を収める。つなぎ目の裏にも貼っておくと、穴空けのときにずれにくい

05

見返しのつなぎ目と、表袋中央の合印を合わせ、裁ち目を揃えて貼り合わせる

06

印の位置にφ3mmのハトメ抜きで穴を空ける

07

ヘリ巻き革のトコ面に定規を当ててセンターを割り出し、センターラインを引く

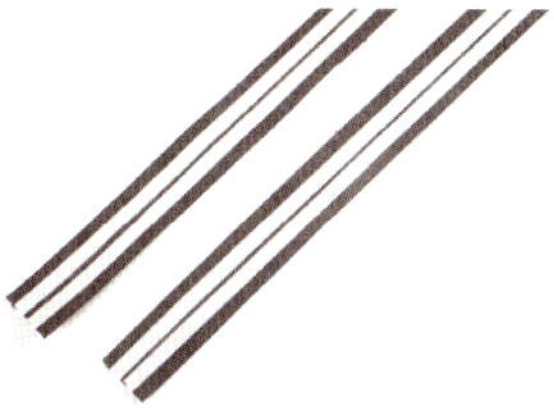

08 **Point!**

センターラインから1mmほど隙間を空け、両サイドに両面テープを貼る

09

まずは片側を本体の裏側に貼る。本体の上辺と両面テープの端を合わせること

10

前胴側を貼ったら余りをカットし、もう1本のヘリ巻き革で反対側も貼る。カットした余りは後ほど利用するので、捨てないこと

11

ヘリ巻き革の逆側も貼っていく。本体の裁ち目に沿ってきっちりと折り、両面ともヘリ巻き革の幅が同じになるように貼ること

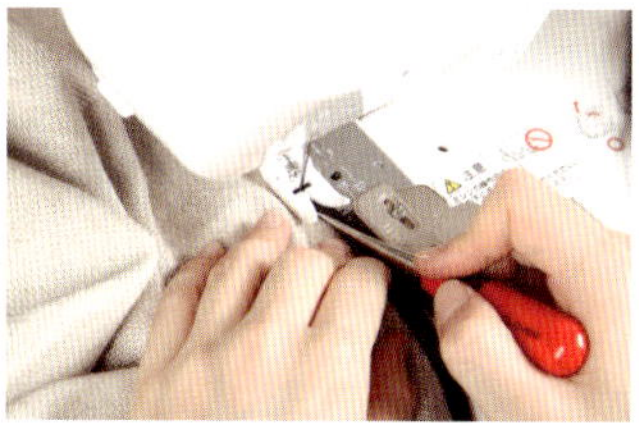

12

革の裁ち目から2.5mmほどの幅で一周ステッチを掛ける。目打ちで送りながら縫うと良いが先端で革をキズ付けないように注意

⑧残りのパーツを付け、仕上げる

ヘリ巻き革のつなぎ目は、余りの革をカシメで取り付けて補強します。さらに、本体の片側に革ベルト美錠側と美錠、もう一方に革ベルト剣先側を取り付けて仕上げましょう。

01

仕上がった本体、美錠と革ベルト剣先側、美錠側、小カシメ4セット、特大カシメ8セットを用意する

02

ヘリ巻き革の余りから、長さ40mmのヘリ巻きつなぎを2枚切り出し、トコ面に両面テープを貼る

03

ヘリ巻き革のつなぎ目を覆うように貼り付ける

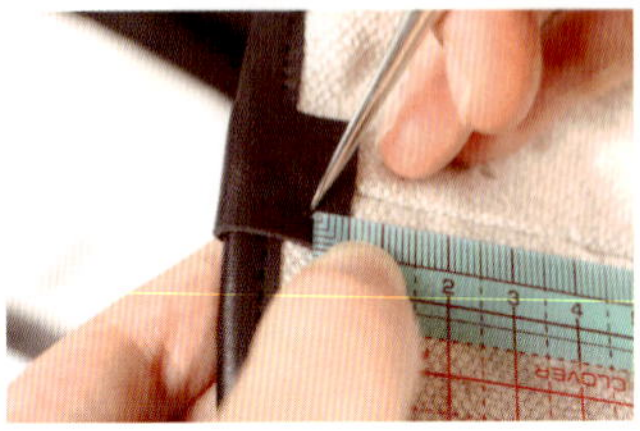

04

ヘリ巻きつなぎの下の角、各辺から5mm離れた位置に印を付ける

05

その位置にφ2.5mmのハトメ抜きで穴を空けたら、小カシメを取り付けてヘリ巻きつなぎを固定する

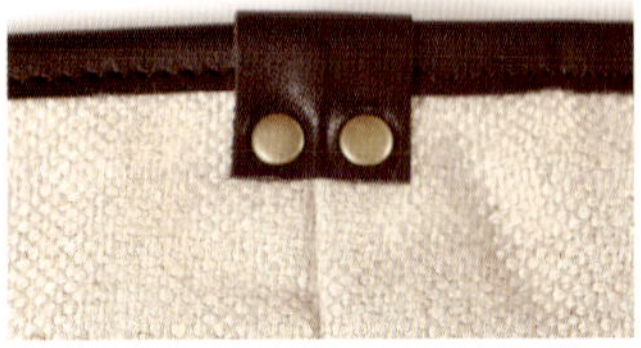

06

固定されたヘリ巻きつなぎ

07

美錠に革ベルト美錠側を通し、両脇の穴を揃えて折り曲げる

08

本体穴の裏側からカシメ（13×13）の足側を差し込み革ベルトを取り付けたら、表側からカシメのアタマを差し込む

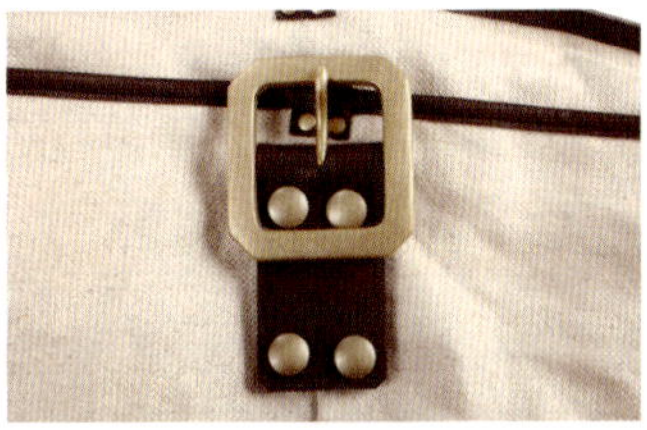

09

カシメ打ちでカシメをしっかりと取り付け、革ベルトを固定する

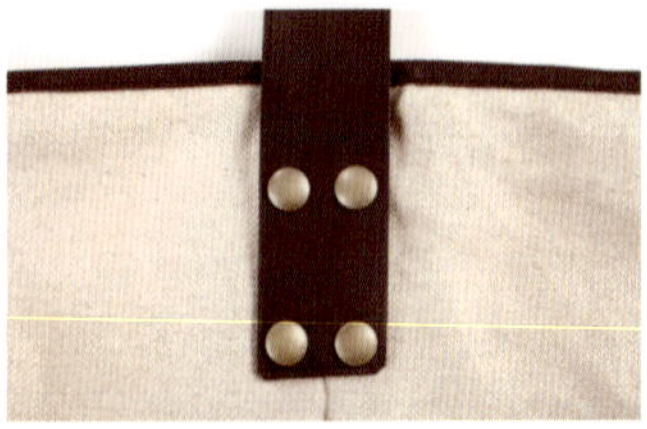

10

本体の反対側には、革ベルト剣先側をカシメ（13×8.5）で取り付ける。ステッチの表裏に注意。上糸側を表に向ける

11

革ベルトの剣先を美錠に通して固定する

12

以上でつまみマチの美錠バッグの完成

Practice 3

バケツ底のパターンで作る

バケツ底の トートバッグ

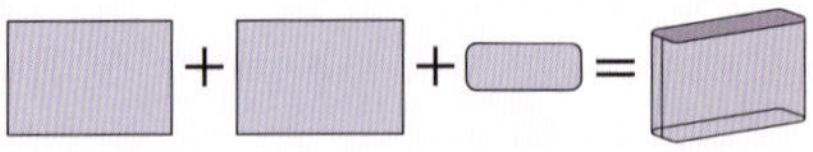

四角い底を立体的に縫い合わせる方法です。楕円の底よりもカーブがきつくなる分、ミシン掛けの難易度が上がるので、練習してから挑戦しましょう。この作品では、厚い帆布と革を使用しているので、実際に制作する場合は手持ちのミシンで縫えるか確認してください。ここでは持ち手のアイレットリングの付け方を習得しましょう。

小判底の マルシェバッグ

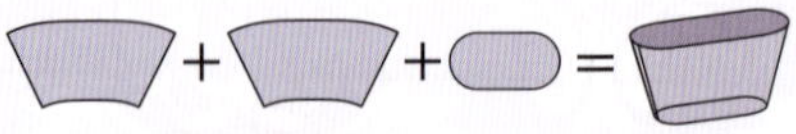

本体が上に広がる形に縫い合わせる方法です。底には底びょうと、胴の下には帯状の「はかま」と呼ばれるパーツが付いています。持ち手カバーは手縫いしています。差し込みの持ち手の付け方を習得しましょう。

Practice 3-1

バケツ底のトートバッグ

胴に四角い底を別に付けるタイプのバッグです。
持ち手は穴を空け、アイレットリングを付けた部分に
ロープを通して結んでいます。
このバッグは帆布、芯、革、綿ブロードなどしっかりとした
素材を多用していますので、
パワーのあるミシンを使用しましょう。

仕上がり寸法

高さ 約37cm、横幅 約39cm、
奥行き 約15cm

最大重ね合わせ枚数

最大 **8枚** 胴の縫い合わせつなぎ目

用意する素材と金具

①9号帆布　表胴 2枚、表底 1枚
②綿　裏胴 2枚、裏底 1枚、当て布 1枚、ポケット 2枚
③バイリーン（0.8mm厚）　底芯 1枚
④牛革（1.4mm厚）　胴のせ革 2枚　持ち手用ロープ（1m50cm以上用意する）

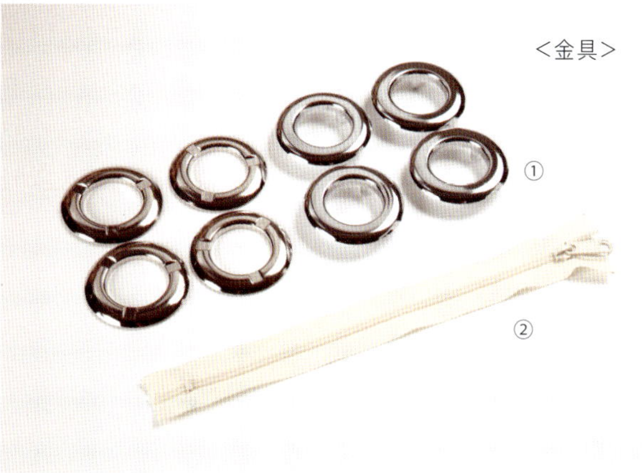

①アイレットリングφ30mm 4セット　②ファスナー（200mm）

布目線方向

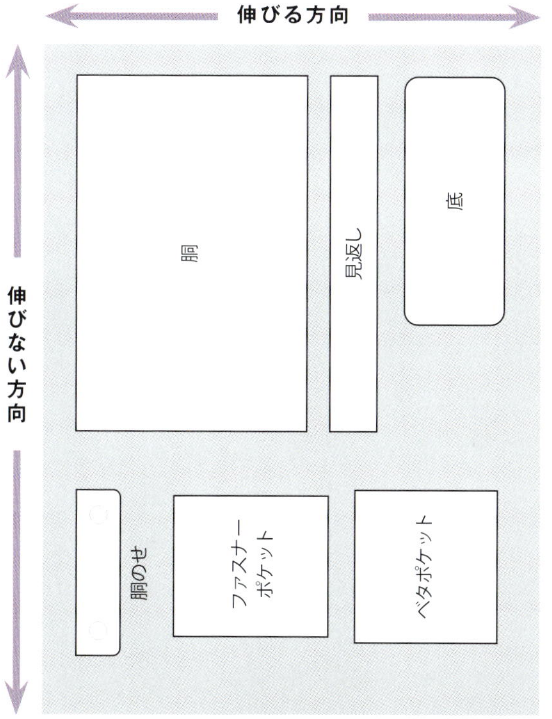

※革のパーツの場合は繊維方向を伸びない方向と考える。
また、芯の向きは掲載していない

ワークフロー

①ベタ、ファスナーポケットを作る

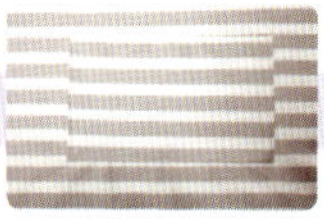

②見返し付きの内袋を作る

③表胴に胴のせ革を縫い付ける

④表胴に底を縫い付ける

⑤表袋、内袋を縫い合わせる

⑥アイレットリングと持ち手を付ける

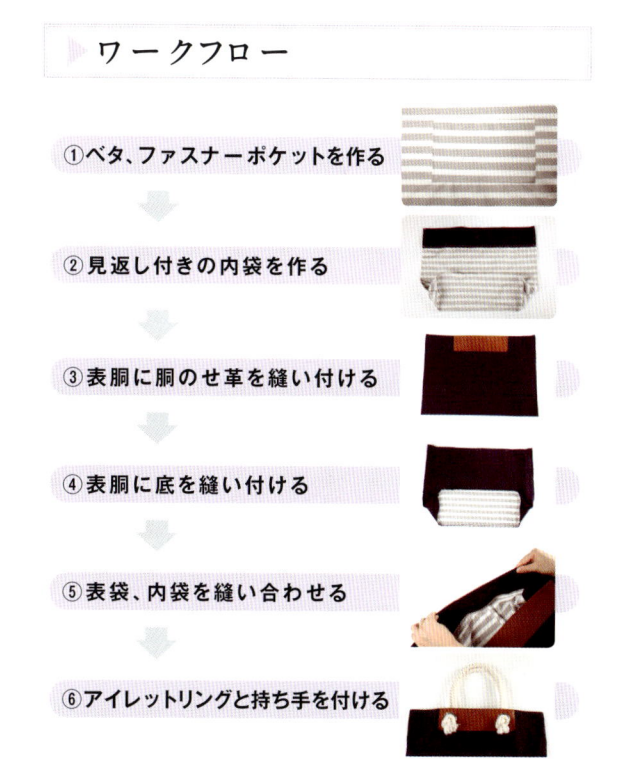

注意：特に指示のない縫い始め、縫い止まりは、3目程度返し縫いをすること

①ベタ、ファスナー ポケットを付ける

このバッグには2つのポケットが付きます。それぞれ、ファスナーポケットは持ったときに自分側（背胴側）に、ベタポケットはその反対（前胴側）に付けましょう。

01

まずは裏胴の前胴側にベタポケットを付けていく

02

合印で半分に折り、両脇を縫い合わせる

03

下辺の裁ち目、縫い合わせた両脇に両面テープを貼る

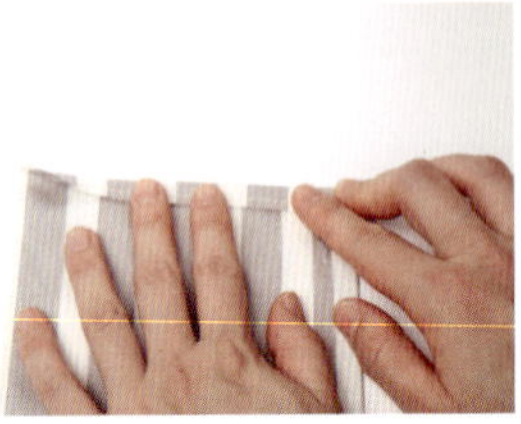

04

折りグセを付けた後に、下辺、脇の順に10mm幅で折って貼り合わせる

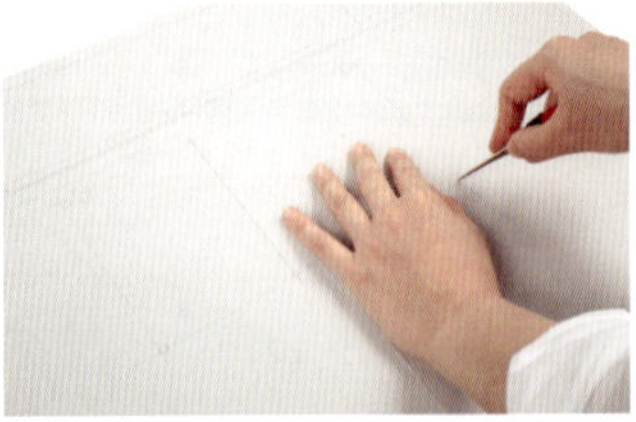

05

前胴に型紙から、ポケット付け位置を目打ちで付ける

06

両面テープで仮留めして、縫い合わせる。前胴にベタポケットが付いた状態

07

背胴にはファスナーポケットを付ける。詳しい作り方はP78を参照。まずは背胴に切り込みを入れる

08

切り込みの裏に両面テープを貼り、切り込みを折る

09

折った部分にさらに両面テープを貼り、裏からファスナーとポケット布を貼る。写真は表から見た状態

10

ファスナーポケット開口部の下と両脇を、ひとつなぎでコの字に縫う

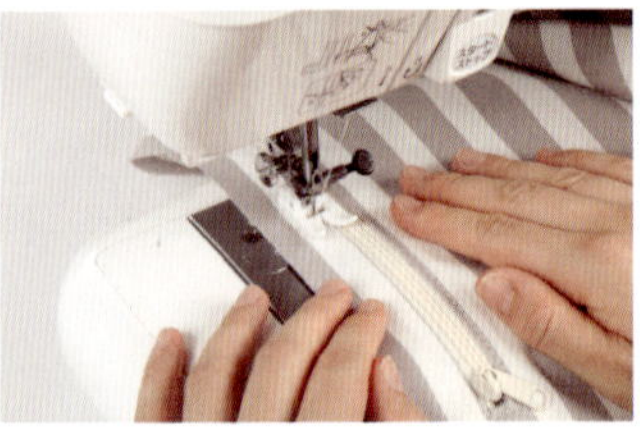

11

ポケット布を折り返してファスナーの上に貼り付け、ステッチを掛ける

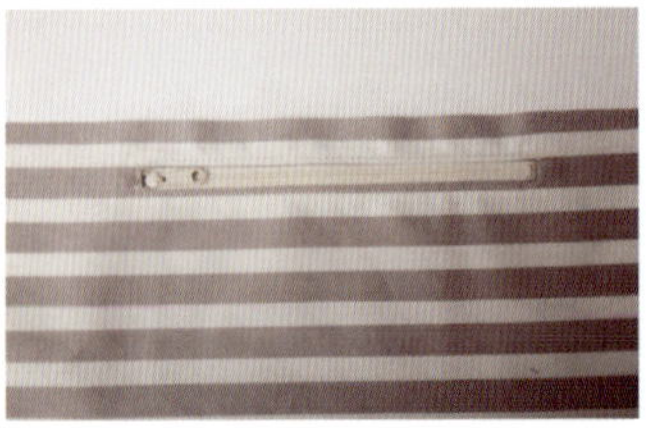

12

折り返したポケット布の両脇も縫い終わったら、ファスナーポケットの完成

②見返し付きの内袋を作る

ポケットを付けたら、裏胴の上部に見返しを付けましょう。見返しを付けたら、底を付けていきます。
直線と直角に近いカーブの縫い合わせはくせ者です。きれいに縫えるように、何度か練習してから挑戦するのがおすすめ。

01

見返しと、ポケットを付けた裏胴を2枚用意する

02

裏胴上辺に見返し下辺を中表にして合わせ、クリップで留める

03

留めた部分を端から10mm幅で縫う

04

つなげた見返しを表に返す

05

裏側の縫い代は内袋側に倒し、それと一緒に継ぎ目の2.5mmほど下にステッチを掛ける

06

同じ要領で、2枚の裏胴とも見返しを付ける

07

裏胴2枚を中表にして、両端を7mm幅で縫う

08

裏胴の両端を縫い終わったら、底布を縫っていく

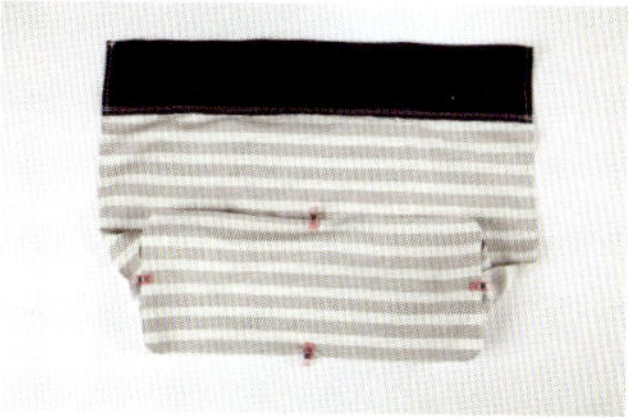

09

裏胴の合印や縫い目に合わせて、底布をクリップで留める。縫い代は割って縫うので、開いておく

10

底を上にして、7mm幅で一周縫う。角の丸い部分は、両方の布を少しずつ合わせながら縫う

③表胴に胴のせ革を縫い付ける

表胴に胴のせ革を縫い付けていきます。この作品では、帆布と革を重ねるのでとても硬く、パワーのあるミシンでも針が通りにくいかもしれません。ここでは革にきれいな針目が出るよう、菱針（レザー針）を使っています。

01

表胴の上部には、持ち手用の穴を空け、アイレットリングを付ける。ここでは、その部分に革を貼ることにより、強度を上げている

02

まずは、表胴上辺をヘリ返していく。上辺に、8mm幅の両面テープを貼る

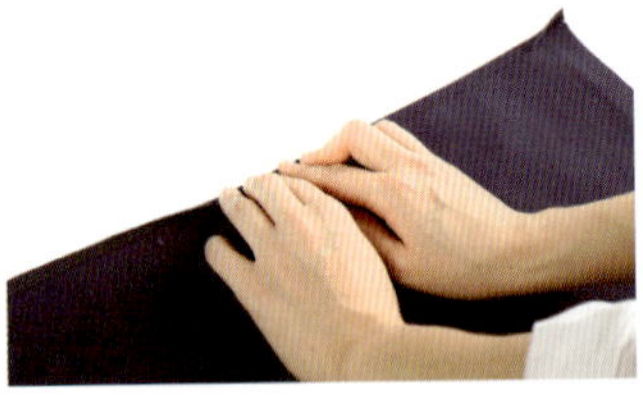

03

10mm幅で折り返す

04

端は40mmほど、貼らずに残しておく

05

型紙から胴のせ革付け位置を記す

06

胴のせ革の裏に、仮留め用の両面テープを貼る。縫った後にすきまから両面テープが見えないように、少し内側に貼ると良い

07

裏に付けた印を確認しながら、胴のせ革を貼る

08

革の両端に、針目ひとつ内側（上から3mm、横から2.5mmくらい）に、縫い始めと縫い止まりの位置の印を付ける

09

08の印から縫い始め、革の周りを2.5mm幅で縫う。最後も、縫い止まり位置で縫い終わる

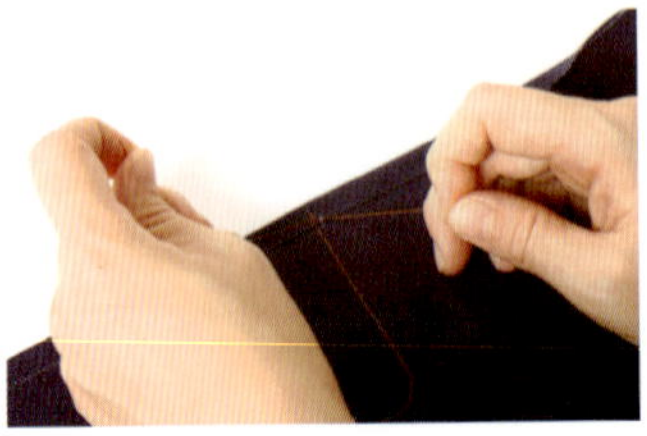

10

糸を引っぱって裏に上糸を出し、結んでボンドで糸留めする。もう一枚の表布にも同じように胴のせ革を縫う

④表胴に底を縫い付ける

表胴の底には、芯材を入れます。内袋よりも張りがあり、しっかり押さえていないとずれてしまう事があるので、気を付けましょう。ここではクリップで留めていますが、両面テープで貼ってもOKです

01

表布を中表にしてクリップで留め、両端を縫っていく

02

両端を7mm幅で縫う

03

③の04で仮留めしなかった端まで縫う

04

上は両端を縫い終わった状態。次に表底に芯を付ける

05

当て布（素材や柄は何でもOK）の中央に芯を仮留めする

06

芯の端から5mm幅で縫う

07

一周縫い合わせた状態

08

表底の裏に芯側がくるように、仮留めする

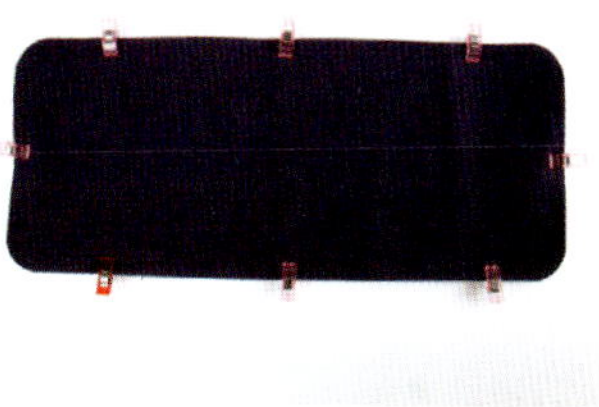

09

周りを3mm幅で一周縫い合わせる

表底に芯が付いた状態

10

縫い合わせた表胴と、芯を付けた底を縫い合わせていく

11

内袋同様、合印や縫い目に合わせて、クリップで留める

12

底を上にして、7mm幅で縫っていく

13

内袋と同様に縫い代も割って縫い合わせる

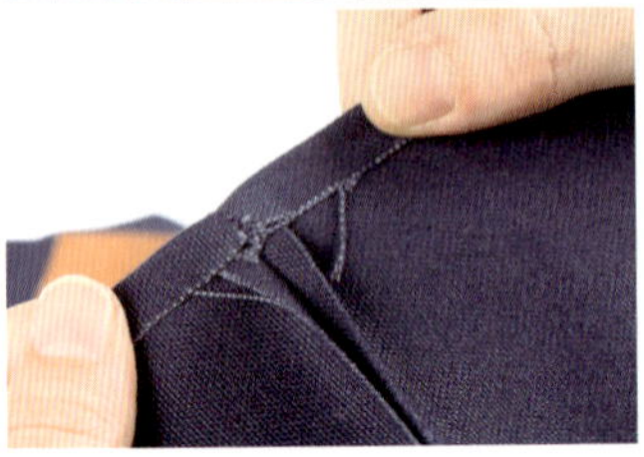

14

貼らずに残しておいた端にも8mm幅の両面テープを貼り、10mm幅でヘリ返しておく

15

表袋を裏返す

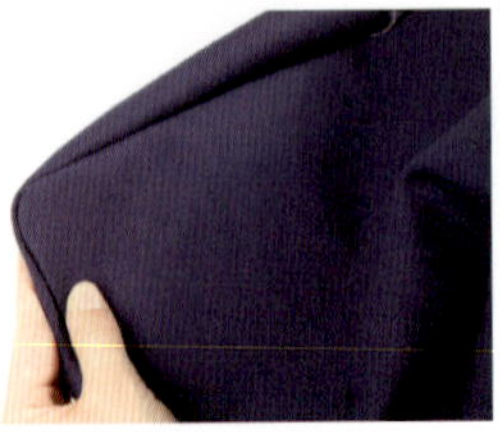

16

縫った部分のエッジがきれいにでるように、中に手を入れて押し出したり、つまんだりして形を整える

⑤表袋、内袋を縫い合わせる

表袋、内袋がそれぞれ完成したら、上辺でまとめて縫い合わせましょう。
厚くなる部分なので、特に縫い代や革が重なっている部分に注意してください。

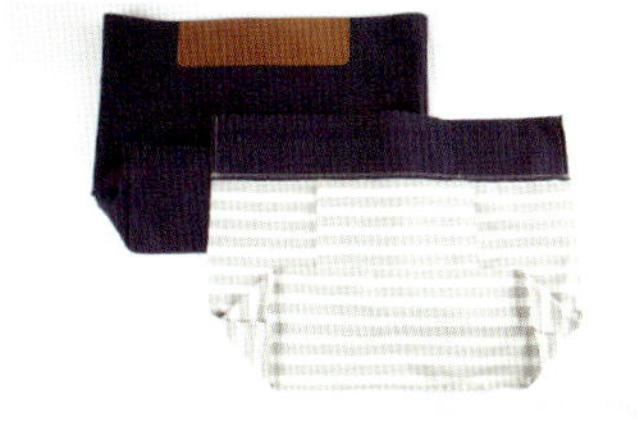

01

完成した表袋、内袋を上辺でまとめて縫い合わせる

02

まずは、内袋の上辺の裏側に8mm幅の両面テープを貼る

03

表袋と同じように、裏側に10mm幅でヘリ返す

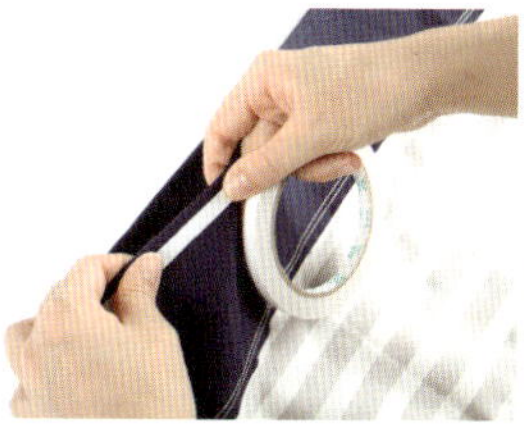

04

ヘリ返した部分に、再度両面テープを一周貼る。このとき、縫い合わせた後で8mm幅のテープが見えないように、上辺から5mm程度下に貼る

05

表袋の中に内袋を入れる

06

それぞれの合印同士を、ピッタリと合わせる

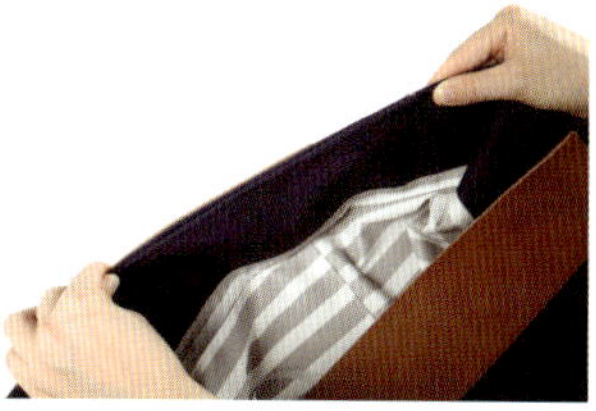

07

合印と合印を貼ったら、ピンと伸ばしてまっすぐになるよう貼り合わせる

08

ミシンの針が通りやすいように、できるだけ薄くするため、縫い代の重なり部分（2カ所）を叩いて潰しておく

09

口から3mmの幅で一周ステッチを掛けて、縫い始めまできたら、3目程重ねて縫い、返し縫いする

⑥アイレットリングと持ち手を付ける

アイレットリングは穴を空けた後、両側から金具をはめて、金具のツメを折って固定するものです。
穴にひもを通す時などに穴の補強用によく使われます。ここでは、金具が外れないようにボンドも使っています。

01

本体に持ち手を付けていく。アイレットリング4セット、持ち手のロープ、本体を用意する

02

胴のせ革に型紙を当てて、銀ペンなどでアイレットリング位置の印を付ける

03

表裏に計4ヵ所印を付け、アイレットリングを付けるための穴を空ける。ここでは穴を空ける方法を2種類紹介する

04

まずはカッター。刃先を使って、ザクザクと切り進める。アイレットリングで隠れてしまうので、多少の誤差は問題ない

05

アイレットリングの直径に合うポンチを持っている場合は、下に硬いゴム板などを敷き、印にポンチを当てがって、ハンマーで叩いて穴を空ける

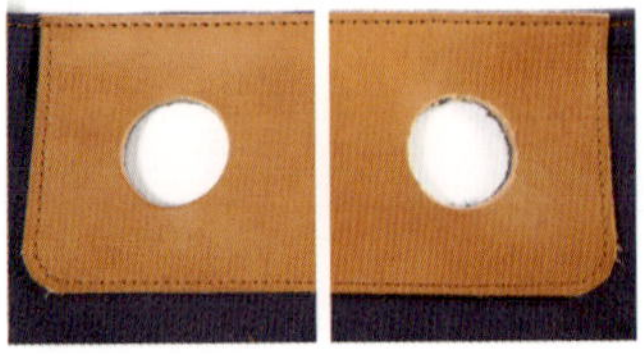

06

左がポンチの穴、右がカッターで空けた穴

07

金具に覆われる位置に、ミシンを掛けて固定する。円のミシン掛けは1～2目ずつ角度を変えながら縫うときれいに縫える

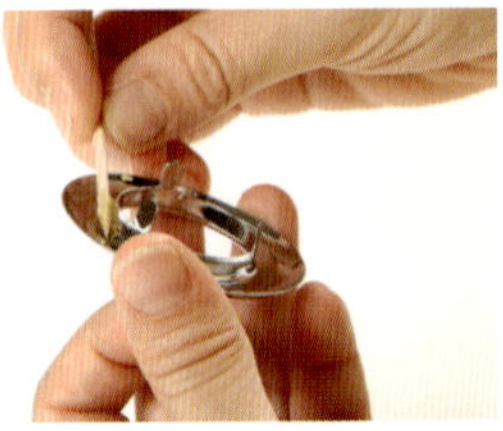

08

金具が生地に接触する部分に合成ゴム系のボンドを塗る

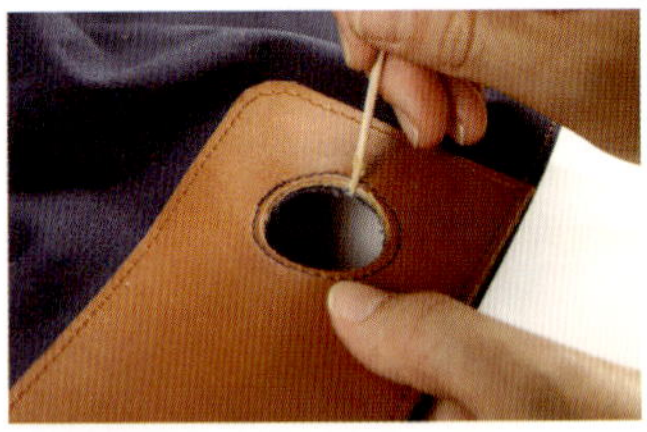

09

穴の断面にも塗る。合成ゴム系のボンドは、ある程度乾いてから貼り合わせる

10

まずは、ツメの付いた方の金具を表側から穴に差し込む

11

裏から見た様子。ツメが内側に出ているのが分かる

12

できるだけ金具との隙間をなくすため、しっかり押し込んでおく

13

反対側から受け側の金具をはめる。写真の金具のようにはめる場所が決まっている場合は、向きを合わせること

14

ツメを曲げるときには、内側からペンチで挟むと作業しやすい。ペンチを使う場合は傷つけないようにテープなどを巻いておく

15

アイレットリングを付けた表と裏の状態

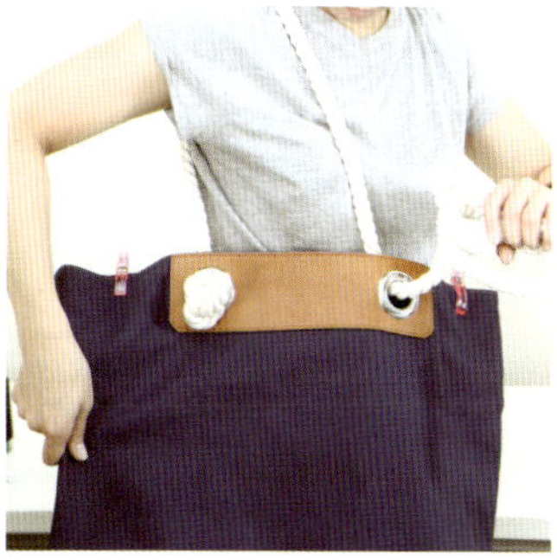

16 **Point!**

持ち手は好きな長さに調節する。一度肩に掛けて、片方を伸縮させながらちょうど良い位置を探そう

17

ロープを結んで留める。内側、外側どちらで結んでもOK

18

余ったロープは切っておく。必ず必要ではないが、切る前に結び目にボンドを付けて緩み止めしておくと外れにくくなる

19

両方の長さを合わせて、もう片方のロープも付ける。これでバケツ底トートバッグの完成

Practice 3-2

小判底の
マルシェバッグ

底から開口部に向かって、ラッパ状に広がる形が特徴的なマルシェバッグ。
口裏にはマグネットホック、底には底びょうが付いていています。
胴の下に「はかま」と呼ばれる帯と、手縫いで作る持ち手カバーがポイントです。

仕上がり寸法

高さ 約23cm、横幅 約47cm、
奥行き 約17cm

最大重ね合わせ枚数

最大 8枚

胴と持ち手の差し込み部分

用意する素材と金具

①**綿ツイル**　ポケット1枚　②**リネン**　裏胴2枚、底裏1枚
③**レース付き11号帆布**　表胴上2枚、持ち手4枚
④**バイリーン(0.8mm厚)**　底芯1枚
⑤**牛革(1.0mm厚)**　底表1枚、はかま2枚、持ち手カバー2枚、マグネットホック台座2枚

<金 具>

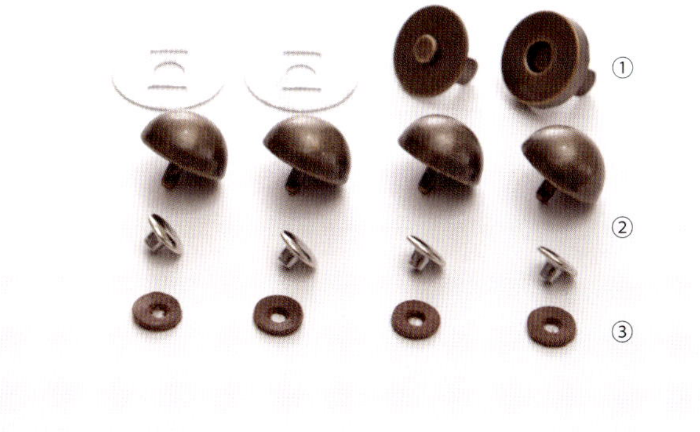

①マグネットホック 1セット　②底びょう4セット
③底びょう用ワッシャー（金具のアタマより大きいサイズで切り出す）4枚

布目線方向

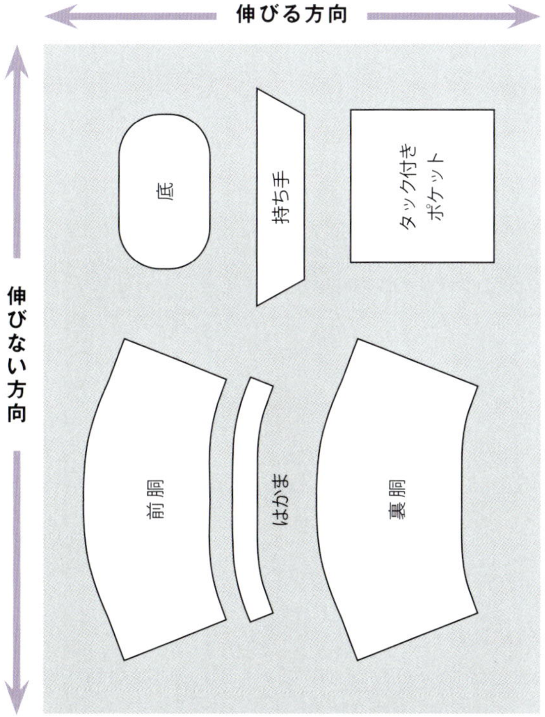

※革のパーツの場合は繊維方向を伸びない方向と考える。
また、芯、持ち手カバー、台座の向きは掲載していない

ワークフロー

①タック付きポケットを作る

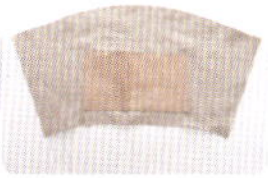

②マグネットホック付きの内袋を作る

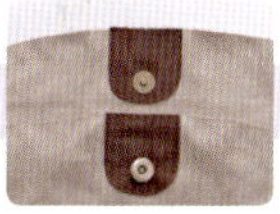

③底びょうを付ける

④表袋を作る

⑤持ち手を作る

⑥表袋、内袋、持ち手を縫い合わせる

注意：特に指示のない縫い始め、縫い止まりは、3目程度返し縫いをすること

①タック付きポケットを作る

はじめに裏胴にタック付きのポケットを付けましょう。
ポケットの中央部分に入れる3つの合印を目印に制作していきます。

01

ここで内袋に使用したような布目の粗い布を使う場合は、ほつれ留めのため裏に伸び止めテープを貼る

02

ポケット裁断時に、型紙に記載した3つの合印も入れておく。合印部分を上にして、裏返す

03

両脇の合印と合印の間に両面テープを貼る

04

中央の合印で折り返して貼り合わせる

05

赤線の部分を、端から2.5〜3mm幅でステッチを掛ける

06

赤線の三辺にステッチを掛けた状態

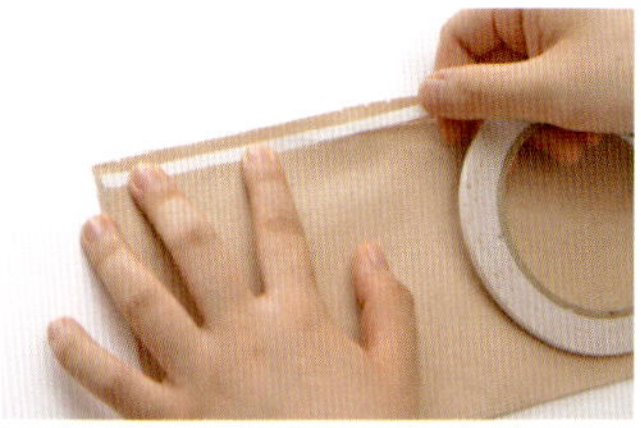

07

裏返して、合印のある布の内側に両面テープを貼る

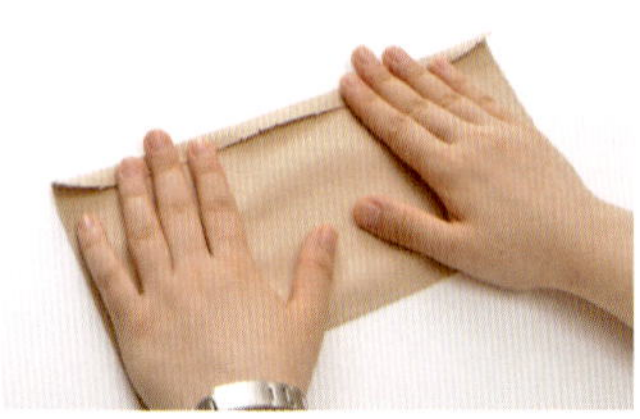

08

両面テープで貼る前に、一度折りグセを付けてから、脇の合印を目印に貼り合わせる

09

裏胴に縫い付けるときには、08で折った部分が下になる

10

両脇に両面テープを貼り、合印を目印に貼り合わせる

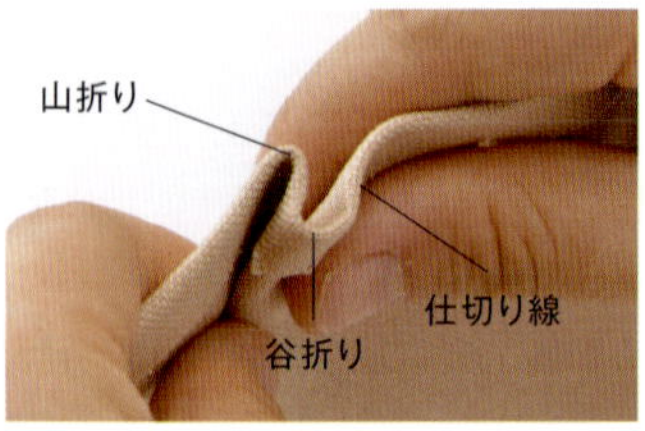

11

3つ並んだ合印の部分は、写真のように折ることになる

12

谷折り、山折り、仕切り線の合印からまっすぐに折って、クセを付けておく

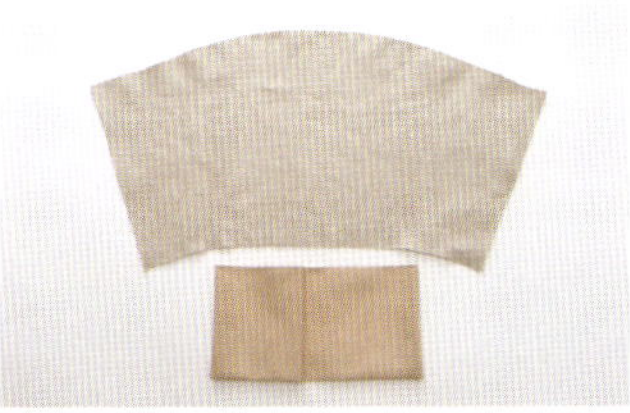

13

裏胴と縫い合わせていく

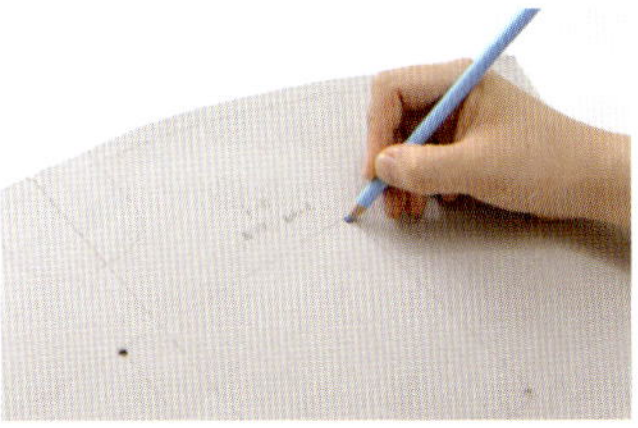

14

裏胴は型紙から、ポケット付け位置の印を写しておく

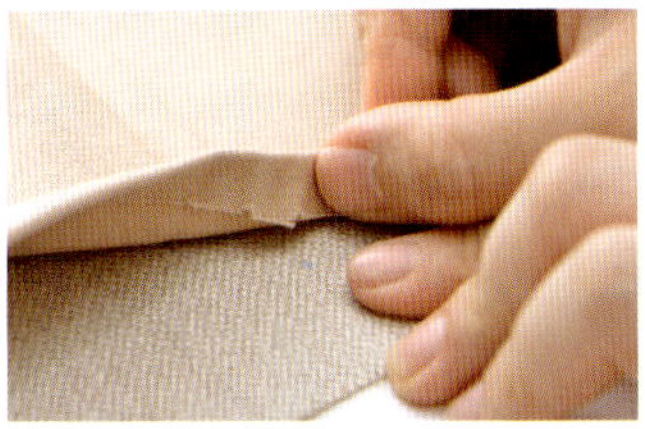

15

11の仕切り線を合印と合わせ、ミシンで縫う

16

下布に1目落として縫い始め、3目ほど返し縫いする

17

11の仕切り線を縫った状態

18

中央の縫い目の内側に両面テープを貼り仮留めする。これは後ほど剥がすので、下まで貼ってしまわないように注意

19

山折りのラインを縫い目にぴったりと合わせて、貼り合わせる

20

両脇と下辺を、2.5mmの幅でコの字型に縫う。**16**と同じように、両端は下布に1目落とす

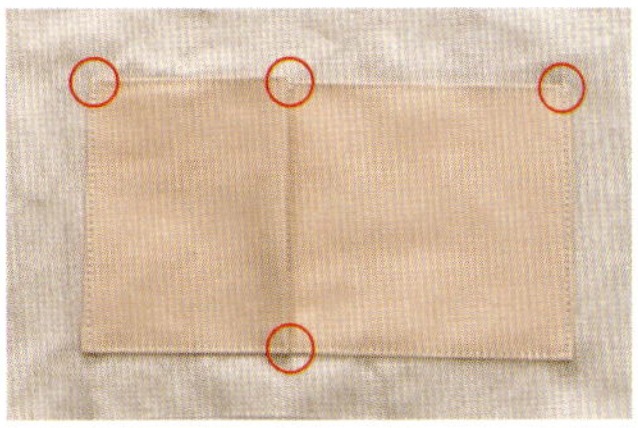

21

ポケットは出し入れが激しい部分。最後は糸を結んで赤丸部分を糸留めすると、強度が増す

②マグネットホック付きの内袋を作る

内袋には留め金具としてマグネットホックを付けます。
先に裏胴それぞれにホックを付けた後、中表にして縫い合わせましょう。

01

裏胴とマグネットホックの台座の革を2枚ずつ、マグネットホックを1セット用意する

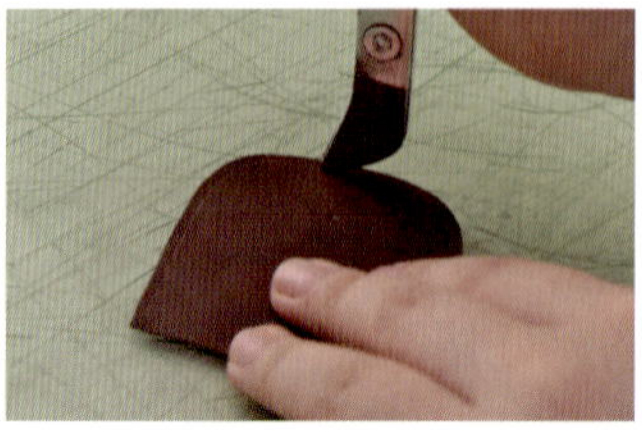

02

ネジ捻を持っている場合は、周囲に2.5mm幅で縫い線を引く。持っていない場合は何ヵ所か目打ちで縫い幅の印を付けておく

03

台座の裏に仮留め用の両面テープを貼る。マグネットホックを付ける部分に貼らないように注意

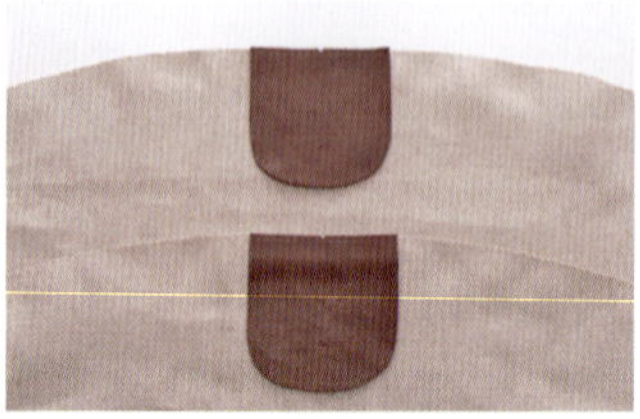

04

裏胴の表に、それぞれ中心の合印を合わせて台座を貼る

05

02の印に合わせて、一周ステッチを掛ける

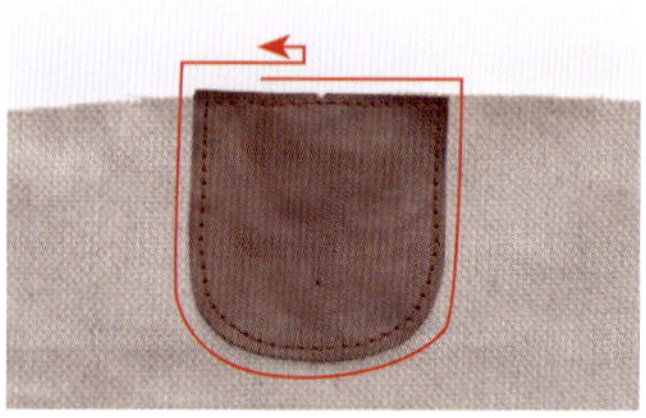

06

一周縫ったら3目ほど重ねて縫って、返し縫いする。したがって、この部分は縫い目が3重になる

07

マグネットホック付け位置に切り込みを入れる（詳しくはP93参照）

08

切り込みにツメを入れる。ポケットが付いている裏胴には、凹側の金具を付ける

09

ツメに座金を通し、ツメをできるだけ根本から直角に折り曲げる

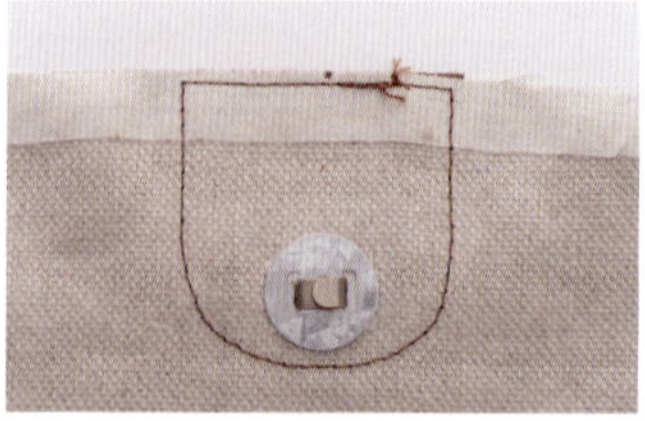

10

ツメを曲げ終わった状態。ツメは金づちの柄や、机の角を使って曲げてもOK

11

内胴それぞれに、凹側、凸側の金具を付ける

12

マグネットホックを付けた裏胴と、底裏布を縫い合わせていく

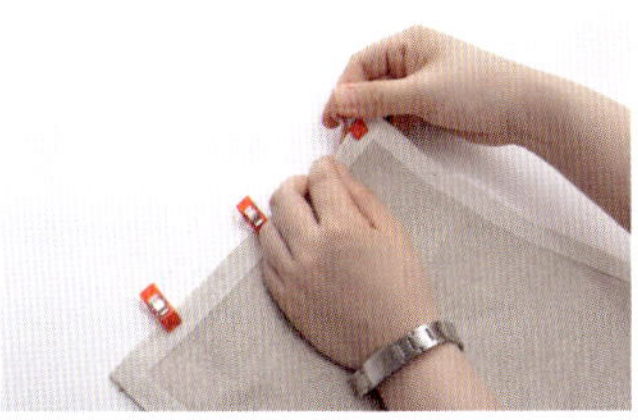

13

裏胴を中表にして、クリップなどで仮留めする

14

両脇を7mm幅で縫う

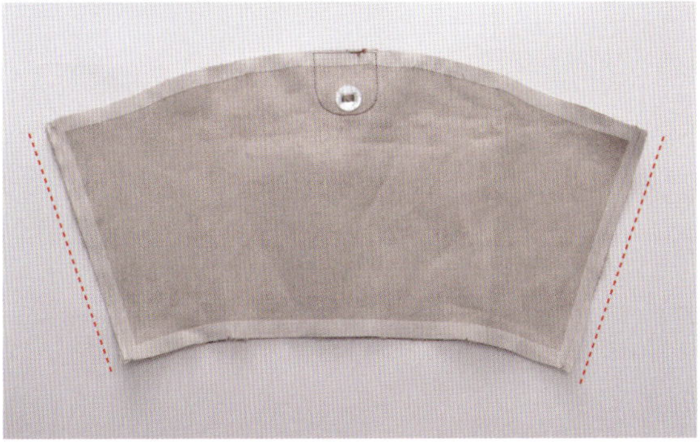

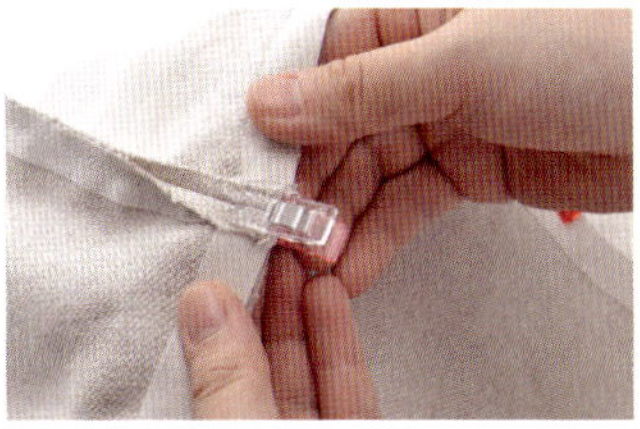

15

底を縫い付けていく。中表になるよう、底布と裏胴の合印、縫い目の中心がそれぞれ合うように仮留めする。縫い代は割り縫いする

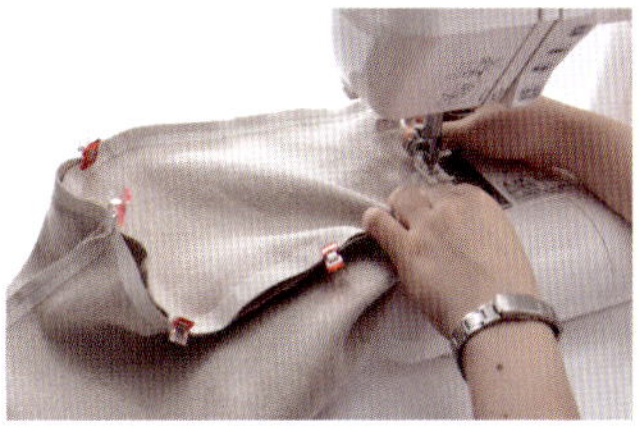

16

底を7mm幅で一周縫う。**06**と同様に、最後は3目重ね縫いしてから、返し縫いする

17　底を縫い終わった状態。これで内袋の完成

③底びょうを付ける

表底に底びょうを付けましょう。底びょうを付けることによって、擦れや汚れからバッグを守ることができます。底びょうを付けるときには、厚めの芯を内側に挟んで留めます。

01
底表、底芯、底びょうを4セット、必要に応じて底びょうの間に挟むワッシャーを4枚用意する

02
底芯の片面に仮留め用の両面テープを貼る

03
型紙に記している、底芯付け位置を目安に、底表の裏に底芯を貼る

04
底表の型紙から底びょう付け位置を目打ちで写し、底びょうの足の太さに合う大きさのハトメ抜きで、4ヵ所穴を空ける

05
4ヵ所穴を空け終えた状態

06
表から底びょうの足を差し込む

07
裏に出た足にワッシャーを挟み、アタマを付ける

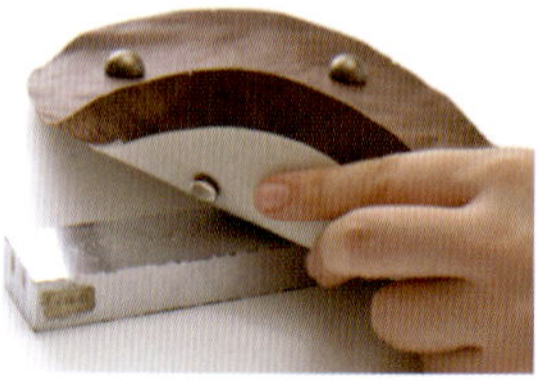

08
打ち台の平らな面を上にして、底びょう部分を載せる

09
プラスチックハンマーなどで打って留める

10
きちんと留まったか確認する。つまんで爪が入らなければOK

11
4ヵ所の底びょうを留めれば、底は完成

④表袋を作る

表袋には「はかま」と呼ばれる、飾りの帯を縫い付けます。底との縫い合わせは内袋の場合と同じ手順ですが、内袋よりも張りがあるので、きれいに縫うためには少し練習が必要です。

01
表胴上とはかまを2枚ずつ用意する

02
裏胴の型紙に合わせて、はかまを付ける位置を確認する

03
位置を確認したら、表胴上の裁ち目の端に5mm幅の両面テープを貼り、はかまを貼り合わせる

04
はかまの上から、2.5mm程度の幅でステッチを掛ける

05
白い点線部分がステッチを掛けたところ。同じようにはかま付きの表胴を2枚完成させる

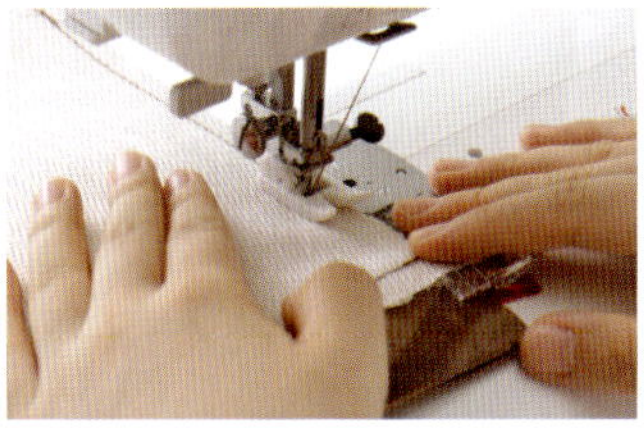

06
表胴を中表に合わせて、両脇を7mm幅で縫う

07
表胴と底を縫い合わせていく

08
底布の表の縁に、1周5mm幅の両面テープを貼る

09
内袋と同じように、底布を中表になるように表胴と貼り合わせる

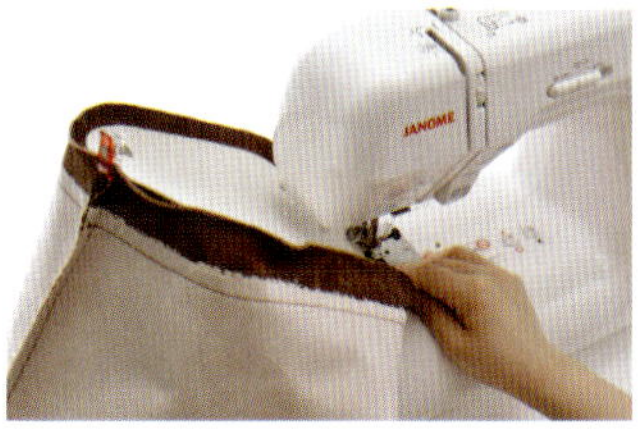

10
周囲を7mm幅で縫う。立体的なので、内側に腕を入れて斜めに持ち上げながら作業すると良い

11
縫い終わったら、表に返す。底から少しずつ押し込むようにして返すと、しわやキズになりにくい

12
これで表袋が完成

⑤持ち手を作る

持ち手は、表布と共布の素材を筒状に縫い合わせたものを2つ作ります。持ちやすいように
持ち手カバーを付けましょう。カバーは筒状なので、手縫いで縫い合わせます。

01
表布と共布の持ち手を4枚、持ち手カバーの革を2枚用意する

02
持ち手を中表にして、クリップなどで仮留めする

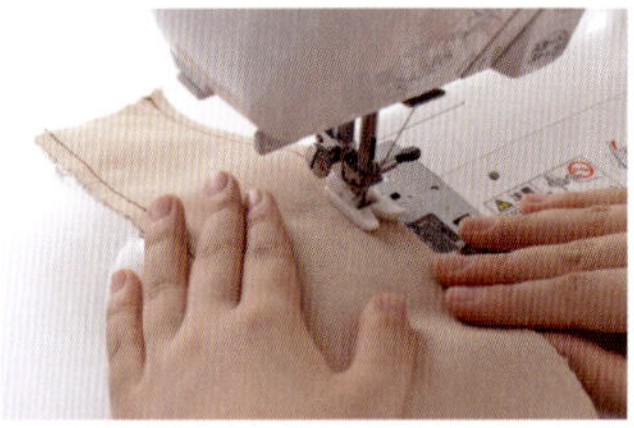

03
持ち手の長辺を7mm幅で縫う

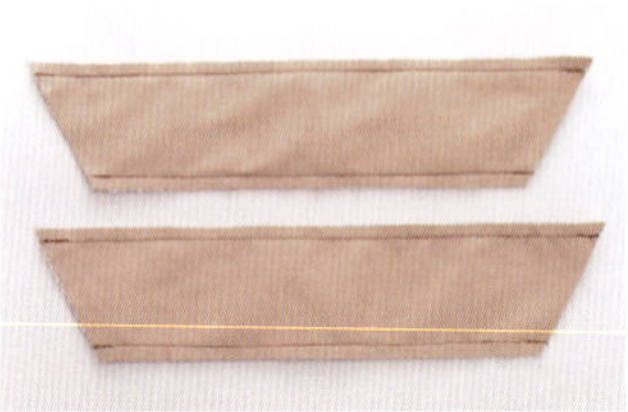

04
持ち手を2組縫い合わせた状態

05
表に返す。返しにくい場合は、ループ返しやラジオペンチを使うと簡単

06
2組を表に返した状態

07
次に持ち手カバーを作る。まずは、型紙から縫い穴の位置を目打ちで写す

08
目打ちで穴を空ける。ゴム板などの上で、ぐっと突き刺す

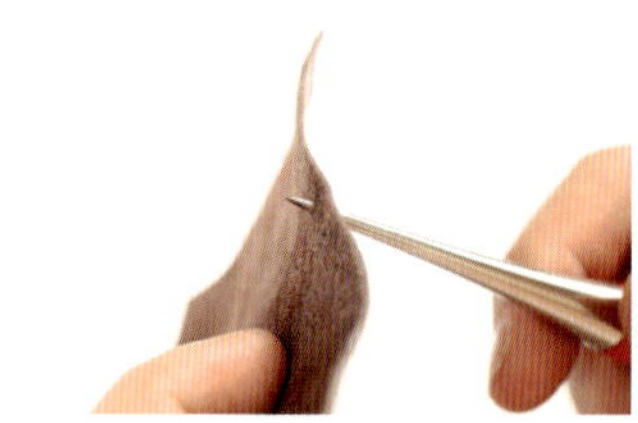

09
穴が小さい場合は持ち上げて、目打ちの先端がある程度出るまで、穴を広げる

10
菱目打ちで穴を空ける場合は、5mmピッチのものを使う。印に合わせて打てばまっすぐに打てる

左が目打ち、右が菱目打ちで空けた縫い穴。穴の形も変わるので、好みで選ぼう

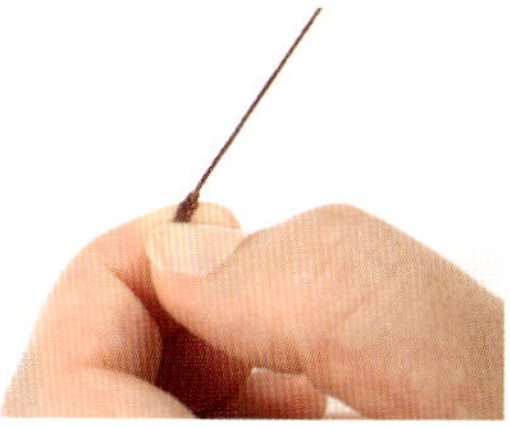

11

カバーを縫い合わせていく。糸は革用の手縫い糸を使い、糸の端は玉結びする

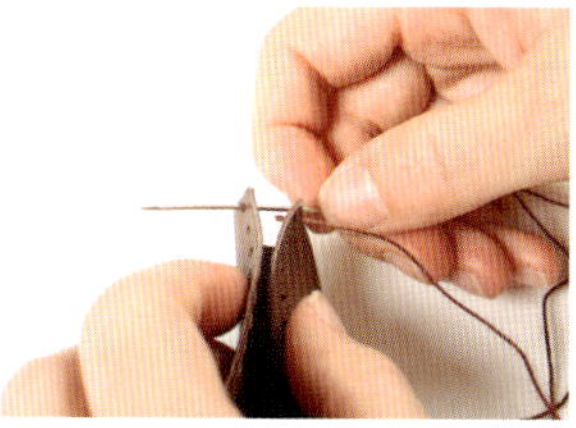

12

内側から糸を通して、下から反対の表に針を出す

13

写真のように縫い合わせる。後で少しずつ締めるので、ゆるく縫っていく

14

糸を引き締めて、縫い目がきれいになったら、裏で玉結びして糸留めする

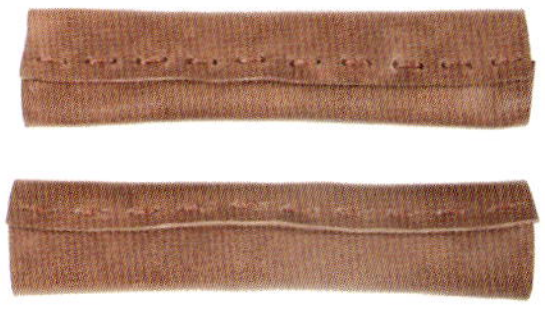

15

カバーを2本とも同じように縫い合わせる

16

カバーに持ち手を通す。先に、持ち手をWのように折り曲げる

17

持ち手の先を穴の中に入れる

18

反対側からラジオペンチなどで引っぱり出す

2つとも通したら、持ち手の完成

⑥表袋、内袋、持ち手を縫い合わせる

それぞれ作ったパーツを縫い合わせて仕上げます。先に、持ち手を表袋に縫い合わせて、
表袋、内袋の口を折り曲げます。折り曲げた部分を合わせて仮留めし、縫い合わせたら完成です。

01

表袋、内袋、持ち手を縫い合わせていく

02

まずは、表袋に持ち手を縫い付ける。表袋の持ち手付け位置の合印に合わせて仮留めする

03

持ち手から出た縫い代ははさみで切っておく

04

持ち手を3〜5mmの幅で縫う

05

表袋の上辺裏側に、1周8mm幅の両面テープを貼る。縫い代は割り縫いするので、この時点で広げておく

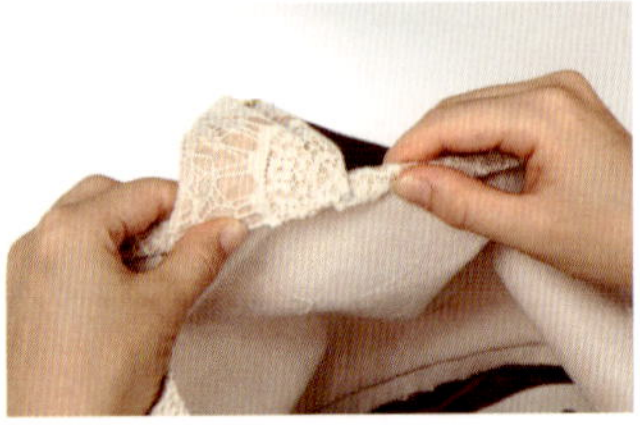

06

10mm幅で折り返して貼り合わせる

07

内袋も同様に、裏に10mm幅で折り返して仮留めする

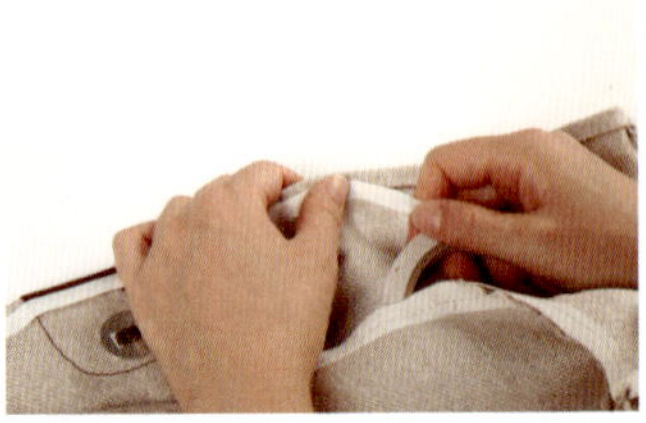

08

内袋（もしくは表袋）の折り山から3mm内側に8mm幅両面テープを貼る

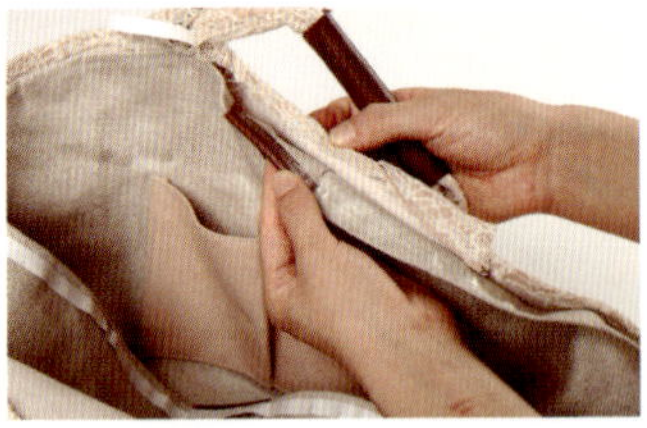

09

表袋の中に内袋を入れて、それぞれの口部分の合印を目印に、きちんと位置を合わせて貼り合わせる

10

貼り合わせた部分はとても厚くなっているので、縫う前に、できるだけ厚みをなくすように、ハンマーなどで叩いてならしておく

11

口に2.5mm幅で一周ステッチを掛ける。最後は3目縫い重ねて、返し縫いする

12

これで小判底のマルシェバッグの完成

Practice 4

別マチのパターンで作る

通しマチのギャザーバッグ

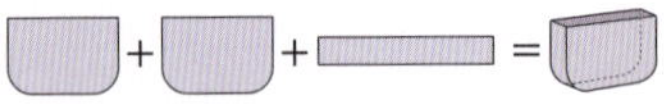

脇と底にぐるっとマチを付ける方法です。マチの幅を変えることで、バッグ自体の収納量を好みで変えることができます。また、両脇に取り付けたバネホックを開閉することで、シルエットを変えることができます。開口部は、内側に縫い付けたマグネットホック付きの太めのベロで留めています。ここでは、表袋のギャザーと、バネホックの付け方を習得しましょう。

横マチのカブセ付きバッグ

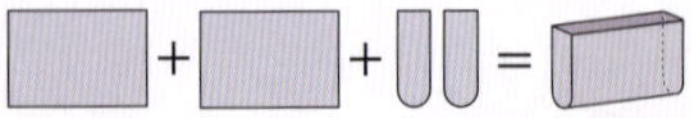

両脇にマチを縫い付ける方法です。マチの形を比較的自由に変えることができるのが、この方法のメリット。脇に取り付けたベルトを調節することで、シルエットを自由に変えることができます。カブセ（ふた）の内側には、バネホック付きのベロを付けて、開口部を閉じています。本書で登場する作品の中でも、金具を一番多く使うバッグなので、制作前に必要な打ち具や金具をチェックしましょう。

Practice 4-1

通しマチの ギャザーバッグ

側面と底が一直線のマチでつなげる「通しマチ」タイプのトートバッグです。丸みのある胴をレースで作ったギャザーで彩り、マチの両端にホックを付けて絞ることで、可愛らしいシェイプに仕上げました。通しマチは縫い合わせが立体的になるので、ミシン掛けは丁寧に作業してください。ギャザーを付けるときのバランスに注意しましょう。

仕上がり寸法

高さ 約22cm、横幅 約40cm、奥行き 約12cm

最大重ね合わせ枚数

最大 9枚 口部分の、表胴小と表地のつなぎ目

用意する素材と金具

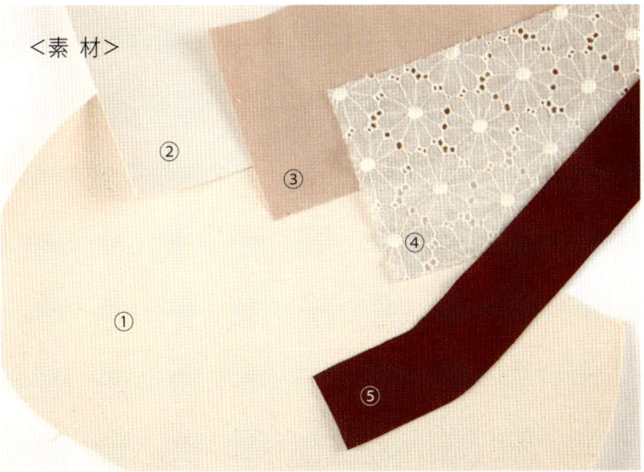

①8号帆布　表胴大 2枚、表マチB 2枚
②バイリーン　胴芯（0.6mm厚）2枚、底芯（0.8mm厚）1枚
③裏地　裏胴 2枚、裏マチ 2枚、ポケット 2枚
④レース　表胴ギャザー 2枚、表マチA 2枚
⑤牛革　持ち手（1.4mm厚）4枚、表胴小（1.0mm厚）2枚、ベロ 1枚、見返し 2枚

①ファスナー（200mm）　②マグネットホック 1セット
③玉カシメ&アタマ（ϕ10mm）8セット　④バネホック（ϕ16mm）2セット

布目線方向

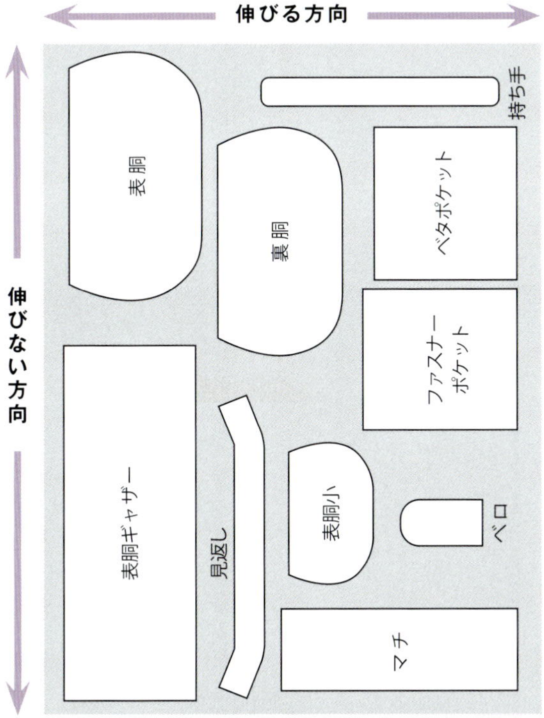

※革のパーツの場合は繊維方向を伸びない方向と考える。
また、芯の向きは掲載していない

ワークフロー

①内袋を作る

②内袋に見返しとベロを付ける

③表胴を作る

④表マチを作り底芯を付ける

⑤表袋を作る

⑥持ち手を作る

⑦表袋に胴芯・持ち手・ホックを付ける

⑧表袋と内袋を縫い合わせる

注意：特に指示のない縫い始め、縫い止まりは、3目程度返し縫いをすること

①内袋を作る

仕切りポケットを取り付けた前胴と、ファスナーポケットを取り付けた背胴、さらに2枚をつなぎ合わせた通しマチを組み合わせ、内袋を作ります。

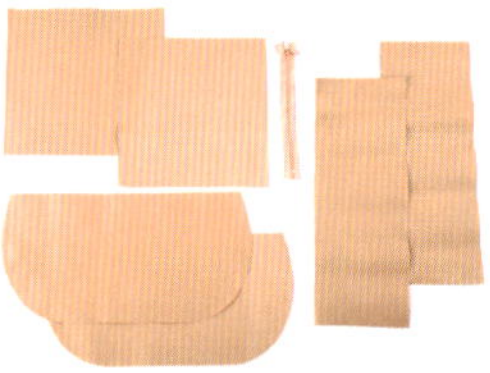

01

裏胴2枚とポケット布2枚、裏マチ2枚、長さ20cmのファスナーを用意する

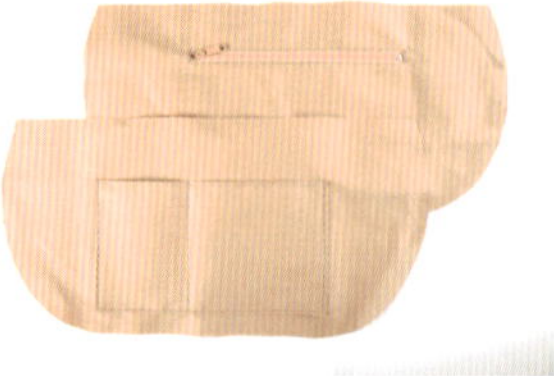

02

裏胴に仕切り（P.77）、ファスナー（P.78）の各ポケットを取り付け、前者を前胴、後者を背胴にする

03

2枚の裏マチをぴったりと重ね、短い方の片側の端を10mm幅で縫い合わせる

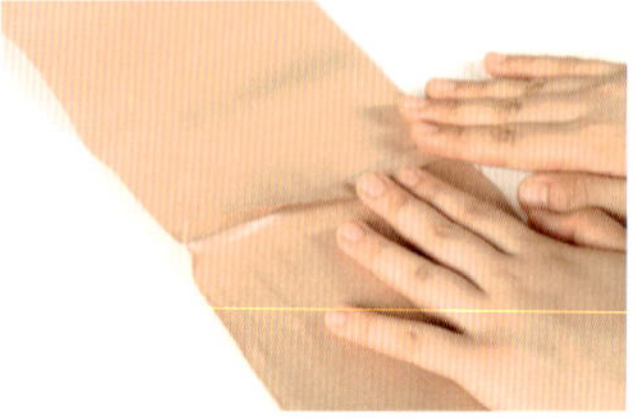

04

縫い代は片側に折り返し、両面テープで仮留めする

05

表から、縫い目の脇2.5mmの位置を縫う。縫い代がある側を縫うこと

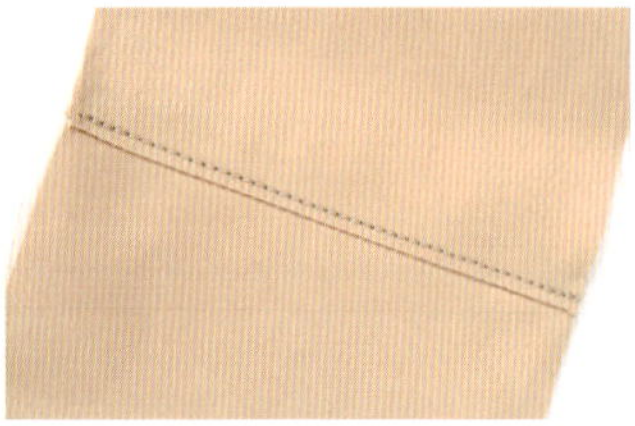

06

縫い合わせた状態。これで通しマチの完成

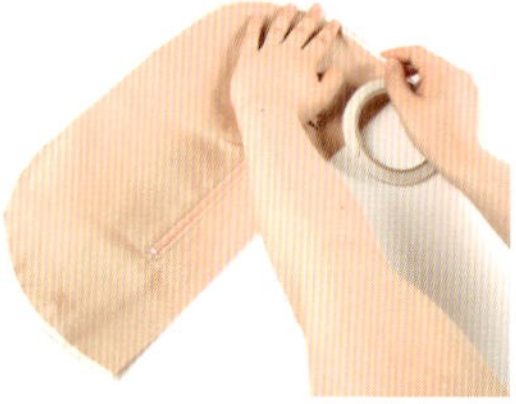

07

裏胴の端に5mm幅の両面テープを貼る

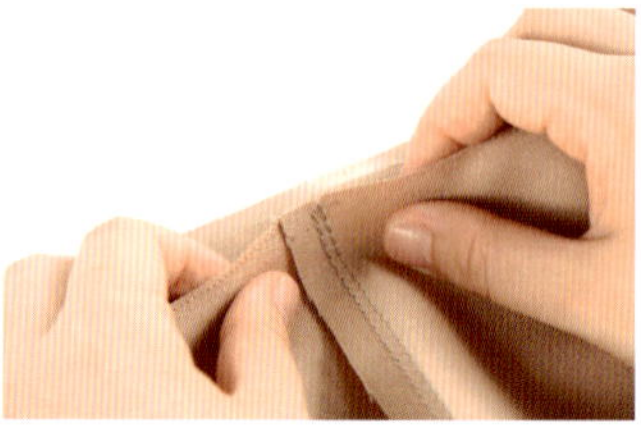

08

裏胴の中央合印と、通しマチのつなぎ目を合わせて貼る

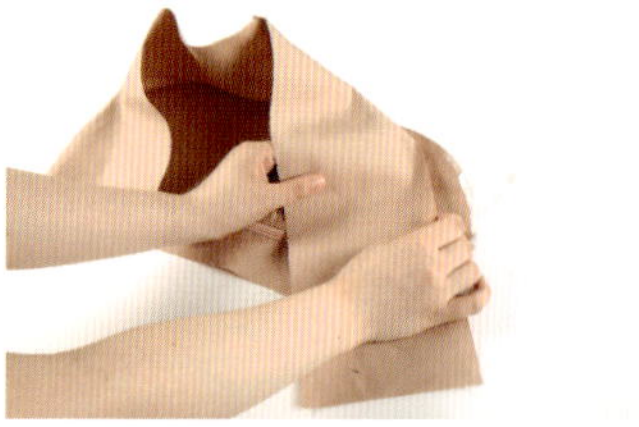

09

角同士も合わせて貼ったら、間の曲線部分もシワが寄らないよう均等に貼り合わせていく

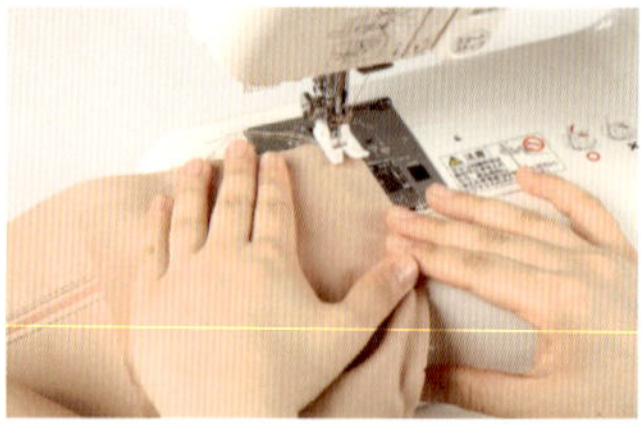

10

貼り合わせた部分を7mm幅で縫う

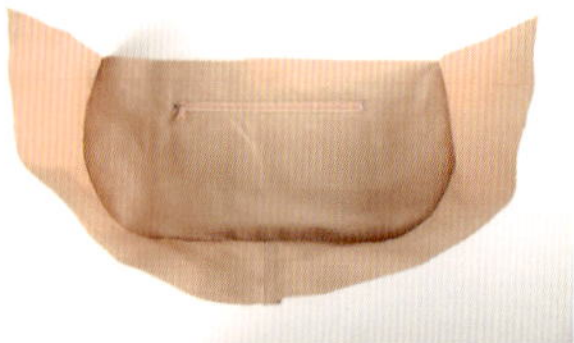

11

マチの片側に裏胴が付いた状態

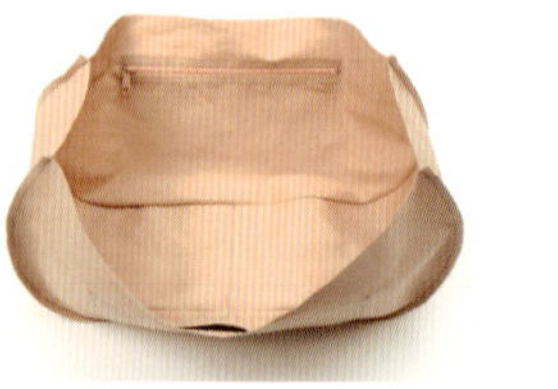

12

もう一方の裏胴も、同様の手順で取り付ける。これで内袋の完成

②内袋に見返しとベロを付ける

2枚の見返しパーツは両端を縫い合わせて輪っかに、ベロはマグネットホックの凸側を取り付けてから、2枚を縫い合わせます。最後に、両パーツを内袋に縫い付け、ホックの凹側を取り付けます。

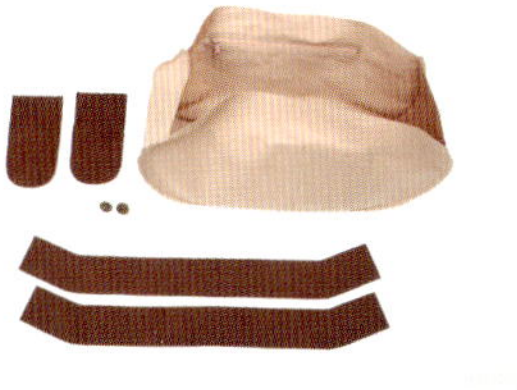

01

内袋、見返し2枚、ベロ2枚、マグネットホック1セットを用意する

02

見返しを中表にして重ね合わせ、両端を10mm幅で縫い合わせる

03

縫い代を割るので、折り返したときに重なる範囲にゴムのりを塗る

04

縫い代を縫い割り、しっかりと貼り付ける

05

両端を縫い合わせ、見返しが輪になった状態

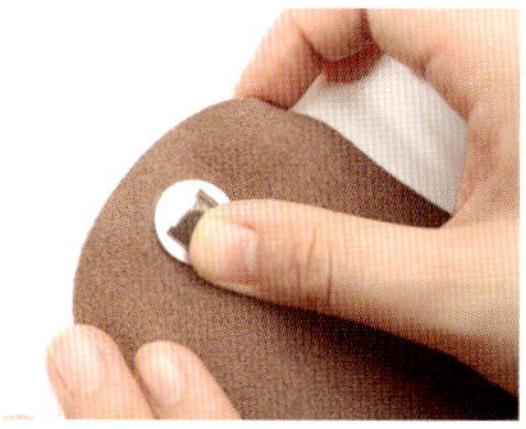

06

ベロの片方に、マグネットホックの凸側を取り付ける。取り付け手順は93ページを参照

07

マグネットホックを取り付けた状態

08 **Point!**

余った革から、ホックのプレートを覆うほどの大きさの円形のパッチを切り出し、そのトコ面とプレートの両面に合成ゴム系のボンドを塗る

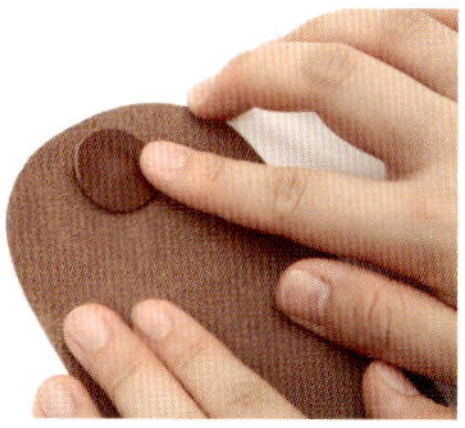

09

ホックのプレート部分にパッチを貼り付ける

10

両方のベロのトコ面にゴムのりを塗る。ただし中央は貼らないので、端から2cm程度ずつで良い

11

2枚のベロを貼り合わせる

12

ベロを貼り合わせた状態

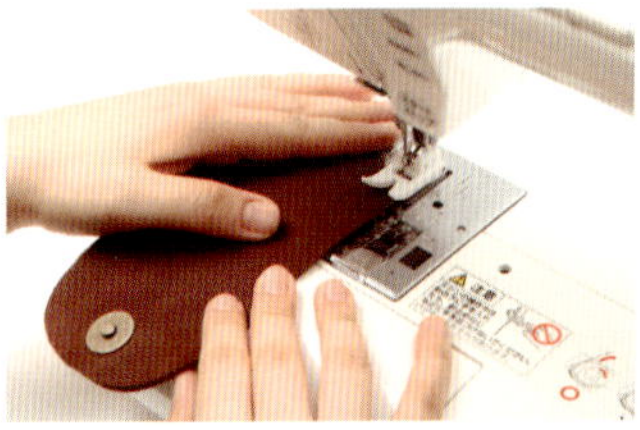

13

金具が付いている側から、直線以外の部分に、U字に2.5mm幅でステッチを掛ける

14

ステッチを掛けた状態

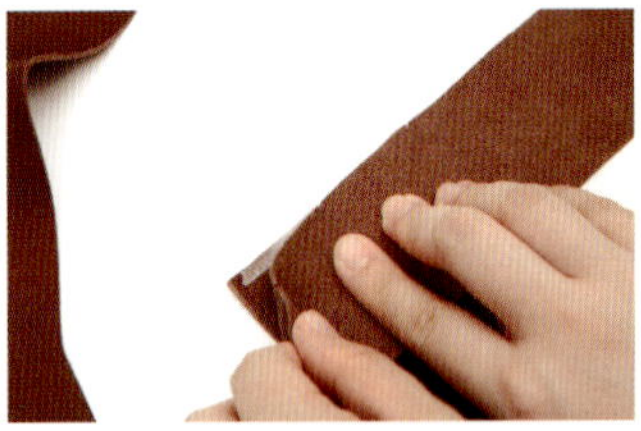

15 **Point!**

ベロ取り付け位置の合印（片方の見返しに付けておく）に合わせ、ベロを貼る。貼る向きに注意

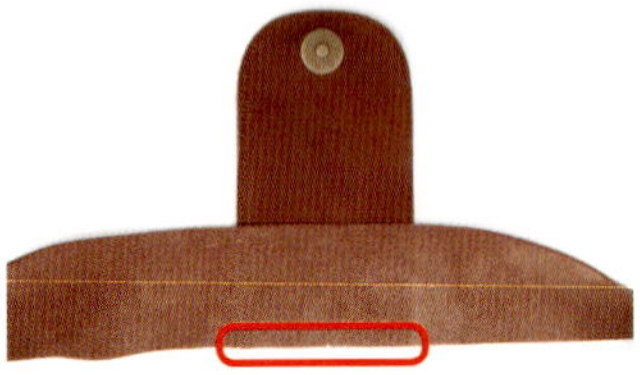

16

このように、ホックを付けた面と見返しのギン面を内側にし、線で囲んだ部分で貼り合わせる

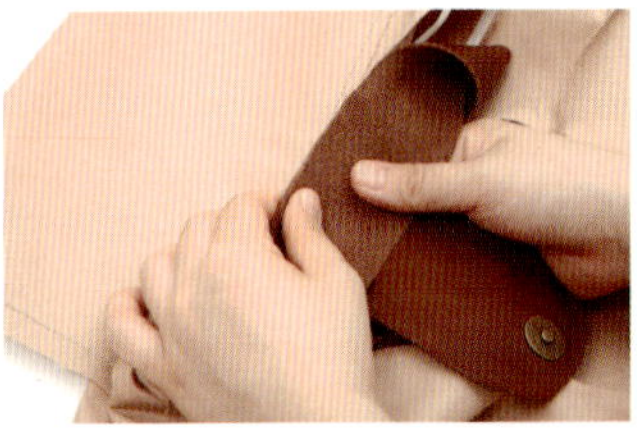

17

中央合印を目印に、見返しの下辺（ベロを貼った方と同じ側）を内袋の上辺に合わせて貼る。ベロを背胴側に付けること

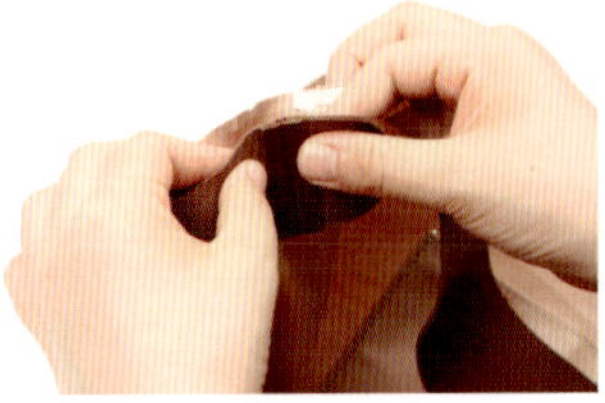

18

さらに、見返しのつなぎ目とマチ中央の合印を合わせる

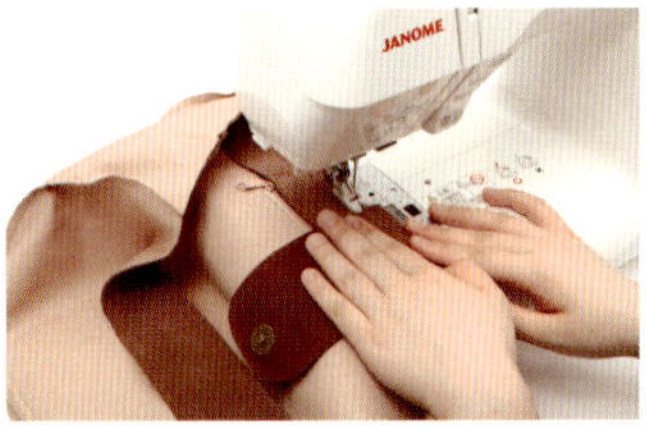

19

10mm幅で一周縫い合わせる

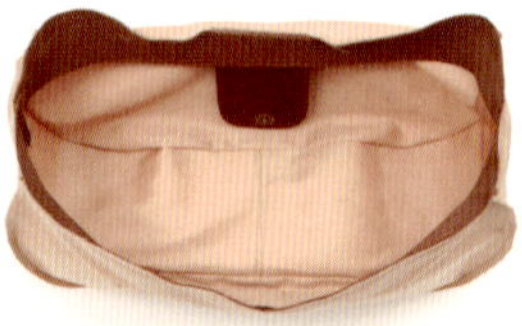

20

内袋と見返しを縫い合わせた状態

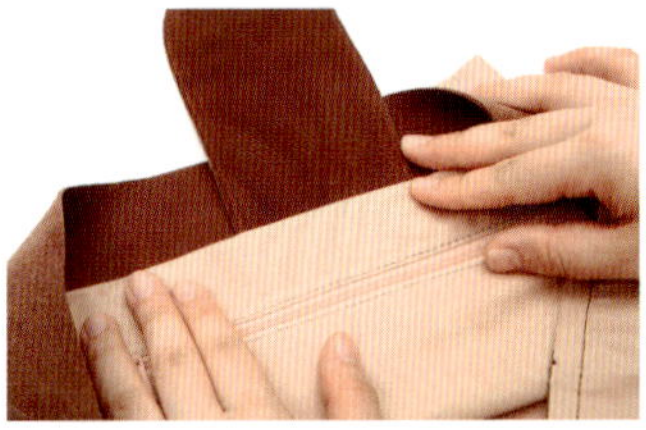

21

つなげた見返しを表に返して、裏側の縫い代は内袋側に倒す

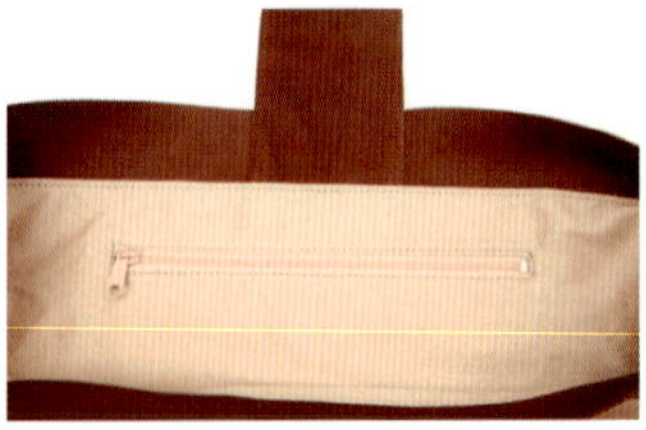

22

裏側の縫い代は内袋側に倒し、それと一緒に継ぎ目の2.5mmほど下にステッチを掛ける

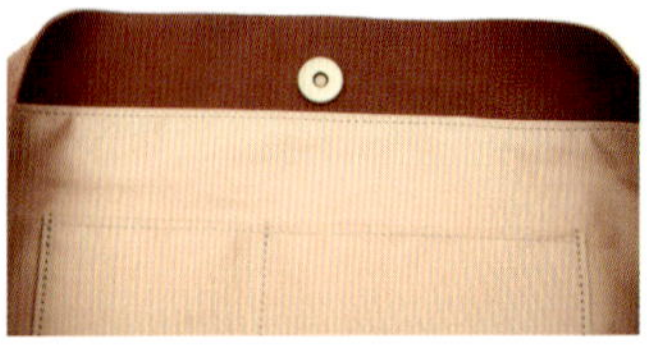

23

ベロの反対側の見返し中央にマグネットホックの凹側を取り付ける。上辺から25mmほどの位置

24

内袋に見返しを付けた状態

③表胴を作る

革の表胴小の周りに、ギャザーを作りながらレース素材を取り付けたら、それをさらに帆布の表胴大に貼り付けます。同じものを2組作っておきます。

01

表胴大（帆布）、表胴小、表胴ギャザー（レース）を用意する

02

レースを半分に折り、中央に合印を付けておく

03

表胴小の曲線部分の端に8mm幅の両面テープを貼り付ける

04

表胴小の中央合印と、先ほど付けたレース中央の合印を合わせて中表に貼る

05 **Point!**

そこから布端に向かい、適度なギャザーを作りながら裁ち目を揃えて貼り付けていく

06 **Point!**

時折レースを開き、ギャザーの様子を確かめる。完全な均等よりも、少しランダム感があった方が雰囲気が出る

07

中央から端に向かい、両側とも同様に貼る

08

貼り合わせたレースと表胴小の曲線部分を、10mm幅で縫う

09 縫い合わせ、レースを表に返した状態

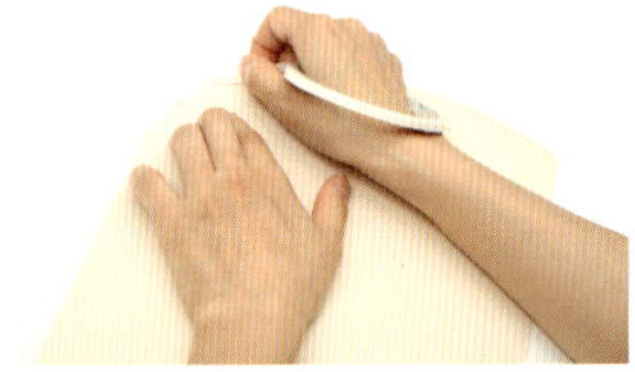

11

表胴大の曲線部分の端に、8mm幅の両面テープを貼る

12

レースを付けた表胴小の裏面に、中央合印を合わせながら表胴大を貼り付ける。10mmずらして貼ること

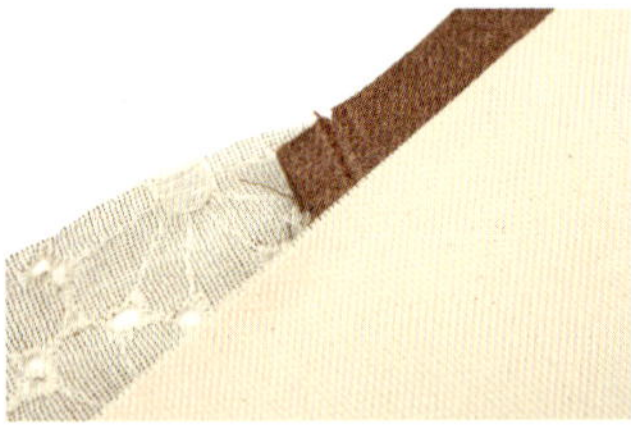

13 Point!

表胴小の両脇には上辺から10mmの位置に合印が付いているので、これを目安にすれば良い

14

レースの部分も、大まかに10mmほどずらして貼る

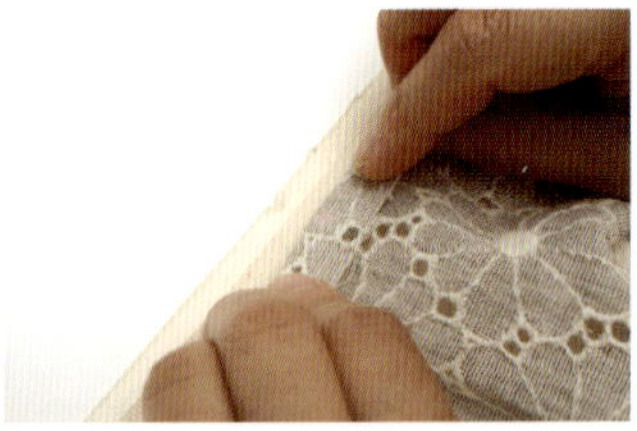

15

レースの中央合印と、表胴大の中央合印を合わせて貼る

16

そこから脇に向かい、裁ち目を揃えて貼り付けていく。レース側が少し余るので、緩やかなギャザーを付けて自然に貼る

17 Point!

曲線が内側にカーブする端から10cm程度の範囲は、裁ち目を揃えずにレースを飛び出させて貼っていく

18

このように、レースの角を三角形に余らせ、端まで貼り付ける

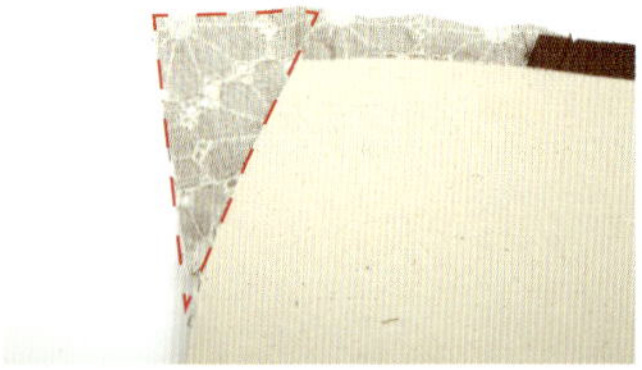

19

貼り合わせた角を裏から見た状態

20

飛び出したレースは、表胴大の裁ち目に沿って切り落としておく

21

同じ作業をもう一方のパーツでも行ない、2枚の表胴を作っておく

④表マチを作り底芯を付ける

表マチB（帆布）に表マチA（レース）を貼り付けたら、中央で縫い合わせ通しマチにします。レースの方が10mm長いので注意してください。通しマチ裏面の中央には、底芯を取り付けておきます。

01

表マチB（帆布）2枚、表マチA（レース）2枚、底芯を用意する

02

表マチB（帆布）全ての端の表側に、5mm幅の両面テープを貼る

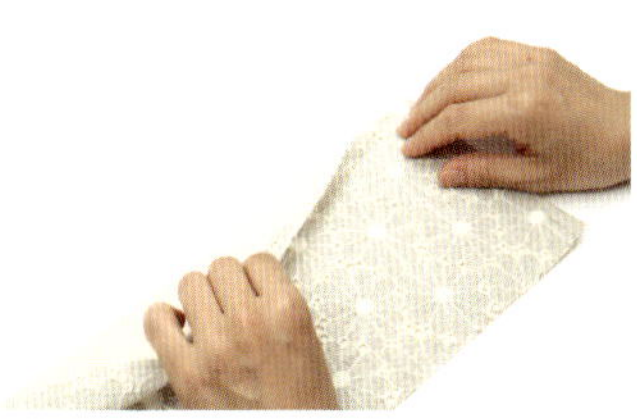

03

裁ち目を揃えて帆布とレースのマチを貼り合わせる

04 Point!

このとき、レースの片側を10mm飛び出させておく

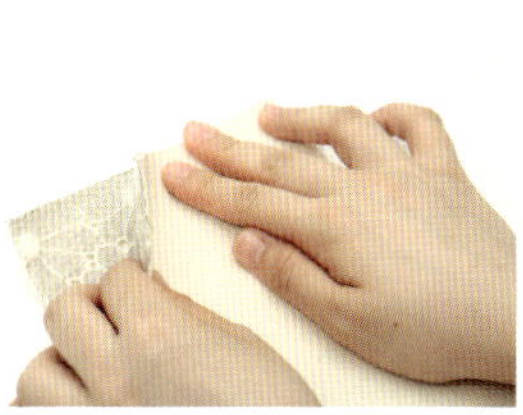

05

反対側の裁ち目を揃え、2組のマチを中表で重ね合わせる

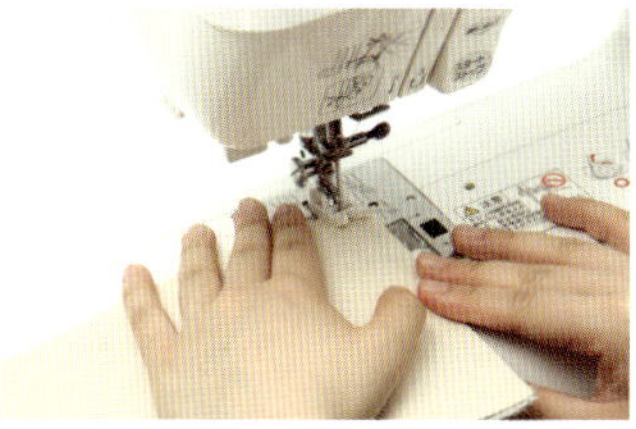

06

05の部分を10mm幅で縫い合わせる

07

縫い代を割って貼り付ける

08

つなぎ目の中央に、底芯の幅と同じ長さの8mm幅の両面テープを貼り付ける

09

底芯の中央合印と縫い目を合わせて貼り付ける。両辺に10mmずつ隙間を空けること

10

つなぎ目の両脇、つなぎ目から2.5mm離れた位置にステッチを掛ける

11

ステッチを掛けた状態

12

ステッチを裏側から見たところ

⑤表袋を作る

別々に作っておいた表胴2枚と通しマチを組み合わせ、表袋を作ります。

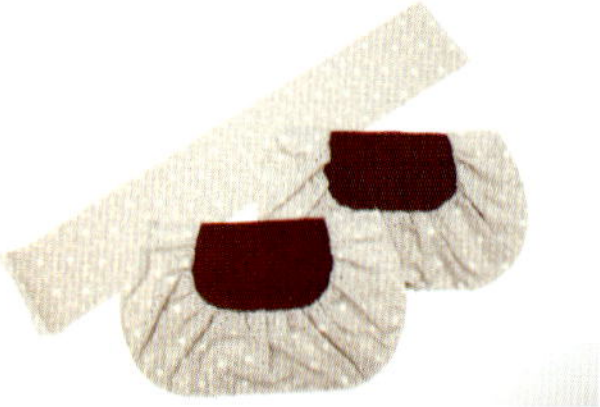

01

表胴2枚、通しマチを用意する

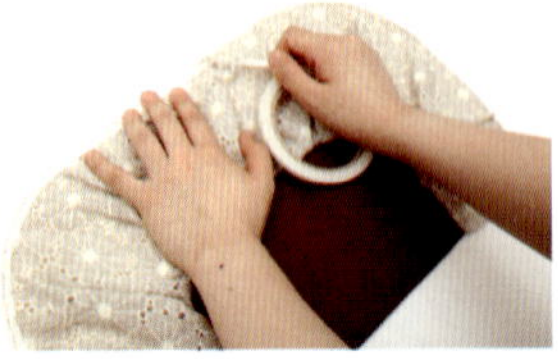

02

表胴の縫い代に5mm幅の両面テープを貼る

03

中央合印と通しマチの縫い目を合わせて貼り始める

04 Point!

角は、両パーツとも10mm飛び出させたレースの部分まで貼り合わせること

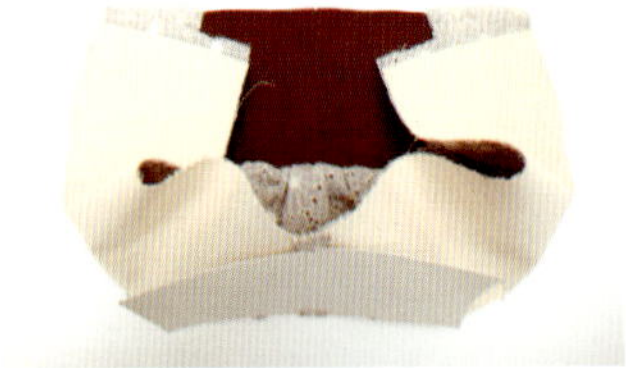

05

前胴と通しマチを貼り合わせた状態

06

10mm幅で縫い合わせる

07

縫い合わせた状態

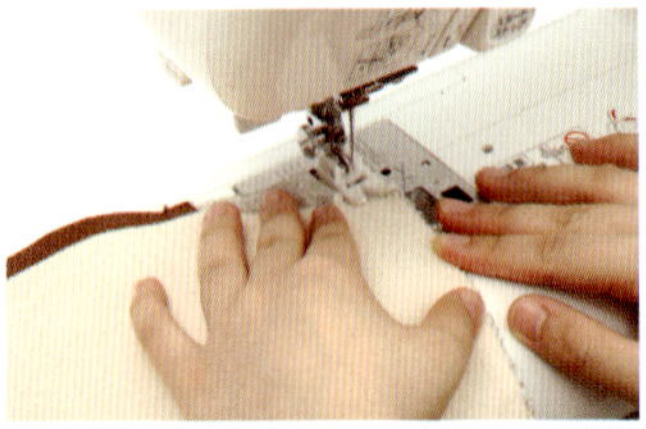

08

もう一方の表胴も同様に貼り、縫い合わせる

09

2枚の表胴を縫い合わせ、袋になった状態

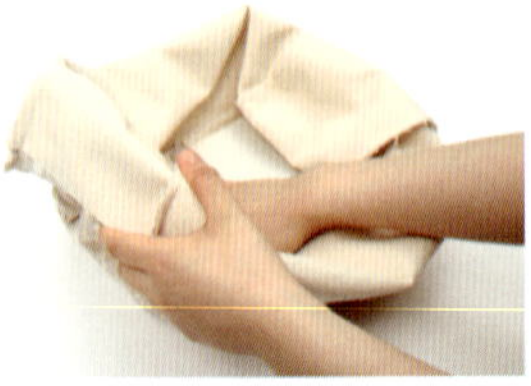

10

裏返す

11

完成した表袋

⑥持ち手を作る

2枚の持ち手パーツを貼り合わせ、型紙通りに切り出したら、縦半分に折って縫い合わせます。
持ち手は手縫いで仕上げます。

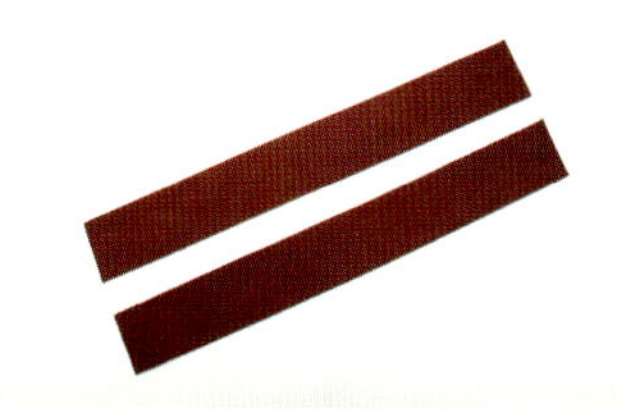

01
型紙よりも大きめに切り出した持ち手2枚を用意する

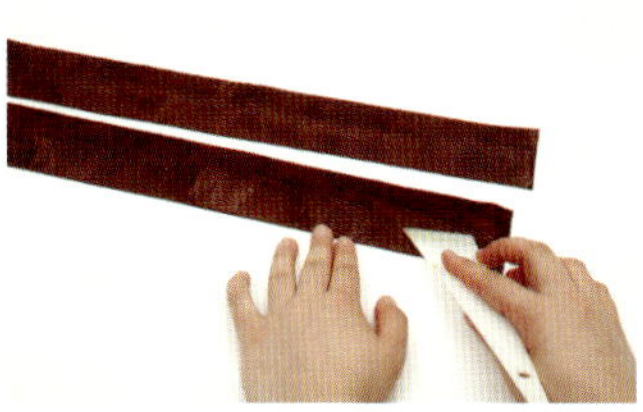

02
トコ面全体にゴムのりを塗る。厚塗りにならないよう注意

03
ローラーで全体をしっかりと圧着する

04
型紙通りに切り出す

05
型紙に記載されたカシメの取り付け穴、及び縫い穴の位置を革に写す

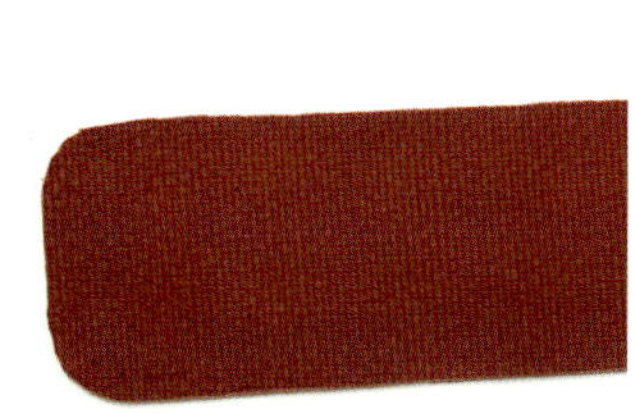

06
穴の印を写し終えた状態

07
縫い穴の印が付いている位置に5mmピッチの菱目打ちを合わせ、プラスチックハンマーで打って穴を空ける。空け方は下で解説

08
縫い穴が空いた状態

memo
菱目打ちの基本的な使い方
　下にはゴム板を敷きながら、垂直に持って先端の刃を革に当て、上からハンマーで叩いて穴を空けます。型紙も5mmピッチの菱目打ちに合わせた設計になっているので、穴の間隔も揃うはずです。次のことに注意してください。

直線部は、刃が4本付いた菱目打ちを使うと穴の並びがガタガタになりにくい

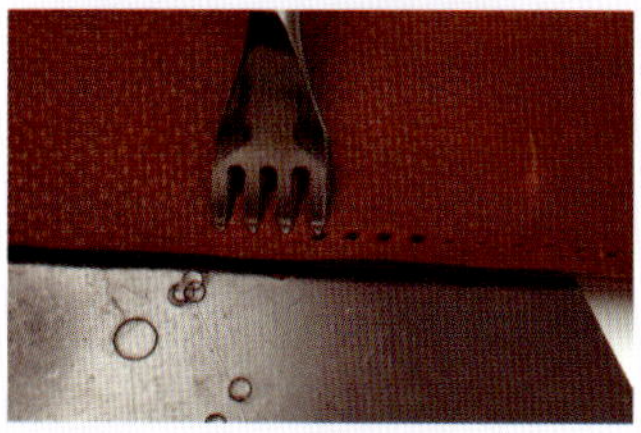

さらに、ひとつ手前の穴に端の刃を重ねるようにすると、並びも間隔も揃いやすくなる

曲線は、小回りが効く刃が2本の菱目打ちを使って穴空けする

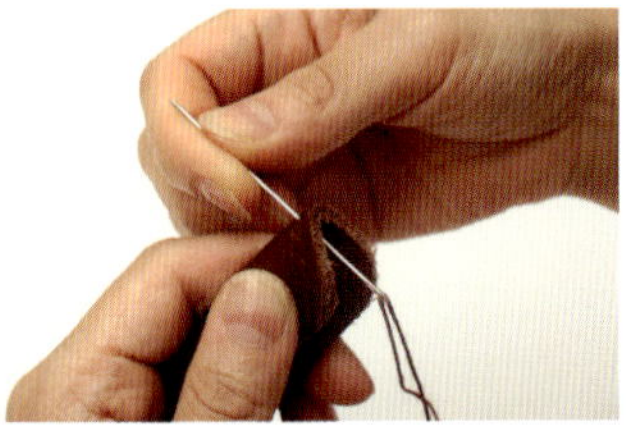

09

糸の片側を玉結びし、もう一方の先端に手縫い針を取り付けたら、縦半分に折った内側から、折り目の隣の縫い穴に針を通す

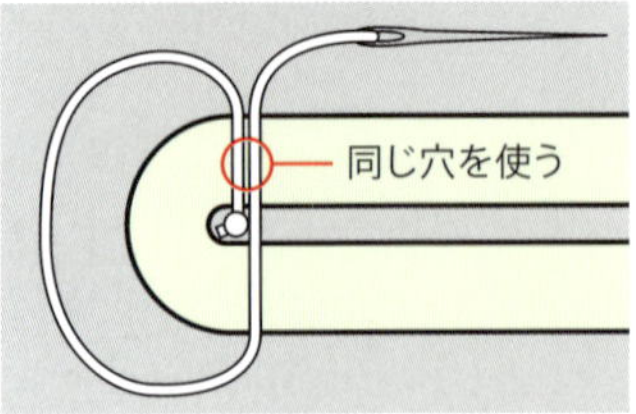

10

縫い始めの糸の通し方

11

その後は、布を縫うのと同じように並縫いで縫い進めていく

12

端の穴まで縫ったら、縫い始めと逆の手順で折り目の隙間から針を出す

13

なるべく根本で玉止めする。まだ針は外さない

14

最後に通した穴（折り目の隙間から引き出した穴）の向かい側の穴に、隙間の中から針を通す

15

糸を引き、穴のギリギリでカットしておく。これで玉止めが隠れる

16

持ち手を縫い合わせた状態

17

φ2.5mmのハトメ抜きで、両端にそれぞれ2つ、計4つの穴を空ける。穴位置は型紙に記載

18

革のコバにはトコノールを塗り、指や布で磨くことで毛羽立ちを抑えておく

19

同様の手順で、もう一方の持ち手も作る

⑦表袋に胴芯・持ち手・ホックを付ける

表袋の内側に胴芯を貼り付けたら、上辺を10mm幅でヘリ返します。また、胴にハトメ抜きで穴を空け、持ち手をカシメで取り付けたら、マチ両側面の中央にバネホックを取り付けておきます。

01

表袋、胴芯2枚、持ち手2本、玉カシメとアタマ8セット、バネホック2セットを用意する

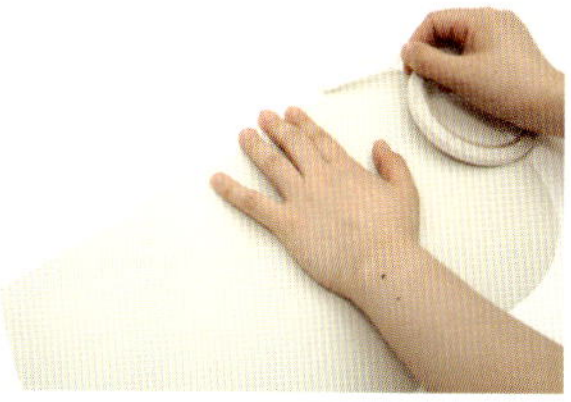

02

胴芯上辺の直線部分に両面テープを貼る

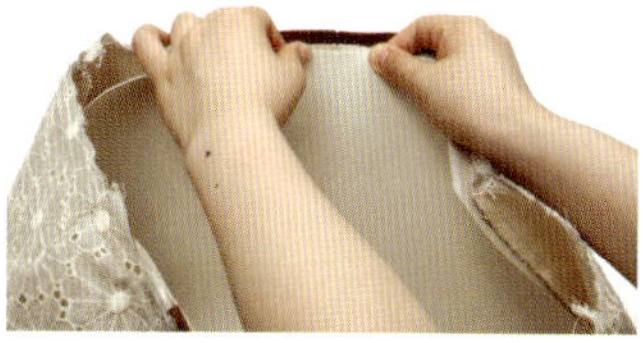

03

表胴の内側に、中央合印を合わせて胴芯を貼り付ける。このとき、上辺から10mm空けるので、帆布の裁ち目と揃うことになる

04

表胴小（革のパーツ）の角は帆布と重なって厚みが出るので、45°の角度でカットし、少しでも厚みを抑えておくと良い

05

表胴内側の上辺に両面テープを貼る

06

10mm幅でヘリ返す。帆布の裁ち目に沿って折り返すことになるので、折り目の中に隙間ができないように注意すること

07

φ2.5mmのハトメ抜きで、胴に持ち手を取り付けるための穴を空ける。胴芯も同時に貫くことになる

08

胴の片面に4つの穴が空いた状態

09

片面に4つ、全体で計8つの穴を空ける

10

玉カシメの足を持ち手の穴と胴の穴に差し込んでつなぐ。足の裏側にはアタマを差し込む

11

裏側のアタマは潰れて平らになっても良いので、打ち台の平らな面に載せ、プラスチックハンマーで打つ

12

全てのカシメを、手で回転させても動かないようにしっかりと固定する

13

通しマチの両脇に、バネホックを取り付けるための穴を空ける。計4つ

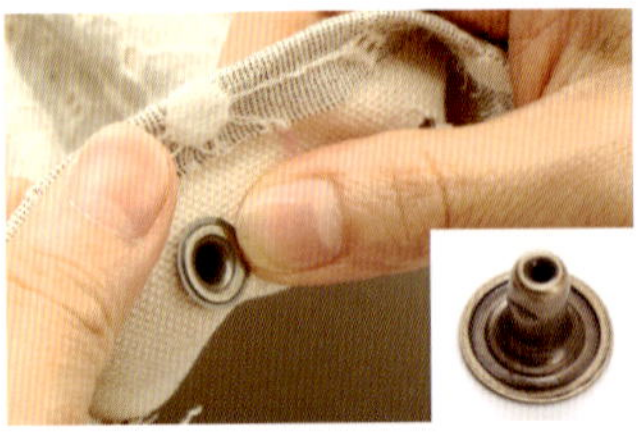

14 **Point!**

まず、穴の裏側から「ホソ」を差し込む

15

打ち台の平らな面を台にし、ホソを差し込んだ部分を置く

16

ホソの先端に、「ゲンコ」を被せる

17

ゲンコ用ホック打ちをゲンコに当て、プラスチックハンマーで打って固定する。一度ではなく、何度かに分けて打つと良い

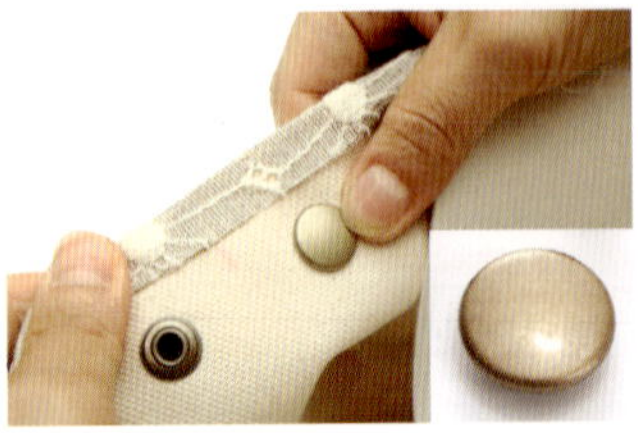

18

対になるもう一方の穴には、裏側から「アタマ」を差し込む

19

アタマは、打ち台の大きさが合うくぼみにはめ込んで打ち付ける。こうすると変形しにくい

20

アタマの裏側には、「バネ」を組み合わせる。アタマの足がバネの中央の穴に差し込まれる格好

21

バネ用ホック打ちの先端をバネの窪みに差し込み、打って固定する

22

バネ、ゲンコ、両方とも手で回転させても動かないくらいしっかりと固定する

23

裏側から見たところ。反対側のマチにも取り付ける

24

胴の両面に持ち手を取り付けた状態

⑧表袋と内袋を縫い合わせる

表袋の中に内袋を収め、口周りを縫い合わせます。見返しはヘリ返したりせず、表袋の上辺とぴったり揃えて貼り合わせてください。また、革とレースのつなぎ目で糸の色を変えて縫います。

01

表袋と内袋を用意する

02

表袋の口裏に一周、8mm幅の両面テープを貼る

03

このとき、縫い合わせた後に外から見えないよう、天から3mmほど隙間を空けること

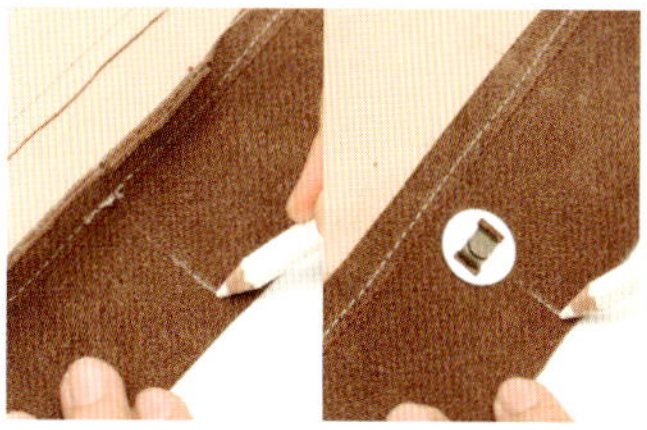

04

見返しの裏側（革のトコ面）は、中央合印を上辺側に写しておく

05

中央合印を合わせ、上辺を揃えて貼り合わせる

06

側面のマチ部分は、見返しのつなぎ目がバネホックのちょうど真ん中にくるように貼り合わせる

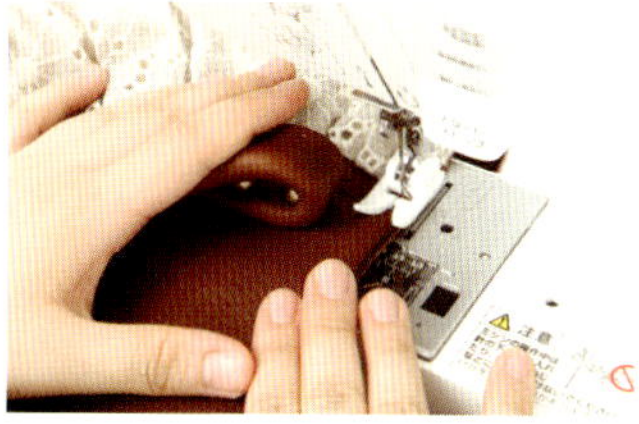

07

裏胴の革パーツの端から縫い始める

08

革パーツを縫う間は、革に合わせた色の糸を使う

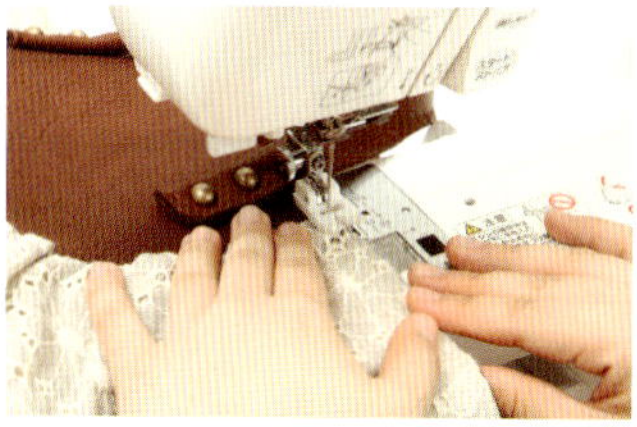

09 **Point!**

革の反対側まで縫い進めたらミシンを止め、糸を取り替える

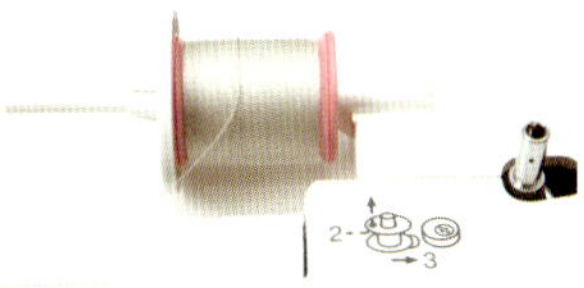

10

今度はレースに合わせた色の糸を使って縫っていく

11

これを繰り返し、口周りを一周縫い合わせたら完成

Practice 4-2

横マチの カブセ付きバッグ

横マチタイプの本体に、カブセを取り付けたバッグです。
構造はさほど難しくありませんが、様々な革パーツを取り付けるため、
組み立て手順をしっかりと追ってください。

仕上がり寸法

高さ 約25cm、横幅 約35cm、
奥行き 約11cm

最大重ね合わせ枚数

最大 **8枚** 開口部、縫い代の重なり

用意する素材と金具

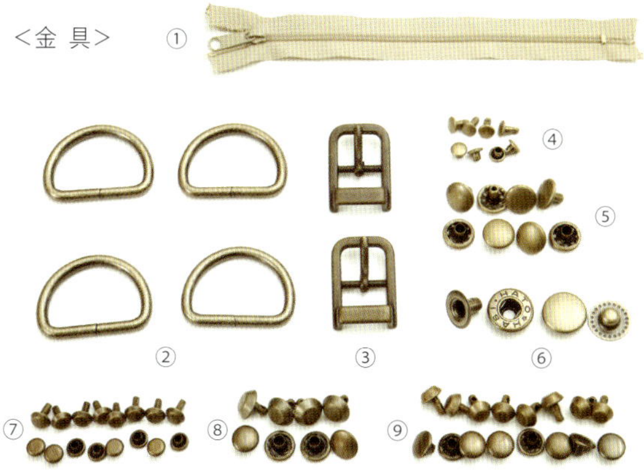

①ツイード※裏にスプリトップタック0.4mm厚を貼ったもの　表胴 1枚、表マチ 2枚　**②綿ツイル**　裏胴 1枚、裏マチ 2枚、ポケット 2枚
③バイリーン　胴芯（0.6mm厚）2枚、底芯（0.8mm厚）1枚
④牛革（1.2mm厚）　カブセ 1枚、持ち手 4枚、帯表 2枚、帯裏 2枚、横マチベルト 剣先側 4枚、美錠側 2枚、ベロ 2枚

①ファスナー（200mm）　②Dカン（幅30mm）4個　③美錠（幅15mm）2個
④小カシメ 4セット　⑤特大カシメ（φ11mm）4セット
⑥バネホック（φ15mm）1セット　⑦フジタカ小&アタマ 8セット
⑧フジタカ大&アタマ 4セット　⑨フジタカ中&アタマ 8セット

布目線方向

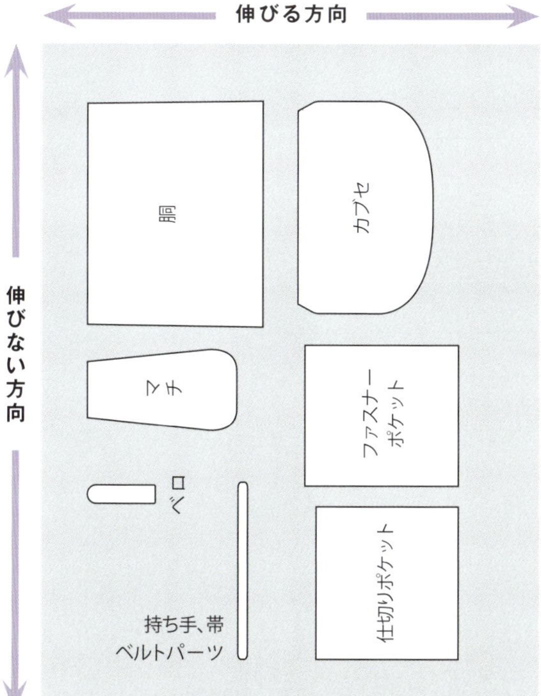

※革のパーツの場合は繊維方向を伸びない方向と考える。
また、芯の向きは掲載していない

ワークフロー

①内袋を作る

②持ち手と帯を作る

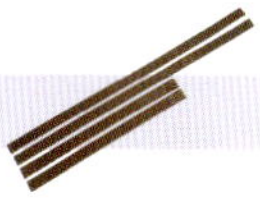

③横マチベルトとベロを作る

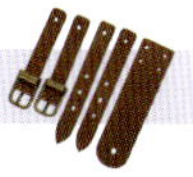

④表袋を作る

⑤表袋に芯と革ベルトを付ける

⑥本体を縫い合わせ、持ち手とベロを付ける

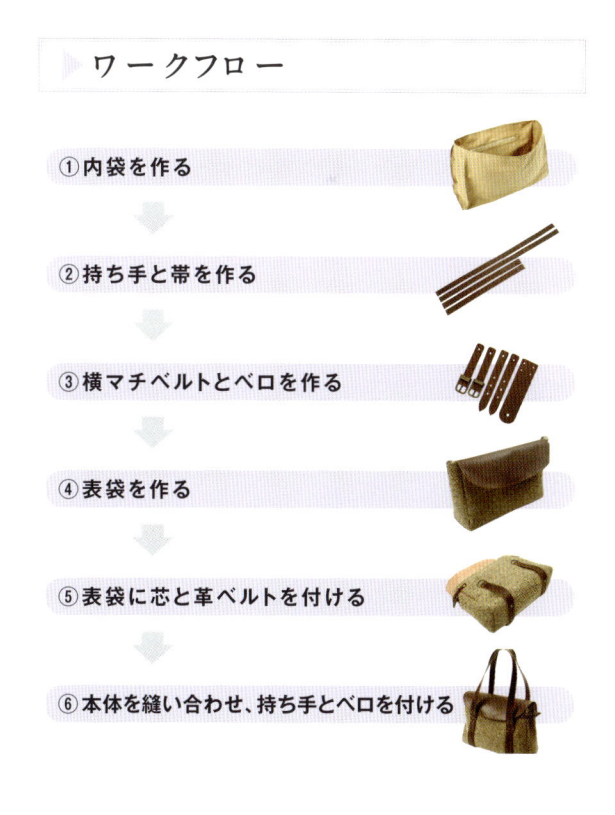

注意：特に指示のない縫い始め、縫い止まりは、3目程度返し縫いをすること

①内袋を作る

ポケットを付けた裏胴の両脇に裏マチを取り付けます。横マチの構造は単純なので、手順は簡単ですが、縫い代のカーブがきついので、シワが寄らないよう注意してください。

01
裏胴、ポケット2枚、ファスナー、横マチ2枚を用意する

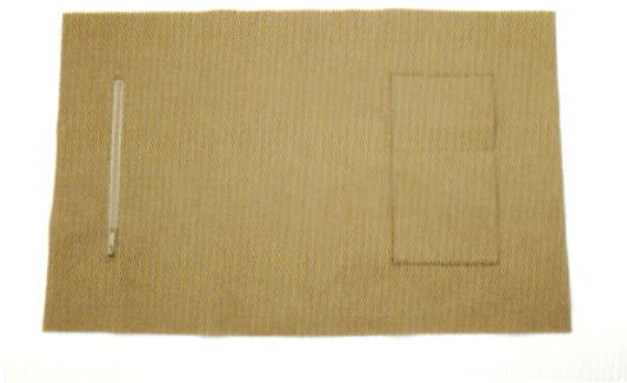

02
裏胴の片方にファスナーポケット(→P.78)、もう一方に仕切りポケット(→P77)を取り付ける

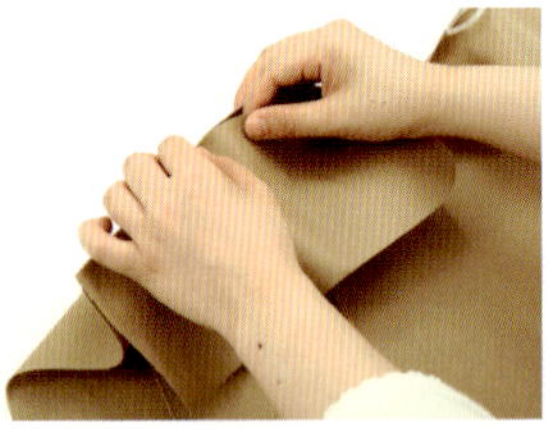

03
中表で横マチを貼っていく。まず直線部分(カーブと直線の境目に付けられた合印を目印にする)のみ貼り付ける

04
すると、曲線部分に大きなシワができるので、これを均等に貼り付ける

05 **Point!**
カーブを貼り合わせた状態。裁ち目付近に少しシワができるが、縫い線(端から7mm)にシワがかかっていなければ、表には影響しない

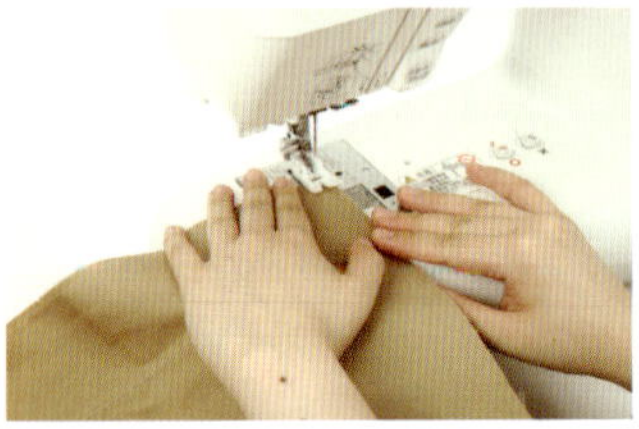

06
貼り合わせた部分を7mm幅で縫い合わせる

07
縫い合わせた状態

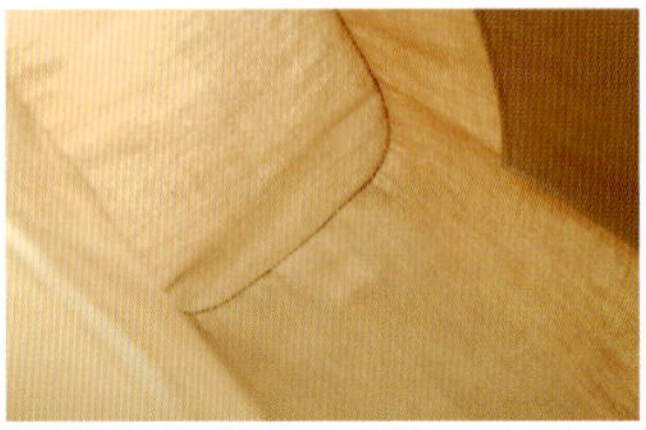

08
表(内)側から見ると、縫い目にはシワができていないことがわかる

09
口周りを外側にヘリ返すので、上辺に沿って8mm幅の両面テープを貼る

10
縫い代は、横マチ側に倒して貼ると良い

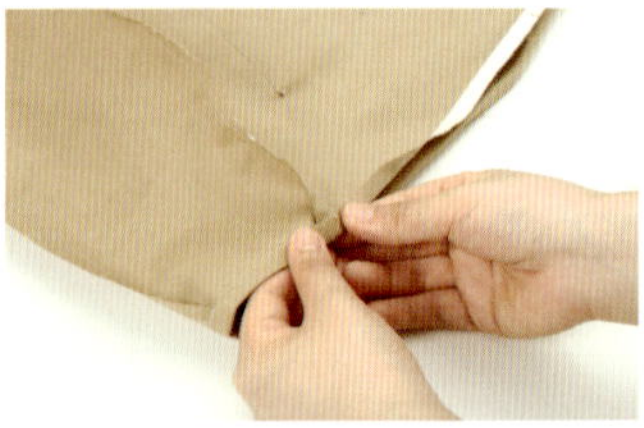

11
口周りを10mm幅でヘリ返す

12
完成した内袋

②持ち手と帯を作る

持ち手、そして持ち手とつながって本体に巻き付くように取り付けられる帯を作ります。2枚の革パーツを貼り合わせ、カット、穴空けをするだけですが、帯は寸法が異なるので注意しましょう。

01

持ち手4枚、帯表2枚、帯裏2枚を用意する。幅は両脇10mm程度ずつ大きめに切り出している

02

帯表（長い方）には、両端から30mmの位置に線を引いておく

03

その線が折り目になるので、これをまたぐように伸び止めテープを貼る

04

帯表は折り目の線よりも内側、持ち手と帯裏（短い方）は全面にゴムのりを塗る

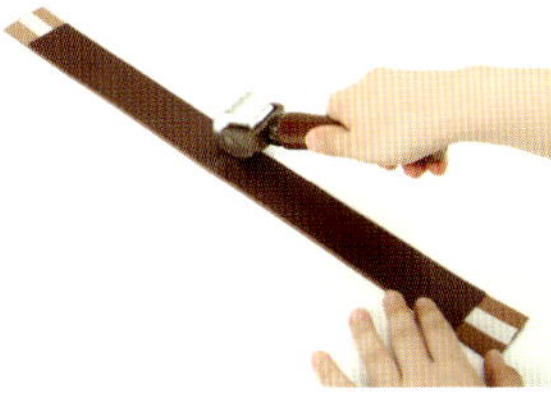

05

帯表の線の内側に帯裏を貼り付け、しっかりと圧着する。持ち手は2枚ずつ貼り合わせ、同じように圧着する

06

幅を正寸に揃えるために、まずは片側を直線にカットする

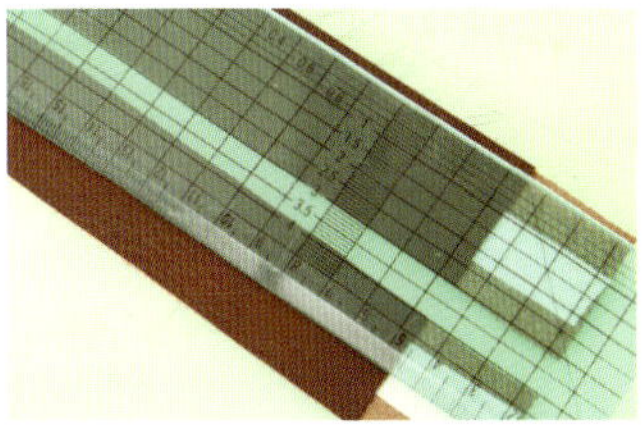

07

カットして直線になった方から30mm幅を測り、反対側も直線でカットする。革を2枚並べているのは、定規を安定させるため

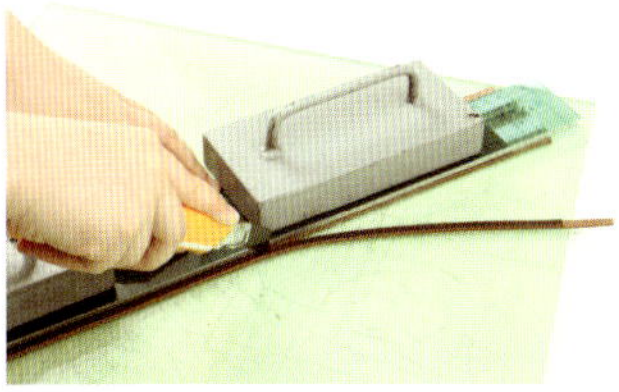

08

定規を押さえながら、もう片側を直線にカットする。これで帯が幅30mmに揃う

09

持ち手も、同様に直線にカットする

10

さらに、持ち手は両端をカットして直角に揃える。長さを720mmにすること

11

周りを一周2.5mm幅で縫ったら、両パーツの両端に、カシメを通すためのφ2.5mmの穴を空けておく。配置が異なるので注意する

③横マチベルトとベロを作る

横マチを留めるバックル付きの横マチベルト、口を閉じるためのベロを作ります。持ち手などと同様、貼り合わせ、カット、穴空けの順に行ないます。ただし、ベルトには美錠の取り付けがあります。

01

横マチベルト（美錠側）2枚、横マチベルト（剣先側）4枚、ベロ2枚、美錠2個を用意する。横マチベルト（美錠側）の幅だけ寸法通りにしておく

02

横マチベルト（美錠側）にピンを通すスリットを空ける。まずは両端にφ3.5mmのハトメ抜きで穴を空ける

03

穴が空いた状態。この穴の端同士をつないで長細いスリットにする

04

穴の間の革を、定規で丁寧にカットする

05

穴をつなげ、スリットにした状態

06

ベルトを美錠に通し、スリットにはピンを通す

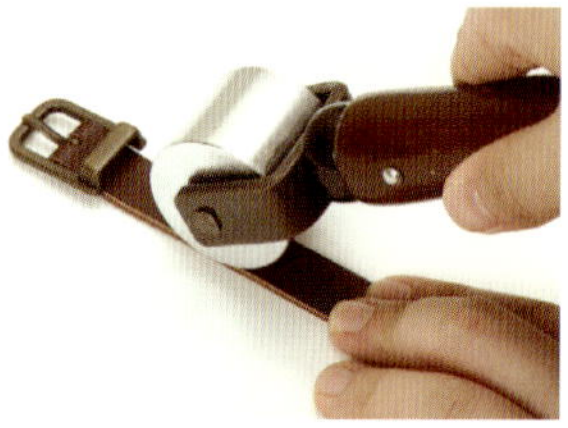

07

トコ面にゴムのりを塗って貼り合わせ、しっかりと圧着する。美錠の軸の周りには塗らなくて良い

08

型紙を当て、先端を形通りに切り揃える

09

端にステッチを掛ける。ただし、美錠のキワはまだ縫われていない

10 Point!

ミシンにファスナー押さえを取り付け、美錠ギリギリの位置に横一直線のステッチを入れる

11

縫い終えた状態

12

φ3mmのハトメ抜きで、本体にカシメで取り付けるための穴を空けておく

13

横マチベルト（剣先側）を作る。まずはトコ面にゴムのりを塗り、貼り合わせてしっかりと圧着する

14

型紙を当て、形通りに切り出す

15

剣先の頂点に、縫う方向を変える目印を付けておく

16

周囲にステッチを掛ける

17

カシメ取り付け用、ピン用の計4つの穴を空けておく。使うハトメ抜きはφ3mm

18

完成した横マチベルト。同じ手順で2組作っておくこと

19

ベロは2枚を貼り合わせ、しっかりと圧着する

20

型紙を当て、形通りに切り出す

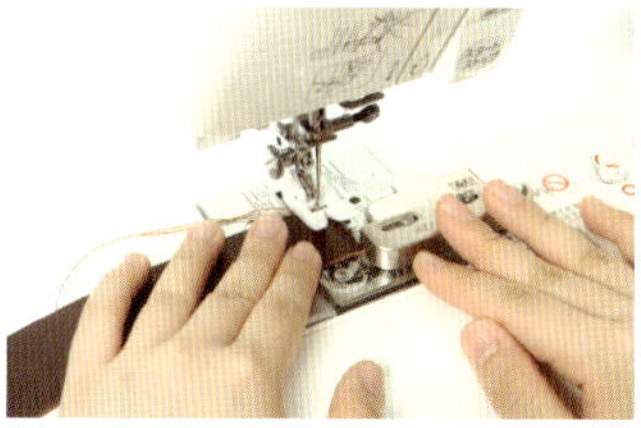

21

横マチベルト（剣先側）と同じ要領で、周囲にステッチをかける。4つ並んだカシメ穴はφ2.5mm、先端のホック穴はφ4mmで空ける

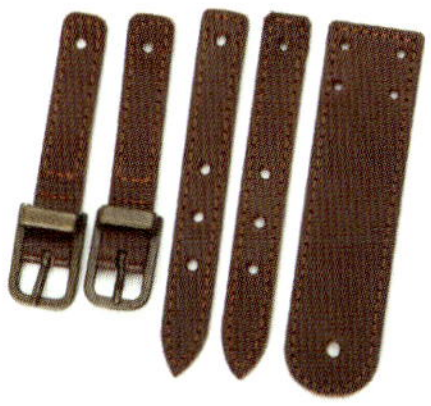

22

完成した横マチベルトとベロ

memo

縫い始める位置について

ここで作っているような、先端がある形は、目立ちにくい根元側の辺から縫い始めましょう。元の辺まで戻ってきたら返し縫いするので、この辺は三重に縫うことになります。

先端の方に縫い止まりがあると、使用中の摩擦も多いのでほつれの原因にもなる

④表袋を作る

背胴側にはあらかじめカブセと胴芯を取り付けておきます。内袋と同じ手順で横マチと組み合わせて表袋を作ったら、最後に上辺をヘリ返しておきましょう。

01

表マチ2枚、表胴、カブセ、胴芯2枚を用意する

02

カブセの上の直線部以外にステッチを掛ける

03

このとき、縫い付け合印から縫い始めること。反対側の縫い止まりも同様

04 Point!

表胴の背胴側の両脇にある、上端から10mmの合印をつなぐ線に沿って胴芯を貼る。中央合印も合わせること。両面テープは上辺だけ

05

カブセの直線部（付け根側）に、裁ち目から5mmほど隙間を空け、5mm幅の両面テープを貼る

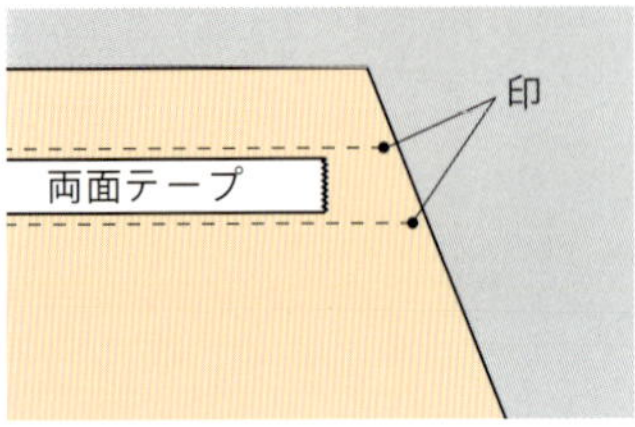

06 Point!

両面テープは、付け根にある2つの縫い線印の隙間にすっぽりと収まる位置に貼る。図の点線の部分が縫い線になる

07

カブセ取り付け位置の合印を定規で結んで固定。そこにカブセの付け根の直線を沿わせれば、正しい位置に取り付けられる

08

カブセの取り付け位置が決まったら、動かさず、押さえたまま両面テープの剥離紙を引き出して貼る

09

カブセ付け根の直線にステッチを掛け、表胴に縫い付ける。ステッチは、合印に合わせて2本かける

10

カブセが付いた状態

11

表胴の裏から見ると、胴芯も同時に縫い付けていることが分かる

12

表胴の両脇に両面テープを貼る

13

横マチと表胴を中表で貼り合わせていく。要領は内袋のときと一緒で、合印を目印に、先に直線部分を貼る

14 **Point!**

最後に、曲線部分にシワがよらないよう、生地を均しながら貼り付ける

15

7mm幅で縫い合わせる

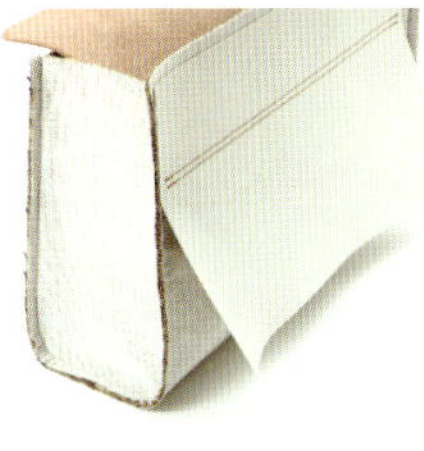

16

縫い合わせたところ

17

表袋を返し、外表にする

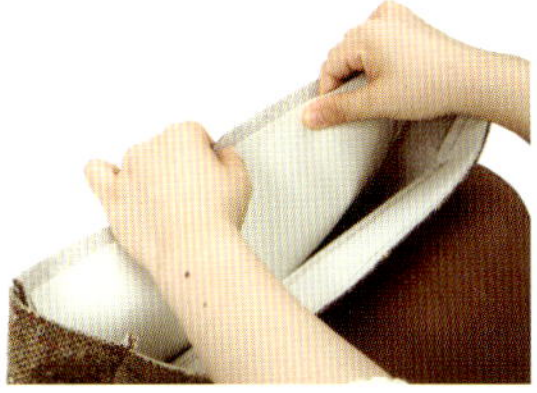

18

両面テープを貼った胴芯を表袋に入れ、合印を目印にして、前胴の上辺から10mmの位置に貼る

19

生地に厚みがあるため、重ね枚数が減るよう胴とマチの縫い代は割っておく

20

口裏の上辺に8mm幅の両面テープを貼り、内側にヘリ返す

21

表胴の完成。口周りの縫い合わせは、後ほど内袋と組み合わせてから行なう

memo

芯材を取り付けるタイミングを見極める

今回、先に背胴側の芯を取り付け、最後に前胴側の芯を取り付けているのには、理由があります。芯材は、内袋をひっくり返したりする作業で折り目やシワが付き、クシャクシャになってしまうので、極力最後に付けたいところですが、背胴側の芯に関しては、カブセと一緒に縫い付ける必要があったため、やむなく先に取り付けました。

このように、構造上の問題などにより、パーツの取り付け順は前後します。バッグの設計図や素材などを考慮し、パーツの組み立て方が頭の中で構築できるようになりましょう。

⑤表袋に芯と革ベルトを付ける

表袋に帯、横マチベルトを取り付けます。また、前者を取り付けるのと同時に、内側で底芯を取り付けておきましょう。固定に使うカシメは、緩みがないようにしっかりと打ってください。

01
底芯、帯、横マチベルト、Dカン4個、フジタカ大&アタマ4セット、フジタカ中&アタマ8セット、特大カシメ4セットを用意する

02
φ2.5mmのハトメ抜きで、底芯に4つのカシメ用穴を空けておく

03
穴を空けた状態

04
本体の胴に、穴位置の印を付ける

05
裏側まで貫通させてはいけないので、表袋の内側にゴム板を入れ、印のちょうど裏側に置く

06
φ2.5mmのハトメ抜きで穴を空ける。同様に、底側にも4つの穴を空ける

07
穴が空いたところ

08
表袋の底に底芯を入れる。4つのカシメ穴が重なるようにする

09
帯を挟み、フジタカ大を表側から差し込む。帯の表裏に注意

10
フジタカの足を底芯の穴にもしっかり通し、カシメのアタマを差し込む

11
内側から打って固定するので、外側のフジタカをゴム板の上に置く

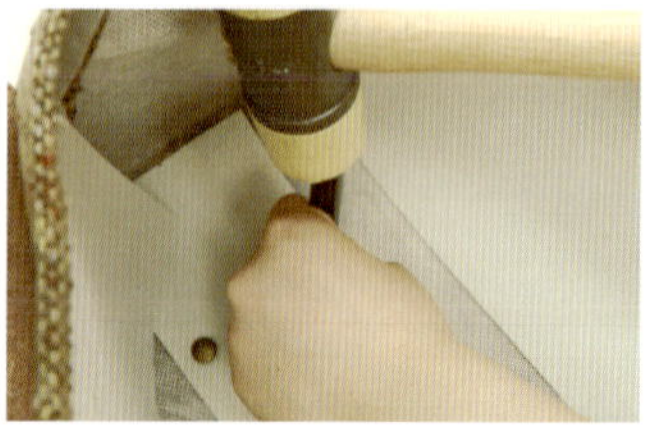

12
表袋の中から、アタマにカシメ打ちを当ててプラスチックハンマーで打つ

13

帯、底芯がフジタカで固定されたところ

14

帯の両辺は、Dカンを通して後ろに折り返し、重なった穴にフジタカ中を差し込む

15

そのまま胴の穴にも差し込み、裏側から足が出たらカシメのアタマを差し込む

16

両方を仮留めし、左右のバランスや角度がずれていないことを確認する

17

外側にゴム板を敷き、中からアタマを金属ハンマーで打って固定する

18 **Point!**

アタマはこのように平らに潰れるが、これによって凹凸が抑えられる

19

横マチベルトは美錠でつなぎ、同時に取り付ける。剣先と美錠を別々に取り付けると、角度やバランスが崩れることがある

20

特大カシメの足を裏側から差し込み、表に出てきた先端にアタマをはめ込んで仮留めする

21

両側を先に仮留めし、バランスが良く、角度が水平になっていることを確認する

22

表袋の内側に平らな金属の打ち台を置き、表側のカシメにカシメ打ちを当てて打ち付ける

23

完成した表袋

⑥本体を縫い合わせ持ち手とベロを付ける

表袋と内袋を縫い合わせたら、背胴側にベロ、前胴側にホックを取り付け、最後に持ち手を取り付けたら完成です。すでにでき上がっているパーツを組み合わせていくだけなので、テンポ良く進めます。

01

表袋、内袋、持ち手2本、ベロ、小カシメ4セット、フジタカ小&アタマ8セット、バネホックを用意する

02

このような生地は表面から合印が見えづらいので、印を付けて少し強調しておく

03

表袋の口裏に、上辺から3mmほど隙間を空けて8mm幅の両面テープを貼る

04

上辺を揃えながら、表袋と内袋を貼り合わせていく。最初に中央合印を合わせる

05

マチのつなぎ目同士も合わせる

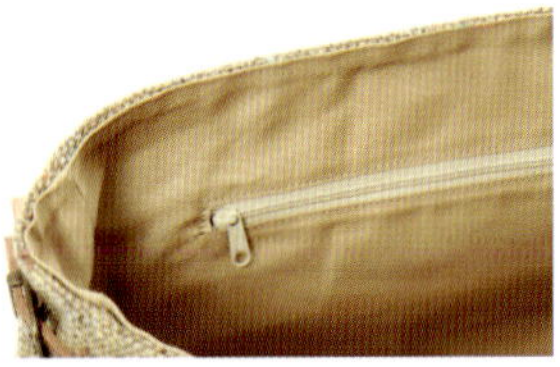

06

貼り合わせた状態

07

口周りを縫い合わせる

08 Point!

横マチを通過する際は、ベルトの美錠を外しておく必要があるので注意

09

完成した本体

10

ベロの先端の穴に、バネホックのゲンコを取り付ける。ベロの表裏に注意

11

ホックを取り付けた状態。表面（ミシンで縫ったときに上の面）にゲンコが取り付けられる

12

背胴の表側にカシメ穴の位置を写し、φ2.5mmの穴を空ける。クリップを使うのは、ハトメ抜きを打つときに内袋がずれないようにするため

13
小カシメの足を差し込み、ベロを本体に取り付ける。表裏に注意。写真で見えている面が裏側にあたる

14
本体の表側から、小カシメのアタマをはめ込む

15
本体表側のアタマを下にして平らな金属打ち台の上に置き、本体内側からカシメ打ちで打つ。アタマは平らに潰れて問題ない

16
前胴にはφ3.5mmの穴を空け、ホックのバネとアタマを取り付ける。バネが内側、アタマが外側になる

17
外側のアタマをオールマイティプレートのサイズが合うくぼみにはめ込み、内側からホック打ちで固定する

18
ホックのバネとアタマを取り付けた状態

19
持ち手を帯のDカンに通し、穴を重ねる。持ち手の表裏に注意

20
表側からフジタカ小、裏側からアタマを差し込み、仮留めする

21
フジタカ側をゴム板の上に載せ、アタマ側を金属ハンマーで打って固定する。アタマは平らに潰れて問題ない

22
持ち手が固定されたところ。ねじれた状態で取り付けてしまわないよう注意すること

型紙の使い方

本書に記載している型紙は、ここ（P160〜P173）と、巻末の折り込み型紙に分かれています。アイテムの一部が別の場所に掲載されている場合があります。パーツはパーツ名のはじめに（4-2）のようにアイテム番号を記載していますので、工程はじめのページで番号を確認し、パーツの数を必ずチェックしてください。

また、型紙中の(わ)の印はその部分で生地を折り返したときに、生地の折り山になる部分です。(わ)という表記のある型紙は、半分、あるいは4分の1の場合がありますので、点線を軸に反転させて左右（もしくは上下）対称に取ってください。薄い生地の場合は、生地を先に折った状態で、生地のわ部分と型紙の(わ)部分を合わせ、裁ち線（一番外側の太線）で裁断すれば、左右対称のパーツを切り出すことができます。革や帆布など厚い生地の場合は、生地をわにせず、型紙を(わ)の点線から反転させ、完全なサイズのものにして、生地と合わせて裁断した方が、正確できれいにカットすることができるでしょう。

型紙の裁ち線上に記載した黒い三角形の合印（▲）は、素材を切り出す際に小さな切り込みを入れ、全て写しましょう。裁ち線から、内側に10mmもしくは7mm幅にある細線までが縫い代です。

型紙はコピーして厚紙などに貼って切り出しておくと、何度も使えるので便利です。コピーするときに若干のズレが生じる場合がありますので、切り出して原本に合わせてみたり、数値が入っている部分は測るなどして確認してください。

ベタ、仕切りポケット共通 ※50%縮小

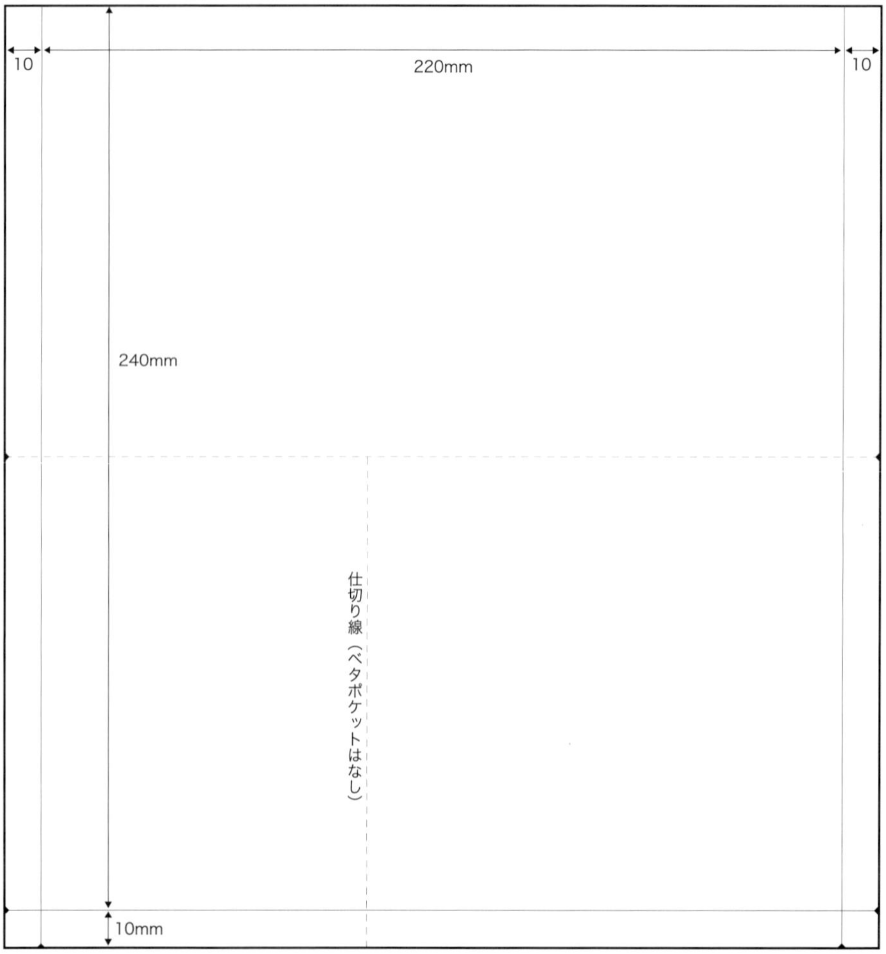

ポケットについて

ポケットは「ベタポケット」、「仕切りポケット」、「タック付きポケット」、「ファスナーポケット」の4種類を紹介しています。どのポケットを採用しても良いので、裏胴パーツに記載しているポケット付け位置を参考してください。ここでは、4種類のポケットを50%の縮小版で掲載しているので、200%で拡大して使用してください。

また、ポケットは各アイテムに最大2つ付きます。内袋の前胴側もしくは背胴側にそれぞれ付くことになりますが、裏胴パーツは型紙がひとつなので、2つ付く場合のポケット位置は重なって掲載されています。1枚の裏胴の生地に2種類のポケット位置を写さないように注意してください。

タック付きポケット ※50%縮小

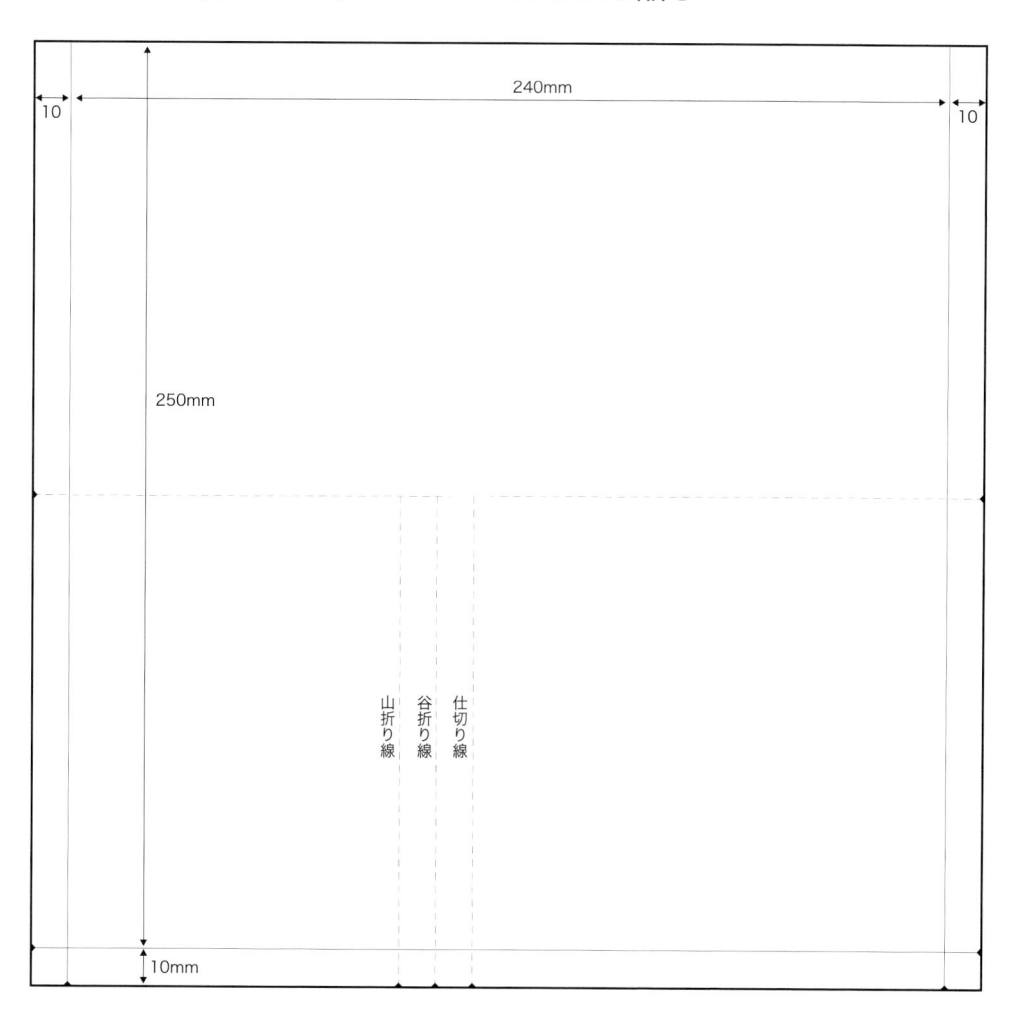

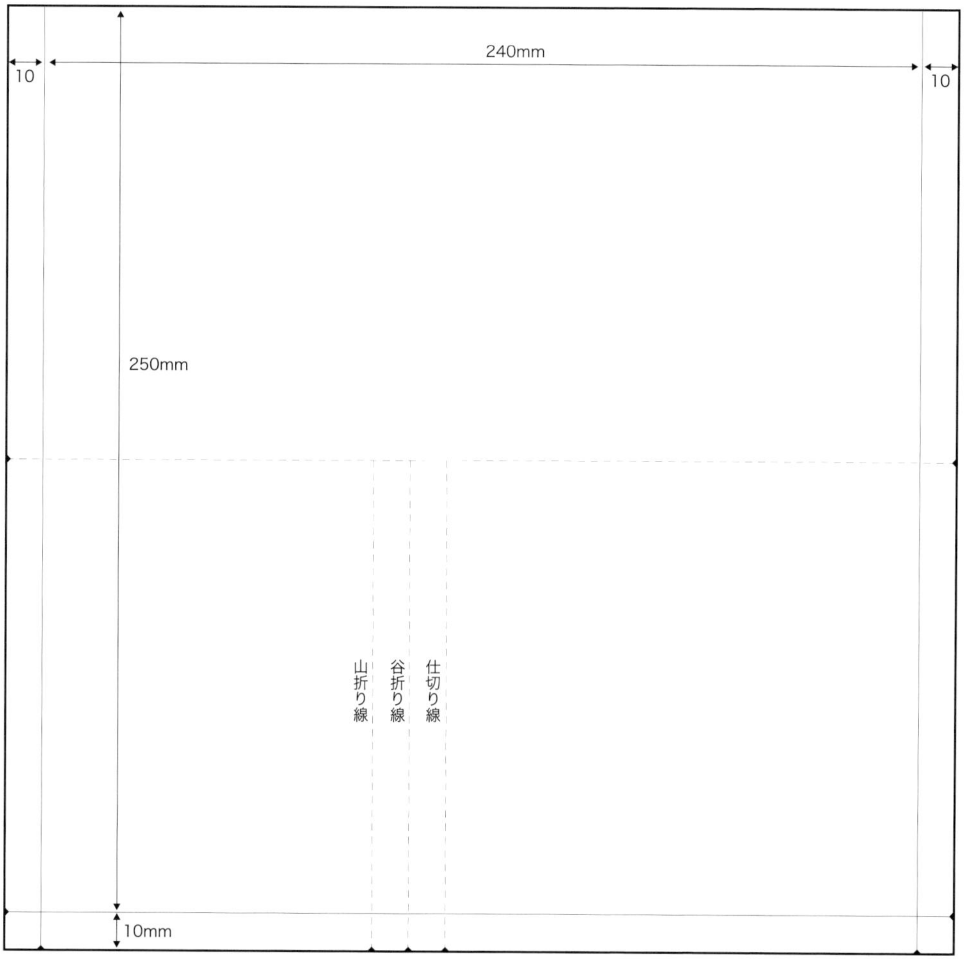

ファスナーポケット ※50%縮小

※このページからは原寸大です

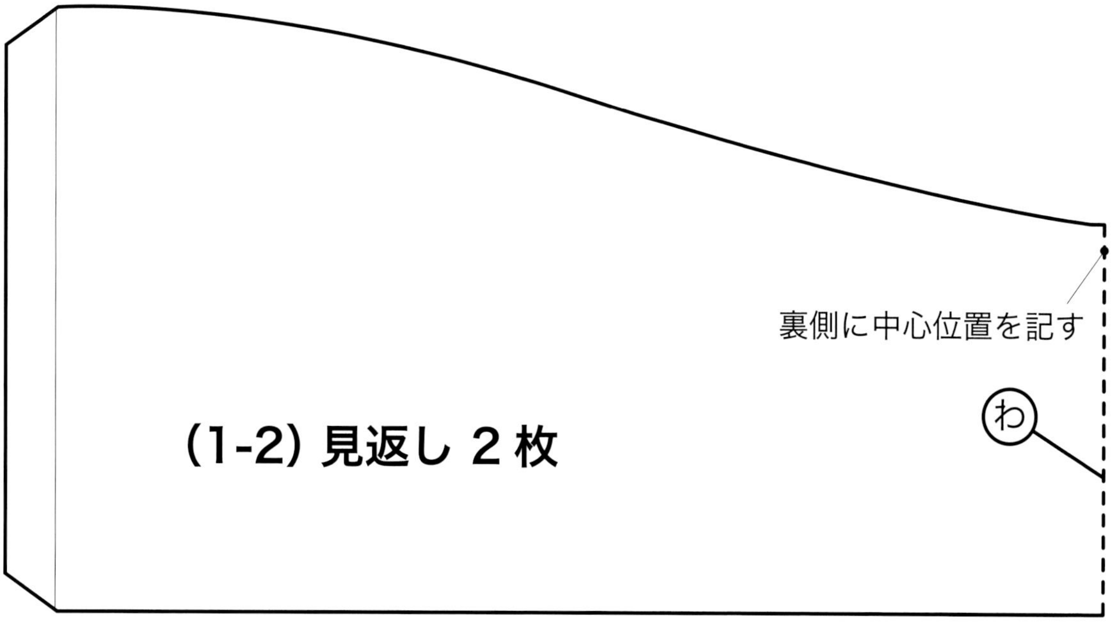

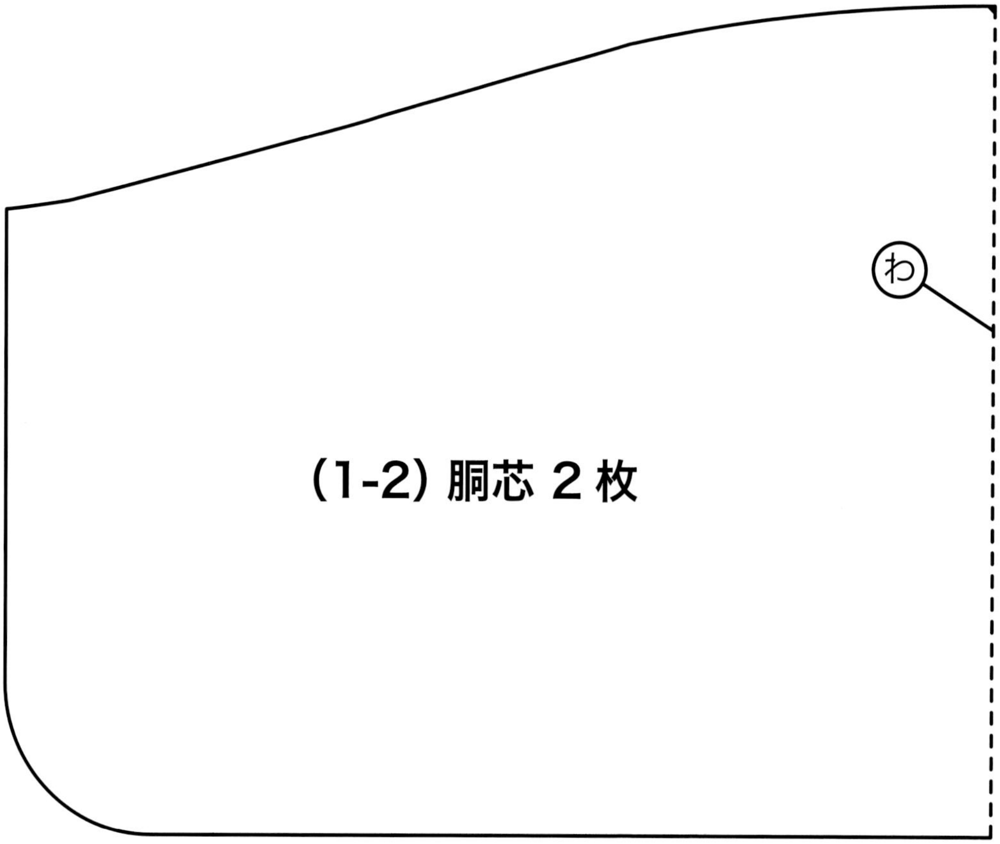

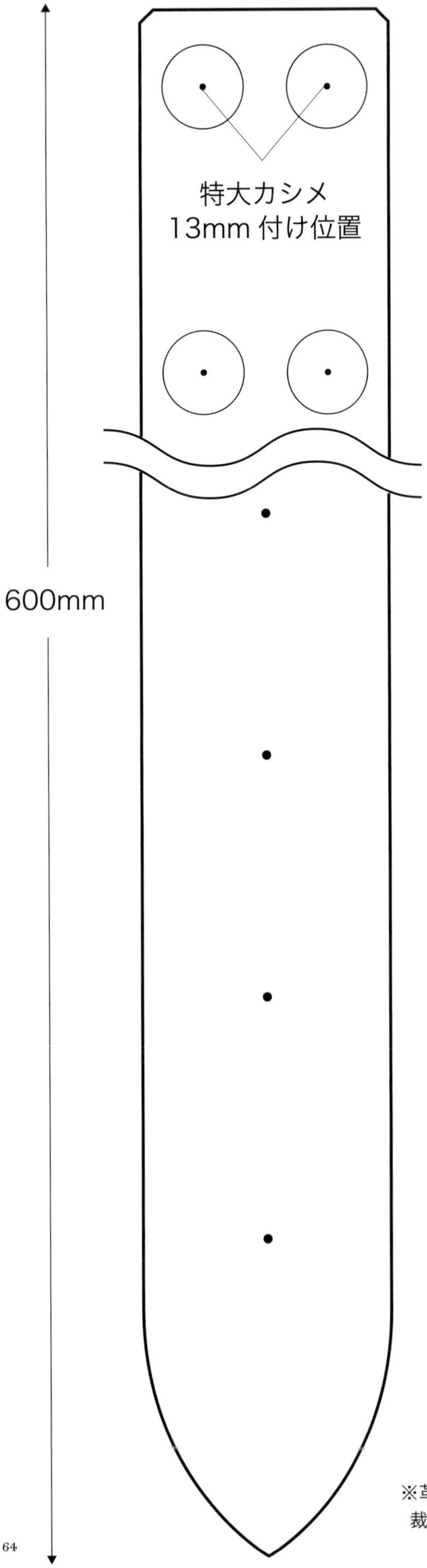

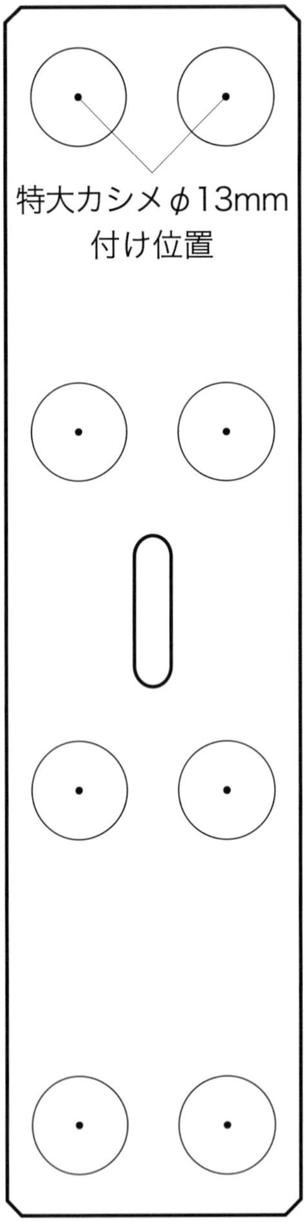

(2-2) 革ベルト
美錠側 1 枚

※革ベルトは 2 枚の革を貼り合わせてから
裁断するので、貼る前は 2 枚荒裁ちする

(2-2) 革ベルト
剣先側 1 枚

※革ベルトは 2 枚の革を貼り合わせてから
裁断するので、貼る前は 2 枚荒裁ちする

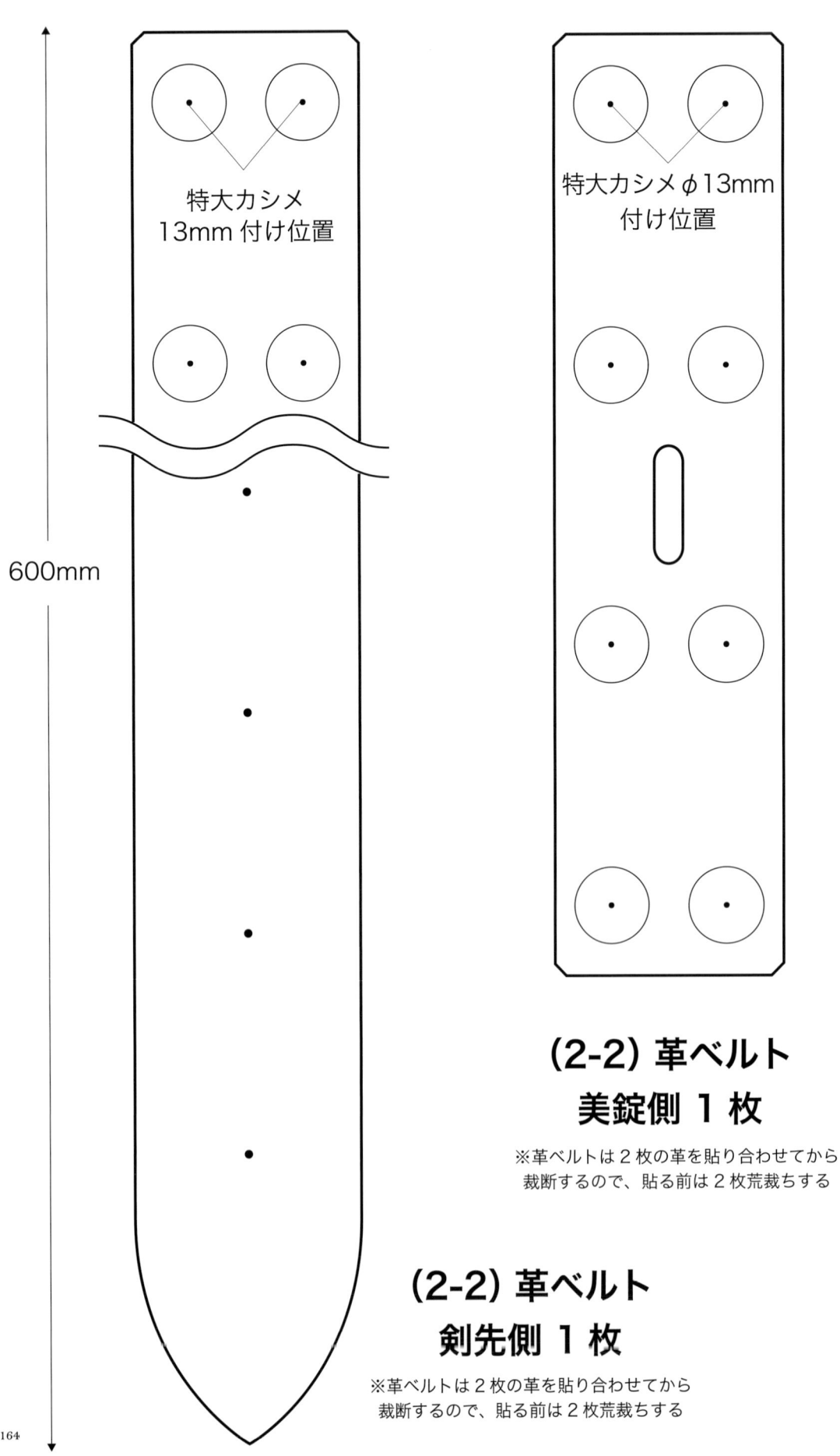

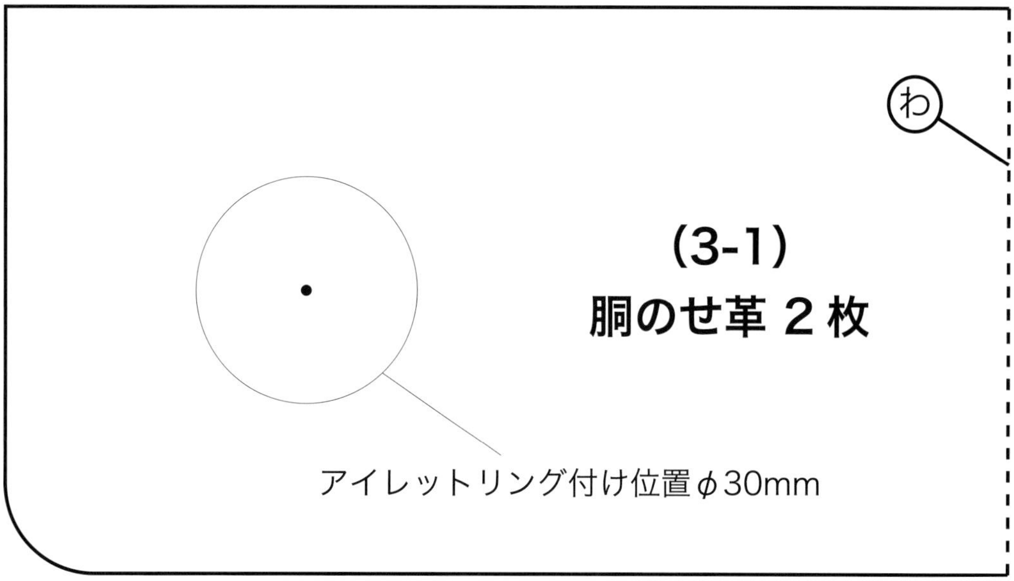
わ
(3-1)
胴のせ革 2 枚
アイレットリング付け位置φ30mm

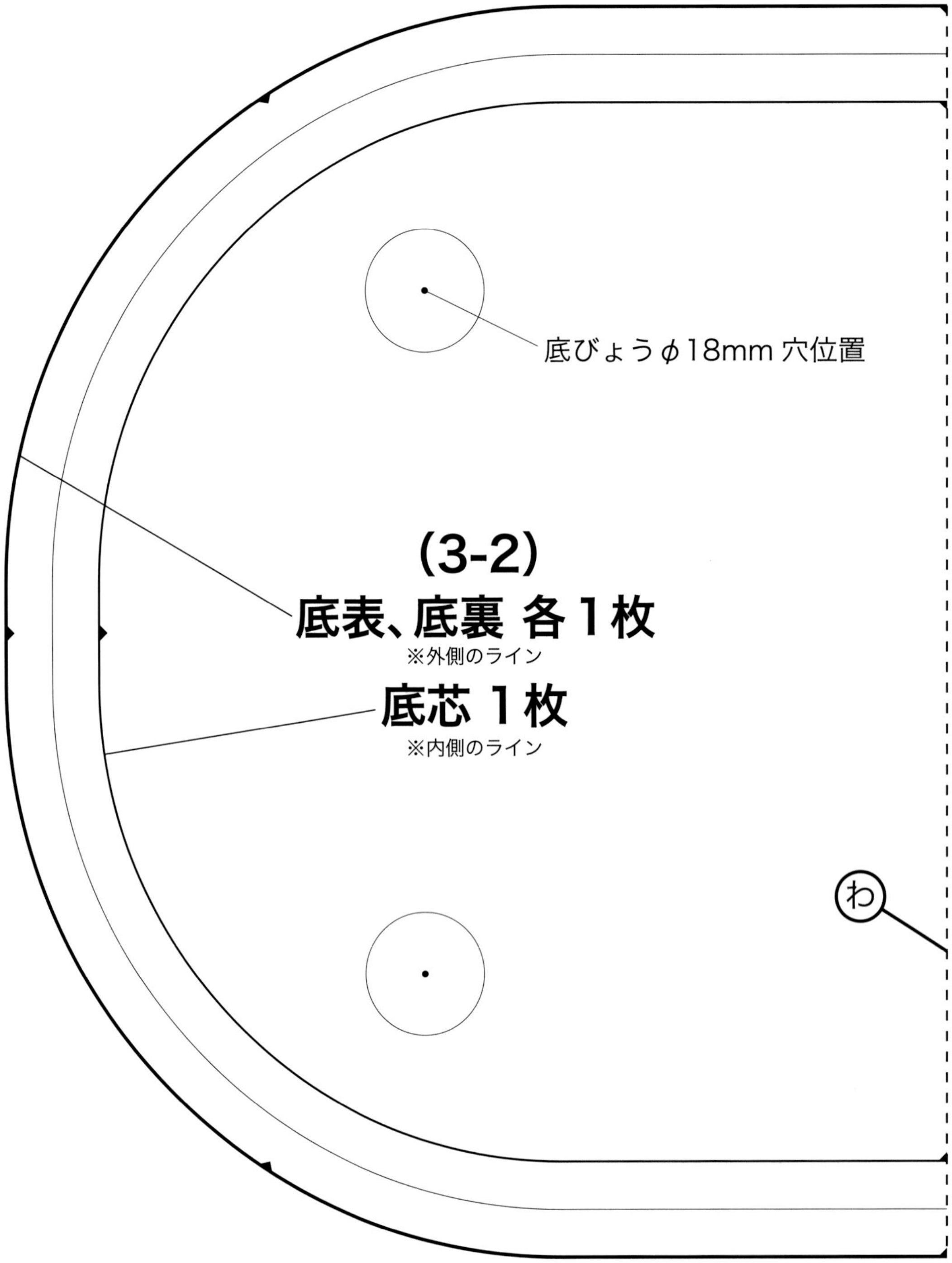

底びょうφ18mm 穴位置
(3-2)
底表、底裏 各1枚
※外側のライン
底芯 1枚
※内側のライン
わ

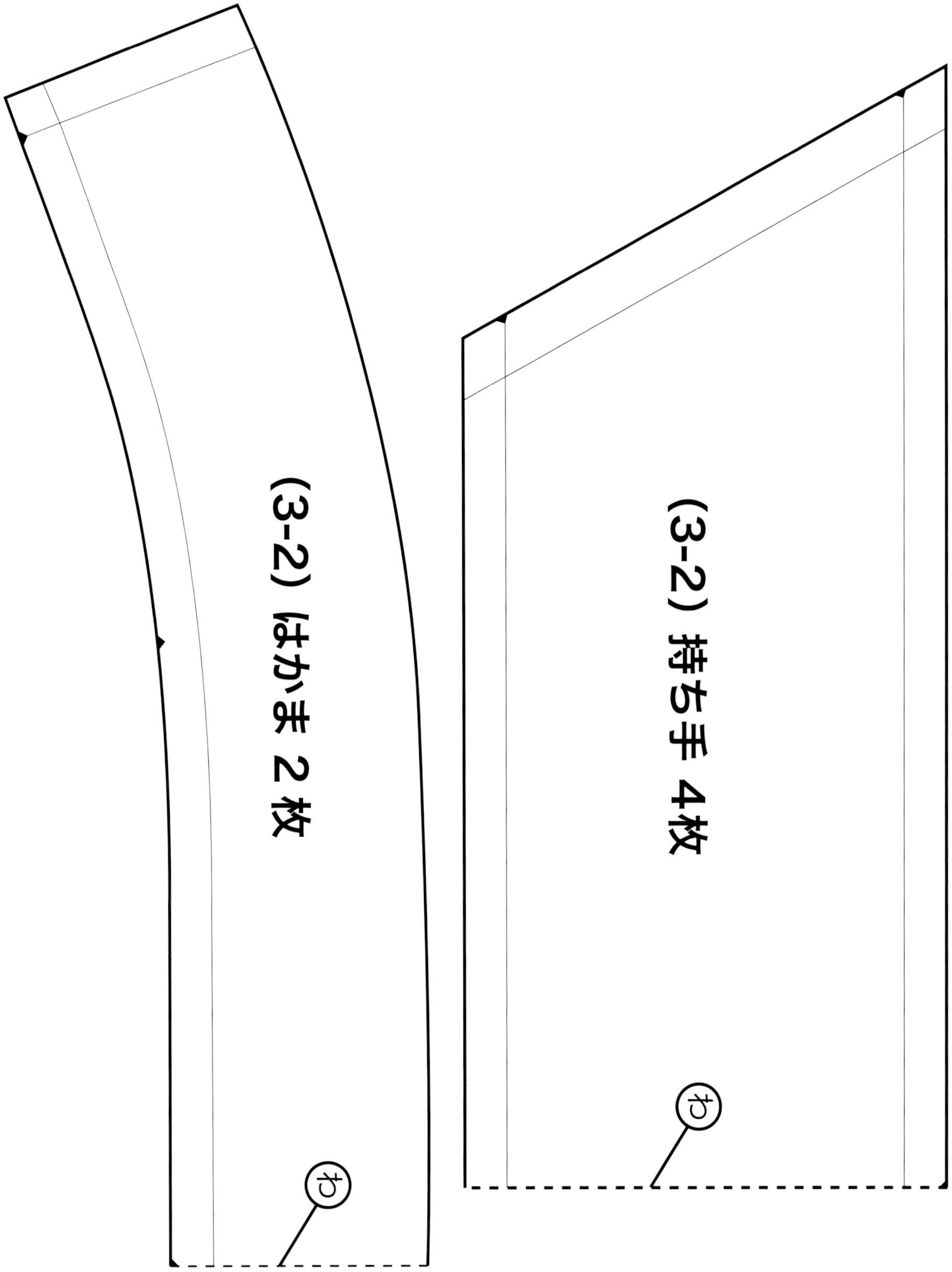
(3-2) はかま 2枚
わ
(3-2) 持ち手 4枚
わ

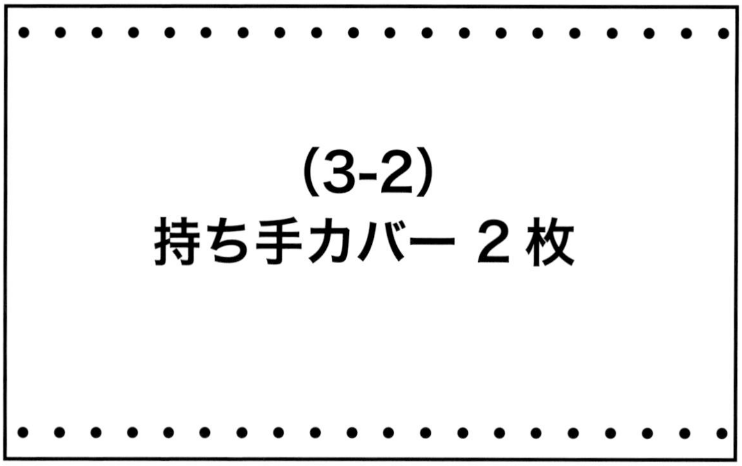

(3-2) マグネットホック台座 2 枚

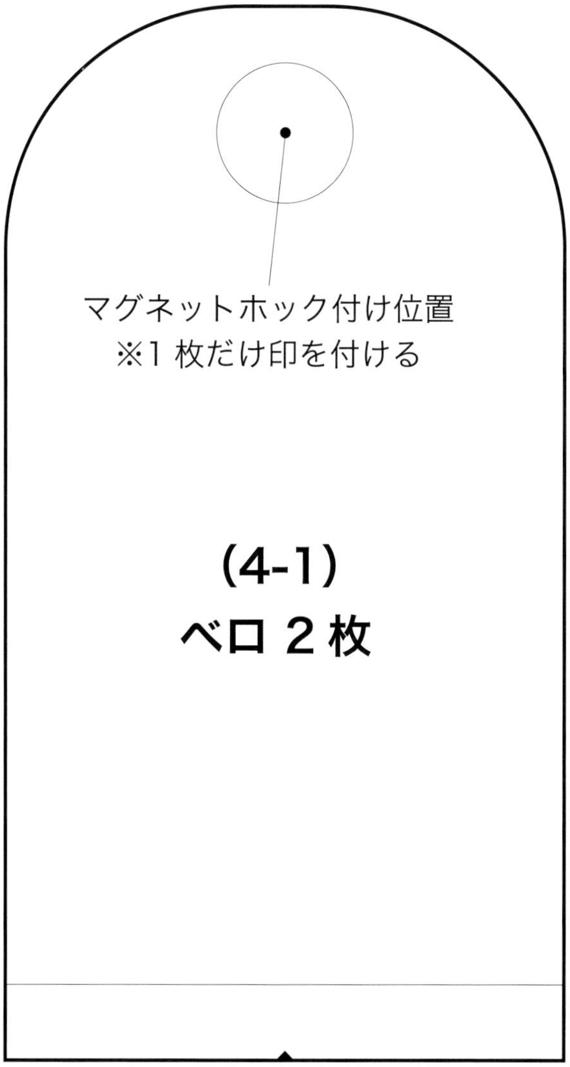
マグネットホック付け位置
※1 枚だけ印を付ける
(4-1)
ベロ 2 枚

玉カシメφ10mm 付け位置
(4-1) 持ち手 2 枚
※持ち手は 2 枚の革を貼り合わせてから裁断するので、
貼る前は 4 枚荒裁ちする
わ

※ベロは２枚の革を貼り合わせてから
裁断するので、貼る前は２枚荒裁ちする

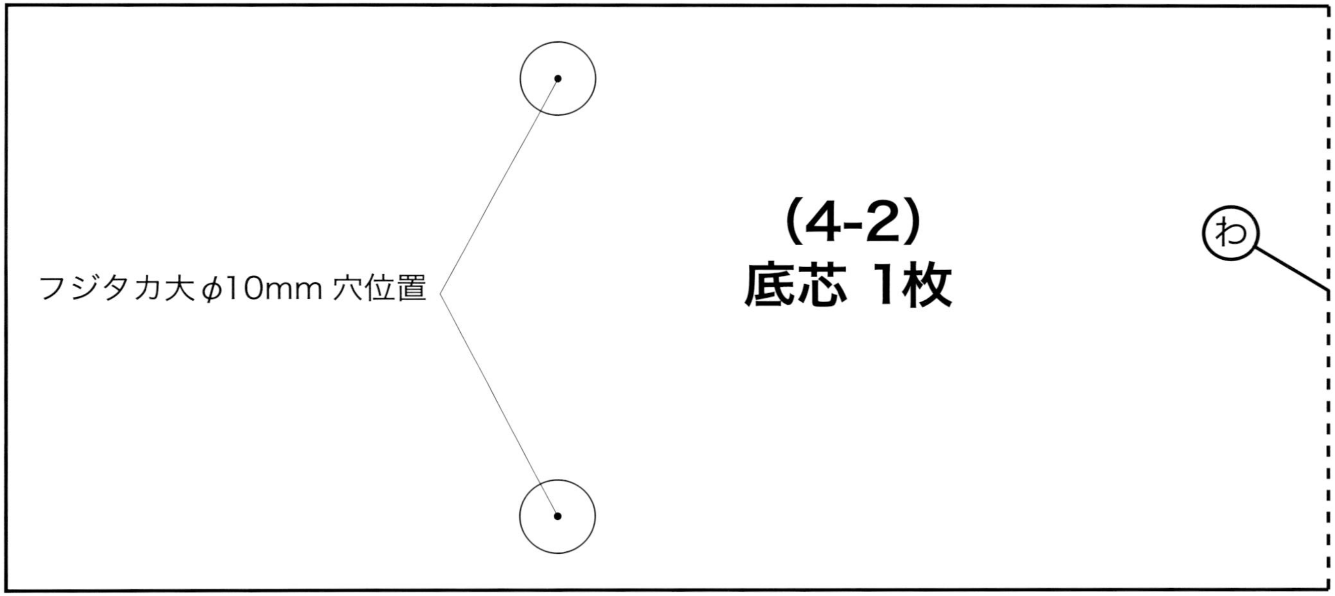
フジタカ大φ10mm 穴位置
(4-2)
底芯 1枚
わ

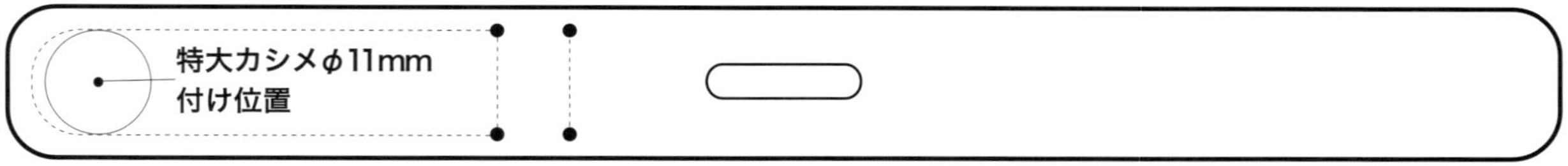

(4-2) 横マチベルト 美錠側 2枚

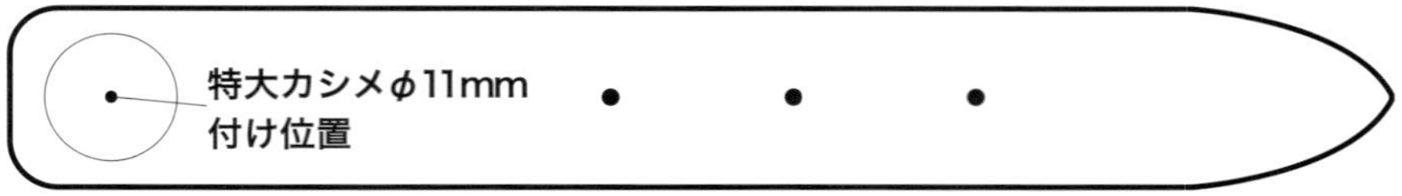

(4-2) 横マチベルト 剣先側 2枚

※剣先側は２枚の革を貼り合わせてから裁断するので、貼る前は４枚荒裁ちする

(4-2) 帯 表 (468×30mm) 2枚

(4-2) 帯 裏 (408×30mm) 2枚

※帯表、帯裏は中央で貼り合わせてから、長辺を裁断して 30mm 幅にするので、はじめは 30mm 幅以上で裁断しておく

＜帯 びょう付け位置参考＞

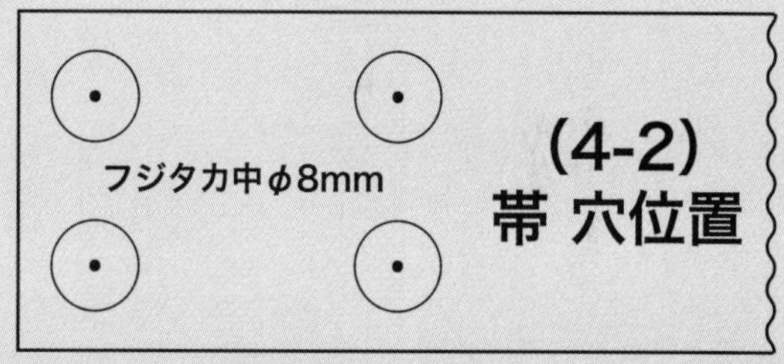

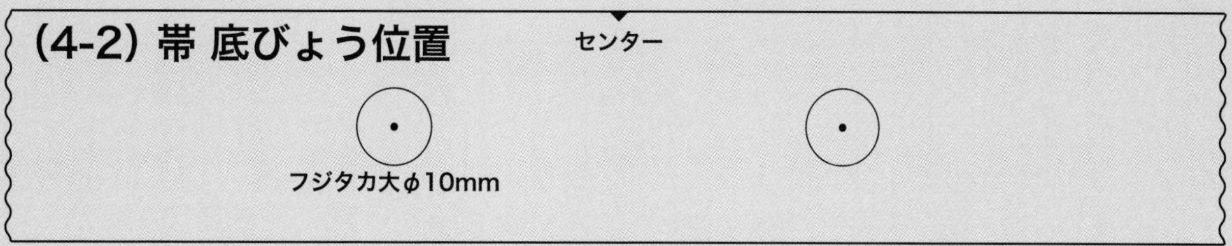

手作りしましょ

かばん屋さんの手作りキットで作ろう。

welcome
IMPERIAL

レプレの母体でもあるバッグメーカーの川崎屋が、様々なバッグのキットをネット販売している、手づくりかばん・バッグのキット専門店、“かばん屋さんのキット”。

カット済みの生地、材料・型紙、作り方レシピがセットされているので、あとは縫うだけ！　お教室に通えない方でも、気軽に作って楽しめるセットです。グラニー、トート、ショルダーバッグなど、種類もたくさん揃っているので、きっと作りたいバッグが見つかるはず。

“手づくりかばん”ができるまで。
かばん屋さんのキット
1 袋を開ける
2 ミシンで縫う
3 できあがり！
縫いはじめまでの
面倒な手間はありません！
縫い代の付いたカット済みの
生地が入っているので、すぐに
縫いはじめられます。
本格的なかばん作りの
楽しさと充実感を体感！
詳しいイラスト入りの説明書
に沿って縫うだけで、キレイに
仕上げることができます。
自分で作ったからこそ
愛着度も違う！
ボタンを付けたり、刺しゅう
をしたり…と、自分らしさを
添えて楽しんで！

生地はカット済み、
かばんに適した芯材が加工済み！

キットには、縫い代の付いたカット済みの生地が入っています。また、生地には不織布やビニールコーティング、スポンジ張りなど、デザインと生地に適した芯材を、あらかじめ加工しています。面倒な芯選びや、貼り作業の必要はありません。

必要なパーツはすべてセット

ボタンや持ち手など、必要なパーツはセットされています。

イラスト入りの説明書と、
厚紙タイプの実寸大型紙入り

説明書では、ポイントとなる縫い方のコツなどもご紹介しています。また、繰り返し使える厚紙タイプの型紙付きなので、何個でも作ることができます。

型紙とキットの専門店 かばん屋さんのキット

http://kaban-kit.jp/

本書籍のキットをご利用の際は「かばん屋さんのキット」ホームページにてお求めください。裁断済みのキットに加え、かばん専用の芯材や金具、道具などもございます。

4つのパターンから学ぶ

ワンランク上のバッグ教室

2013年11月5日 発行

STAFF

PUBLISHER
高橋矩彦 Norihiko Takahashi

SENIOR EDITOR
後藤秀之 Hideyuki Goto

EDITOR
富田慎治 Shinji Tomita

ASSISTANT EDITOR
本田多恵子 Taeko Honda

CHIEF DESIGNER
藤井 映 Akira Fujii

DESIGNER
下條麻衣 Mai Shimojo

ASSISTANT DESIGNER
浅井裕紀子 Yukiko Asai

ADVERTISING STAFF
宮下友子 Tomoko Miyashita
古市渉子 Shoko Furuichi

PHOTOGRAPHER
梶原 崇 Takashi Kajiwara
佐々木智雅 Tomonari Sasaki
関根 統 Osamu Sekine

MODEL
佐藤綾花 Ayaka Sato

HAIR&MAKE
奈須みゆき Miyuki Nasu

SUPERVISING
バッグアーティストスクール レプレ

SPECIAL THANKS
株式会社オカダヤ／株式会社フジックス／クロバー株式会社
蛇の目ミシン工業株式会社／藤久株式会社／YKKファスニングプロダクツ

PRINTING
シナノ書籍印刷株式会社

PLANNING,EDITORIAL & PUBLISHING
(株)スタジオ タック クリエイティブ

〒151-0051東京都渋谷区千駄ヶ谷3-23-10 若松ビル2F
STUDIO TAC CREATIVE CO.,LTD.
2F,3-23-10,SENDAGAYA SHIBUYA-KU,TOKYO 151-0051 JAPAN

[企画・編集・広告進行]
Telephone 03-5474-6200 Facsimile 03-5474-6202
[販売・営業]
Telephone & Facsimile 03-5474-6213
URL http://www.studio-tac.jp
E-mail stc@fd5.so-net.ne.jp

1505B

caution

- この本は、習熟者の知識や作業、技術をもとに、読者に役立つと弊社編集部が判断した記事を再構成して掲載しているものです。あくまで習熟者によって行なわれた知識や作業、技術を記事として再構成したものであり、あらゆる人が、掲載している作業を成功させることを保証するものではありません。そのため、出版する当社、株式会社スタジオ タック クリエイティブ、および取材先各社では作業の結果や安全性を一切保証できません。また本書に掲載した作業により、物的損害や傷害、死亡といった人的損害の起こる可能性があり、その作業上において発生した物的損害や人的損害について当社では一切の責任を負いかねます。すべての作業におけるリスクは、作業を行なうご本人に負っていただくことになりますので、充分にご注意ください。
- 使用する物に改変を加えたり、取り扱い説明書などの指示等と異なる使い方をした場合には不具合が生じ、事故等の原因になる可能性があります。メーカーが推奨していない使用方法を行なった場合、保証やPL法の対象外になります。
- 材料などの注文に際しては、販売元のメーカー、ショップに価格、在庫などを必ず事前にお問い合わせください。材料の注文、使用に関する損害等について、当社ではその一切の責任を負いかねます。
- 写真や内容が一部実物と異なる場合があります。
- 本書は、2013年8月15日現在の情報をもとに編集されています。そのため、本書で掲載している商品やサービスの名称、仕様、価格などは、予告無く変更されている可能性がありますので、充分にご注意ください。
- 本書に掲載している全ての作品の著作権は、著作者に帰属します。また、公開できる情報は、本書で掲載していることが全てとなります。

STUDIO TAC CREATIVE
㈱スタジオ タック クリエイティブ

978-4-88393-632-8

shop information

<生地が買えるお店>

株式会社 オカダヤ

新宿本店や町田店など、都心を中心とした店舗展開でビギナーから上級者まで幅広く訪れる手芸材料店。オリジナルカラーの帆布やツイル（Daily Clothシリーズ）も展開。

オカダヤ新宿本店
http://www.okadaya.co.jp/shinjuku/
Tel 03-3352-5411

オカダヤ公式オンラインショップ
http://www.okadaya-shop.jp/1/
Mail info_hobby_ec@okadaya.mobi

藤久株式会社
公式通販サイト「シュゲール」

全国に200以上の実店舗を構える、株式会社藤久の通信販売。布や生地などの材料の他に、様々なクラフト材料やその楽しみ方も豊富に提案。

シュゲール
http://www.shugale.com/
Tel 0120-081000（フリーダイアル）
受付時間 平日 AM9:45～PM5:00
FAX 0120-766233（フリーダイアル）
受付時間 24時間

<ミシンメーカー>

蛇の目ミシン工業株式会社

本書で制作に使用したミシンをはじめ、家庭用から職業用まで使いやすい様々なミシンを販売している、大手ミシンメーカー。全国の直営店や、ミシンショップで購入が可能。吉祥寺にオープンした「Bobinage（ボビナージュ）」や各地で教室やワークショップも開催している。詳しくは要問い合わせ。

http://www.janome.co.jp/
Tel 0120-026-557（お客様相談室）

<手芸用品メーカー>

クロバー株式会社

あみもの、手芸、ソーイング、パッチワーク、刺しゅうなど、作る楽しみをサポートしてくれる手づくり用品の総合メーカー。様々なオリジナルの製品は、本書で登場した手芸道具の他にも、便利なアイテムを多数提供している。自社ホームページでは、レシピや道具の使い方ムービーなど、手芸好きならぜひチェックしておきたくなる制作のヒントを多数掲載中。

http://www.clover.co.jp/
Tel 06-6978-2277（お客様係）

株式会社フジックス

シャッペスパンをはじめとする、ミシン糸から手縫い糸まで高機能・高品質な糸を色数豊富に取り揃えている、大手糸メーカー。全国の手芸材料店やネットショップで購入が可能。「そーいんぐ.com」では、糸の基礎からソーイングレシピまで、糸に関する様々な情報を提供しているほか、フジックス製品を使用した作品の手づくりコンテストなども随時開催。

株式会社フジックス
http://www.fjx.co.jp

webショップ糸屋さん
http://fujixshop.shop26.makeshop.jp/

<参考文献>

イチバン親切なソーイングの教科書（新星出版社）／お裁縫のきほん（世界文化社）／鞄・ハンドバッグ・小物標準用語集（社会法人 日本皮革産業連合会、鞄・ハンドバッグ呼称標準化委員会）／はじめてのおさいほうレッスン（ナツメ社）／はじめてのミシンソーイング（主婦と生活社）／バッグ作りのきほん事典（西東社）／文化ファッション大系ファション工芸講座3 バッグ 文化服装学院編（文化出版局）